中国社会科学院创新工程学术出版资助项目

国家社科基金重大特别委托项目

西南边疆历史与现状综合研究项目·研究系列

中国社会科学院创新工程学术出版资助项目

国家社科基金重大特别委托项目
西南边疆历史与现状综合研究项目·研究系列

傣泰民族的起源与演变新探

何 平/著

社会科学文献出版社
SOCIAL SCIENCES ACADEMIC PRESS (CHINA)

总　序

　　"西南边疆历史与现状综合研究项目"（以下简称"西南边疆项目"）为国家社科基金重大特别委托项目，由全国哲学社会科学规划办公室委托中国社会科学院科研局组织管理。"西南边疆项目"分为基础研究和应用研究两个研究方向，其中基础研究类课题成果结集出版，定名为"西南边疆历史与现状综合研究项目·研究系列"（以下简称"西南边疆研究系列"）。

　　西南边疆研究课题涵盖面很广，其中包括西南区域地方史与民族史等内容，也包括西南边疆地区与内地、与境外区域的政治、经济、文化关系史研究，还涉及古代中国疆域理论、中国边疆学等研究领域，以及当代西南边疆面临的理论和实践问题等。上述方向的研究课题在"西南边疆项目"进程中正在陆续完成。

　　"西南边疆研究系列"的宗旨是及时向学术界推介高质量的最新研究成果，入选作品必须是学术研究性质的专著，通史类专著，或者是学术综述、评议，尤其强调作品的原创性、科学性和学术价值，"质量第一"是我们遵循的原则。需要说明的是，边疆地区的历史与现状研究必然涉及一些敏感问题，在不给学术研究人为地设置禁区的同时，仍然有必要强调"文责自负"："西南边疆研究系列"所有作品仅代表著作者本人的学术观点，对这些观点的认同或反对都应纳入正常的学术研究范畴，切不可将学者在研究过程中发表的学术论点当成某种政见而给予过度的评价或过分的责难。只有各界人士把学者论点作为一家之言，宽厚待之，学者才能在边疆研究这个颇带敏感性的研究领域中解放思想、开拓创新，唯其如此，才能保证学术研究的科学、公正和客观，也才能促进学术研究的进一步深入和不断繁荣。

自 2008 年正式启动以来，中国社会科学院党组高度重视"西南边疆项目"组织工作，中国社会科学院原副院长、"西南边疆项目"领导小组组长江蓝生同志对项目的有序开展一直给予悉心指导。项目实施过程中，还得到中共中央宣传部、全国哲学社会科学规划办公室、云南省委宣传部、广西壮族自治区党委宣传部、云南省哲学社会科学规划办公室、广西壮族自治区哲学社会科学规划办公室以及云南、广西两省区高校和科研机构领导、专家学者的大力支持和参与，在此一并深表谢意。"西南边疆研究系列"由社会科学文献出版社出版，社会科学文献出版社领导对社会科学研究事业的大力支持，编辑人员严谨求实的工作作风一贯为学人称道，值此丛书出版之际，表达由衷的谢意。

"西南边疆研究系列"编委会

2012 年 10 月

目　　录

|导| |论|

　　本书所称的傣泰民族包括今天分布在中国云南的傣族、越南西北地区的泰族、老挝的主体民族老族、泰国的主体民族泰族、缅甸的掸族、印度东北部地区的阿洪姆人以及这些民族的诸多支系，这些民族及其支系具有共同的渊源，在后来的一段历史发展过程中特别是在早期历史发展过程中，它们之间有着非常密切的联系。正是这些民族的形成和后来的崛起，使当地的历史特别是东南亚和印度东北部地区的历史发生了深刻的变化。在东南亚，他们从东到西，占据着中南半岛中部和北部的广大地区，并建立了像泰国和老挝这样的民族国家。而"印度东北部地区的中世纪史就是阿洪姆人的历史"。[①]

　　然而，关于这些民族的起源和他们的早期历史，国内外学术界却还一直争论不休，不但是国际泰学研究领域的热点，而且是中国地方史、中国民族史和东南亚史的热点，特别是东南亚的泰国、老挝和缅甸的早期历史乃至印度地方史和民族史以及中国和东南亚及印度民族关系史研究中的热点。尤其是中国和泰国的学者，对此更是关注有加，并开展了一系列国际合作研究，希望通过学术合作来共同解决这个问题。因此，深入研究这些民族的起源和他们分化、演变的历史，不仅依然具有重要

---

① J. N. Phukan, "The Ahoms: The Early Tai of Assam and Their Historical Relations with Yunnan," in Proceedings of the 4th International Conference on Thai Studies, Kunming 1990, Vol. III.

的学术价值，而且，还具有一定的现实意义。本书即是对这些民族的起源和他们形成今天我们见到的这些新的民族群体的早期历史进行的探讨。

今天，这些民族群体虽然有着不同的族称，但是，由于有着共同的起源，而且，许多民族都以"泰"（Tai）或曾经以"泰"作为他们的族称，因此，长期以来，西方的一些学者往往笼统地把这些民族都称作"泰族"（Tai、Tai Ethnic Groups 或 Tai Race），或者把他们叫做"泰语民族"或"说泰语的民族"（Tai-speaking peoples）。也有一些人则按照他们周边的民族如缅甸的缅族等民族对他们的称呼，把他们笼统地叫做"掸族"（Shan 或复数形式 Shans）。为了方便起见，同时又为了避免使用"泰族"一词而与今天泰国的主体民族相混淆，本书在对这些民族的起源和他们祖先经历的共同历史进行论述时，把他们统称为"傣泰民族"。但在具体提到他们中的某一个民族时，则用现在学术界通常对他们的称谓来指称他们，如傣族、泰族、老族、掸族及阿洪姆人等。对有些涉及某两个具体群体的历史时，可能又会把他们的名称合在一起，如泰老民族、傣掸民族、泰掸民族等。而在引用别人的论述时，则又可能会按照原作者用的称谓来指称他们。

在过去一个多世纪里，人们根据各自所掌握的资料和对资料的理解，对这些民族的起源进行了探讨，提出了各种各样的说法，归纳起来，不外乎"迁徙说"和"土著说"两种观点。

在"迁徙说"中，影响最大的一种说法就是："泰族"或泰语民族起源于中国北方或更远的地方，后来，在异族的驱赶下，"泰族"不断向南方迁徙。在迁徙的过程中，他们一度停留在云南，建立了著名的南诏王国。忽必烈平大理以后，"泰族"才被赶到他们今天居住的地方，在这些地方建立起他们的邦国。最先提出这种观点的是一些西方的学者。

早在 1876 年，一位叫做戴·哈威·圣丹尼斯的法国人就在其《中国的哀牢民族》一书中提出了南诏是泰族建立的观点。[1] 但是，无论在当时还是后来，圣丹尼斯的这部著作似乎都没有引起人们太多的关注。

---

[1] 贺圣达：《"南诏泰族王国说"的由来与破产》，载《中国社会科学》1990 年第 3 期。

1885 年，英国人 A. R. 科尔奎恩出版了一部叫做《在掸族中间》的书，该书的导言是由伦敦大学教授 T. D. 拉古伯里撰写的，标题叫做《掸族的摇篮》。在这个导言中，拉古伯里对"掸族"的起源进行了论述，认为"泰—掸民族的摇篮在中国的本部"。① 拉古伯里认为，掸族的名称"掸"（Shan）可能源自取代夏朝的"商"（Shang）。后来，这个民族分成了若干支系，中国的"藏"（Tchang）、"湘"（Siang）、"陕"（Shen）、"鲜"（Sien）等字都是这个民族各个支系的名称，它们与掸族的"掸"字同源，最初都是代表掸族的族名。② 后来，中国古籍中提到的"巴人"和"哀牢"也是掸族的支系。他们一度被中国人征服，但是"他们很快就（从中国人的打击中）恢复了过来，组成了一个联盟。公元 629年，他们的这个联盟发展成了伟大的南诏国。此后，南诏向四方扩展。这个国家完成了由楚国开始的、由滇国继承的对泰掸民族的统一大业。……从公元 860 年开始，它以大理为国号继续存在，直到被蒙古人征服"。③

从这些论述中，我们不难看出，拉古伯里连中国史的许多基本事实都没有搞清楚，其对"掸族"的起源和早期历史进行得如此论述显然是站不住脚的。但是，由于他和科尔奎恩都具有一定的声望和地位，因而这一说法产生了较大的影响，此后应者蜂起。

从 19 世纪末到 20 世纪初，许多西方学者、传教士和殖民官员纷纷著书立说，大谈泰掸民族的起源和早期历史。在这些人当中，影响最大的是美国传教士杜德。

杜德的全名是威廉·克里夫顿·杜德（William Clifton Dodd），于 1857 年 10 月 15 日出生于美国爱荷华州一个叫做马里翁的小镇。1886 年，

---

① A. R. 科尔奎恩的《在掸族中间》（*Amongst the Shans*）一书，于 1885 年出版。1985 年，印度玛纳斯出版社又以《掸族史》（*Ethnic History of The Shans*）为名重新出版了该书，本书引用的即是重新出版的《掸族史》。见 Archibald R. Colquhoun, *Ethnic History of The Shans*, Manas Publications, Delhi, 1985, p. xxiii.

② Archibald R. Colquhoun, *Ethnic History of The Shans*, Manas Publications, Delhi, 1985, p. l.

③ Archibald R. Colquhoun, *Ethnic History of The Shans*, Manas Publications, Delhi, 1985, p. liii.

杜德接受美国长老会的委派，前往泰国清迈传教。在此后 30 多年的传教士生涯中，杜德广泛游历了中南半岛各国和中国南方诸省，对泰语民族颇感兴趣，写了不少有关泰语民族的报道，如在 1909 年 12 月 29 日出版的一份叫做《独立》的刊物上发表的题为《在印度支那的传教与探险》（Missionary Exploration in Indo-China）和在 1910 年 12 月出版的一份叫做《中国实录》（*Chinese Recorder*）的刊物上发表的题为《南中国泰族地区传教考察笔记》（Some Notes on a Missionary Tour Through South China, Among the Tai Race）等，一时名声大噪，成了当时西方世界的"泰族通"。1919 年 10 月 18 日，在他 62 岁生日之后的第三天，杜德在其传教和考察的途中死于西双版纳的首府景洪。

杜德在其传教生涯中，主要是在泰语民族地区传教，他对泰国、缅甸、老挝、越南和中国南方进行了广泛的调查，收集了大量的资料。这些资料就是后来面世的《泰族——中国人的兄长》一书的基础。我们今天见到的《泰族——中国人的兄长》这部书，其实是杜德的夫人在杜德逝世以后，根据她丈夫留下的笔记和通信整理成的一本书，并由美国衣阿华州的"火炬出版社"于 1923 年出版。当然，由于是杜德的遗著，该书的署名依然是杜德。

杜德这部书的主体部分主要是以自传的形式对其所游历和考察过的地区的叙述。这本书的书名和里面的论述中说的"泰族"，用的是"The Tai Race"这个词，实际上指的是我们今天所说的侗泰语诸民族，即不仅包括了今天云南和中南半岛的傣泰语诸民族，而且还包括了中国南方的壮族、侗族、水族乃至海南岛的黎族等民族。该书的第一章"一个古老民族的编年史"，就是根据前人的研究对"泰族"的起源和早期历史所作的一个综述。

在对"泰族"起源和早期历史的论述中，杜德对拉古伯里关于"掸族"起源和早期历史的观点加以发挥，并明确提出"泰族"是"中国人的兄长"这一口号式的论断。另外，在这部书中，杜德还把拉古伯里的假设编成了一个年表，并把"泰族"见于记载的历史提到了公元前 2206 年，又弄出了"泰族"在历史上的七次大迁徙，并再次强调南诏是"泰族"建立的国家，是忽必烈平南诏后引起了"泰族"的第七次大迁徙，

"泰族"才最后来到他们今天生活的这片土地上。①

　　该书虽然有许多明显的错误，但却仍然对"泰族"的历史编纂产生了很大的影响，尤其是对泰国的史学界乃至整个知识界产生的影响。1923年，《泰族——中国人的兄长》一书一问世，便在泰国知识界产生了反响。不久，就有一位叫做坤·威集马塔的青年知识分子根据杜德这部书的观点，写出了一部叫做《泰人的根基》的书。1928年，《泰人的根基》一书获得了泰国王家学术奖。

　　同时，被誉为"泰国历史学之父"的丹隆亲王和联合国教科文组织决定纪念的世界文化名人披耶阿努曼拉差吞等知名人士也纷纷著书立说，对这种观点加以传播和发挥。

　　1939年，泰国政府宣传厅厅长銮威集瓦他干则根据拉古伯里和杜德等人关于泰族起源和早期历史的观点，为一首历史歌曲谱写了下面这段歌词：

　　　　　　我们的民族称为泰族，
　　　　　　自古就是伟大的民族，
　　　　　　我们以前居住的故乡，
　　　　　　位于亚细亚洲的中央，
　　　　　　当中国人向南侵略时，
　　　　　　泰族的家园受尽掠夺，
　　　　　　驱赶之势如烈火蔓延，
　　　　　　泰族的故土终遭沦陷，
　　　　　　家乡被占泰族向南迁，
　　　　　　建立南诏幅员广，
　　　　　　中国人尾追再南侵，
　　　　　　历时不久南诏终于亡。
　　　　　　泰族无法继续再生存，分离四散各自奔一方。

---

① William Clifton Dodd, "The Tai Race: Elder Brother of the Chinese", reprinted by White Lotus Press, Thailand, 1996, pp. 1 – 19.

东北泰人移居湄公河，

大泰成群逃往萨尔温。

小泰继续推进往南方，

生息繁衍在荣、难、宾、汪

以及昭披耶五河流域，

建成中部泰人的家园。

1939 年 6 月，这首歌通过泰国宣传厅的广播电台向全国广播，使得这一观点进一步向其全国传播。①

20 世纪 20 年代和 30 年代，随着泰国民族主义的兴起，拉古伯里和杜德等人关于泰族起源和早期历史的观点成了泰国的一些极端民族主义者宣扬"大泰族主义"的理论基础。

在以后的半个多世纪里，这种观点一直是泰国史学界论述泰族起源和早期历史的基础。长期以来，泰国许多学者的著作乃至泰国的历史教科书在论述泰族起源和早期历史时，都在不断地重复着这种观点。

除了泰国以外，后来其他国家的学者在论及泰族或掸族的起源和早期历史时，也在重复着拉古伯里和杜德等人的观点。甚至西方出版的一些颇带权威性的世界史方面的工具书，也照搬了他们的观点。例如，美国史学家威廉·兰格编的《世界史百科全书》就说：公元 738 年，中国唐朝"册封一个于 730 年统一六诏并以大理为首都的泰族统治者为'王'"。"13 世纪时，诃梨朋阇耶为来自北方的泰族或掸族的移民所蹂躏。此次移民由于 1253 年蒙古征服泰族国家南诏（在近代的云南和四川南部）而加速。"②

正是通过这些学者的传播，南诏是泰族建立的国家和泰人是在忽必烈平大理后被中国人赶到他们今天居住地的观点一度几乎成了定论。

① 〔泰〕素集·翁贴：《泰人不是从何处来的》，简佑嘉译，载云南省社科院东南亚研究所《东南亚》1985 年第 2 期。

② 〔美〕威廉·兰格编《世界史编年手册》（古代和中世纪部分），三联书店，1979，第 664、629 页。该书原名为《世界史百科全书》。转引自贺圣达《"南诏泰族王国说"的由来与破产》，载《中国社会科学》1990 年第 3 期。

　　事实证明，这种说法是不符合历史事实的，甚至是别有用心的。因此，从 20 世纪 30 年代开始，这种说法便不断遭到中国学者的批驳。即便是在国外，差不多从同一时期开始，这种说法也遭到一些学者的怀疑和反对。例如，1930 年，一位叫做维勒姆·克莱纳的学者访问了云南之后，就对南诏是泰族建立的国家的说法产生了怀疑。① 随着研究的深入和我国对外学术交流的增多，更多的西方学者放弃了拉古伯里和杜德等人的观点。1981 年，剑桥大学出版社出版了美国学者查尔斯·巴克斯著的《南诏国与唐代的西南边疆》一书，作者在此书中根据大量的中国文献资料和当代历史学和民族学的研究成果，详尽地分析考证了南诏居民的民族特质和文化特性后得出结论说："已经没有一点理由可以继续支持南诏是泰族王国的理论，无论是南诏的统治者，抑或是它的广大居民，都不可能是泰族，相反，有更多的理由说明应该抛弃这种理论。"② 1982 年，美国著名的泰国史专家、康乃尔大学东南亚史教授大卫·维亚特在其著的《泰国简史》一书中也认为，南诏不是泰族建立的国家。③ 该书 1982 年由美国耶鲁大学出版社出版，1984 年再版，现在已成为欧美大学泰国史的教科书或基本参考书。1988 年，一位叫做卡林·科恩 – 雷德林格的学者进一步令人信服地证明南诏的主体民族是操藏缅语的民族。④

　　在泰国，也有越来越多的学者放弃了"南诏泰族王国说"，泰国的历史教科书也已作了修改，不再肯定地把南诏说成是泰族建立的国家。

　　但是，批驳拉古伯里和杜德等人的观点，以及论证南诏不是泰人建立的国家和忽必烈平大理并没有引起泰族的大量南迁，并不等于解决了泰族的起源问题。为了探索泰族和与之有关联的掸、傣、老族等民族的起源和他们的早期历史，我国一些学者在批判西方版本的"泰族南迁说"的基础上，对泰族或与之有关的民族的起源提出了一些新的见解，从近

① Joachim Schliesinger, "Tai Groups of Thailand", Vol. 1, Introduction and Overview, White Lotus Press, Thailand, 2001, p. 27.
② 〔美〕查尔斯·巴克斯：《南诏国与唐代的西南边疆》，第 57、59 页。转引自贺圣达《"南诏泰族王国说"的由来与破产》，载《中国社会科学》1990 年第 3 期。
③ David Wyatt, "Thailand, a Short History", Yale University Press, 1982, pp. 14 – 16.
④ Joachim Schliesinger, "Tai Groups of Thailand", Vol. 1, Introduction and Overview, White Lotus Press, Thailand, 2001, p. 27.

几十年的研究情况来看，在这些见解中，傣泰民族"土著说"越来越成
了在中国学者中占主导地位的观点。

例如，方国瑜先生就谈道："古代的'掸族'住居在红河以西到伊洛
瓦底江上游，沿至印度曼尼坡广阔的弧形地带，即今寮国（老挝）、泰
北、缅甸掸人地以及阿萨姆区域，云南西南部亦在其内。"掸人部落"住
居在这区域，从何时开始？尚待考古学来证明"。"但这区域开始有人类
就是掸人住居着，而且逐渐的发展住居区，是可以说的。"①

江应樑先生在论述与泰掸民族同源的我国傣族的起源时也认为："傣
族是自古以来就居住在云南境内的土著住民。"②"傣族不仅不是从云南以
外的地区迁入，就是在云南境内，也是自来就居住在南部和西南部沿边
地带。""傣族是云南的土著，现今傣族集居的地区，正是历史上傣族的
老家。"③

黄惠焜先生也认为：泰族的先民是古代的越人，"古代中国的黄河流
域地区，是华夏民族的发源地。古代长江流域、珠江流域、澜沧江流域，
则是越人诞生的摇篮。越人文化相同，言语相通，支系繁杂，被称为
'百越'。著名的《汉书·臣瓒注》说：'自交趾至会稽七八千里，百越
杂处，各有种姓'。交趾在今越南北部，会稽在今浙江省绍兴，加上云南
省整个南部沿边地区，便构成为半月形的广阔弧形地带，这便是最早的
百越文化区"。④"泰民族的形成不是迁徙的结果而是就地演变的结果"。⑤
"就泰族来源而言，他的祖先是越人；就泰族的形成而言，他是经济文化
发展的自然结果；就泰族形成的过程而言，他是在泰族现在的土地上进
行并完成的。"⑥

陈吕范先生在其《泰族起源问题研究》一书中则认为，泰语诸民族
并非由"越人"演化而来，而是由"掸人"演化来的，即"越人"和

① 方国瑜：《元代云南行省傣族史料编年》，云南人民出版社，1958，第6页。
② 江应樑：《傣族史》，四川民族出版社，1983，第6页。
③ 江应樑：《傣族在历史上的地理分布》，载王懿之、杨世光编《贝叶文化论》，云南人民出版社，1990。
④ 黄惠焜：《从越人到泰人》，云南民族出版社，1992，第5~6页。
⑤ 黄惠焜：《从越人到泰人》，云南民族出版社，1992，第5页。
⑥ 黄惠焜：《从越人到泰人》，云南民族出版社，1992，第29页。

"掸人"是两个不同的族群。陈吕范先生认为:"在古代,越人和掸人分布的地区都很广,越人'自交趾至会稽七八千里',掸人却从今印度阿萨姆邦、云南南部、缅甸掸邦东至越南西北部,又何止七八千里?"① 并认为:"早在史前时代,越人和掸人作为两个大的族群,就各自在自己的居住区内生息与发展。其发展过程与结局都是不相同的。""今天的泰、傣、老、掸诸族,就是古掸人的后裔"。"自古以来,泰族先民——古掸人就在那里生息与繁衍。"②

不管怎么表述,这些学者都认为,今天分布在中国云南的傣族和与他们居住地相邻的越南的泰族、老挝的老族、泰国的泰族、缅甸的掸族,以及印度的阿洪姆人等傣泰民族不是从别的地方迁去的,而是自古以来就生活在他们今天生活的这一带地区的土著民族,或者至少是在很早的时候就已经居住在当地了。

为了证明傣泰民族就是他们的后裔居住的地区的土著居民,一些学者首先试图根据考古材料及其所反映的某些文化习俗来进行推断。他们在对相关的考古材料进行了分析后认为,远在新石器时代,傣族的先民便已分布在整个云南,包括滇中、滇东南、滇南以及滇西地区,均有傣族先民分布,思茅、西双版纳和德宏地区自古就是越人的分布区之一。③

其实,仅凭有限的考古材料是很难说明问题的。因为,没有文字的考古材料只能作为一种辅助资料,特别是那些所谓的新石器时期的文化,我认为,其所反映的文化更有可能是一种地域文化,而不是一种民族文化。

例如,铜鼓是百越文化的标志之一,而滇中地区也有铜鼓,且图案与古越人中心区华南一带出土的铜鼓上的图案相似,因此有人就认为,滇中地区古代的主要居民就是越人。

事实上,在东南亚海岛地区如印度尼西亚群岛就出土有许多铜鼓,且铜鼓上的图案也与越人的铜鼓相似。相反,越人的文化不一定就与铜

① 陈吕范:《泰族起源问题研究》,国际文化出版公司,1990,第18页。
② 陈吕范:《泰族起源问题研究》,国际文化出版公司,1990,第20页。
③ 王懿之:《傣族先民新石器文化遗址综述》,载王懿之、杨世光编《贝叶文化论》,云南人民出版社,1990。

鼓联系在一起，连认为晋宁石寨山出土的铜鼓属于越人文化的李昆声先生也认为："广东发现铜鼓较少，广东先秦遗址、墓葬中没有发现过铜鼓，铜鼓不是南越族的创造。南越族也不广泛使用铜鼓。浙江、福建也不出土铜鼓，故铜鼓不能作为百越另一些支系（于越、闽越、南越等）的文化特征。"①

因此，有铜鼓的地区并不一定就是越人居住的地区。

其实，如果我们从东南亚的黑色人种和南岛语民族、孟高棉语民族等民族迁徙发展及其与中国西南和华南地区的各个民族的历史关系的大背景下来看的话，上述这些文化特征，更有可能是早期一些民族在云南留下的积淀。后来才形成的"百越"固然与早期的一些民族有种种联系，特别是文化方面的联系，如古越人很可能就是在新来的蒙古人种与早期的在体质特征上属于南方蒙古人种的原始马来人混合的基础上形成的，但不能说早期的原始马来人就是后来的越人。②

由于现有的考古材料还难以说明问题，所以，许多学者在证明傣族或傣泰民族是当地的土著居民时，往往把中国史籍中提到的诸如"越裳""滇越"和"掸国"等古国或民族群体和傣、泰、掸等民族的传说乃至早期一些西方殖民者的民族调查报告中弄出来的一些所谓的"古国"串在一起，为我们勾画出了一幅新的"泰族"起源和傣、泰、老、掸、阿洪姆等民族早期历史发展演变的图景。

然而，随着研究的深入，笔者认为，越来越多的资料和研究成果表明，虽然由拉古伯里和杜德等人弄出来的南诏是泰人建立的国家和中南半岛的泰族是在忽必烈平大理后南迁过去的说法是错误的，但是，我国一些学者的泰族或傣泰民族"土著说"和为了论证"土著说"而勾画出来的关于泰族或与之同源的傣、掸、老等其他民族的起源和早期历史发展演变的图景，恐怕又把人们带入了一个新的误区。

在此之前，笔者曾经在一些论著中，特别是在 2001 年出版的一部叫

① 李昆声：《云南考古材料所见傣族先民文化考》，载王懿之、杨世光编《贝叶文化论》，云南人民出版社，1990。
② 参见柯平《南岛语民族与中国古代越人和濮人的关系》，载《贵州民族研究》2006 年第 4 期。

做《从云南到阿萨姆：傣—泰民族历史再考与重构》的书中，对傣泰民族的起源和早期历史初步地谈了一些自己的看法，但是，那些前期论著，特别是《从云南到阿萨姆：傣—泰民族历史再考与重构》一书，主要是针对中国德宏的傣族和缅甸北部的掸族即所谓的"大泰"的历史进行的研究。而且，并不仅仅只是谈泰语民族的起源的早期历史问题，还涉及了诸如泰语民族古代的社会性质和后期历史乃至近代史上的一些问题；对今天泰国的泰族、老挝的老族以及越南的泰族的早期历史的一些问题，该书没有更多地涉及。因此，本书可以看成是此前笔者已发表过的一些有关的论文和已出版的书的后续研究。笔者将在前期研究的基础上，把关注的焦点主要集中在中国和东南亚及印度的傣、泰、老、掸和阿洪姆等民族的起源和他们分化、演变，以及形成的早期历史方面，继续针对此前的研究中未曾涉及的一些重要问题进行探讨，并提出自己新的见解。对此前已经论述过的问题和针对那些问题提出的一些看法，进行必要的补充、修正和完善。

|第|一|章|

越裳不是泰老民族的先民

　　越裳是中国诸多古籍中提到的一个古国或民族，在中国诸多古籍中，关于越裳的记载首见于大约成书于战国时期魏国史官之手的《竹书纪年》，该书称："（周成王十年）越裳氏来朝。"但该书在南宋以后亡佚，明嘉靖年又出范钦伪撰的《今本竹书纪年》，使其可信度大打折扣。相比之下，始撰于西汉伏生（胜）的《尚书大传》中有关"越裳"的记载反而成了人们常引的史料。

　　《尚书大传》称："成王之时，有三苗贯桑叶而生，同为一穗。大几盈车，长几充箱，民得而上诸成王。王召周公而问之，公曰：'三苗为一穗，抑天下共和为一家乎？'果有越裳氏重译而来。交趾之南有越裳国。周公居摄六年，制礼作乐，天下和平，越裳以三象重九译而献白雉。曰：'道路悠远，山川岨深，恐使之不通，故重九译而朝。'成王以归周公，公曰：'德泽不加焉，则君子不飨其质，政令不施焉，则君子不臣其人。吾何以获其赐也？'其使请曰：吾受命吾国之黄耇曰：'久矣，天之无别风淮雨，意者中国有圣人乎？有则盍往朝之。'周公乃归之于王，称先王之神致，以荐于宗庙。周而即衰于是稍绝。"

　　任昉撰《述异记》中也有关于越裳的记载："陶唐之世，越裳国献千岁神龟，方三尺余，背上有蝌蚪文，记开辟以来，帝命录之，谓之龟算。"

　　关于越裳献神龟一事，在清人所撰《历代御批通鉴辑览》一书中也有记载，该书称："五载，越裳氏重译而朝，献大龟，盖千岁，方三尺余，背有科斗文，帝命录之。"

成书于西汉时期的《韩诗外传》也记载说："成王之时，……果有越裳氏重九译而至，献白雉于周公，曰：道路悠远，山川幽深，恐使人之未达也，故重译而来。'周公曰：'吾何以见赐也？'译曰：'吾受命吾国之黄发曰：久矣，天之不迅风疾雨也，海不波溢也，三年于兹矣！意者中国殆有圣人，盍往朝之。于是来也。'周公乃敬求其所以来。"

成书于东晋时期的《古今注》也记载说："周公治致太平，越裳氏重译来贡白雉一、黑雉二、象牙一。使者迷其归路，周公赐以文锦二匹，轩车五乘，皆为司南之制，使越裳载之以南。"

《林邑记》则称："九德，九夷所极，故以郡名。郡名所置，周越裳氏之夷国。"

《周礼》称："九夷远及越裳，白雉象牙，重九译而来。"

《汉书》记载："元始三年（公元3年），春正月，越裳氏重译献白雉一、黑雉二，诏使三公以荐宗庙。"又载："王莽复奏曰：'……越裳氏重译献白雉，黄支自三万里贡生犀。'"

《交州箴》曰："交州荒裔，水与天际，越裳是南，荒国之外。"

此外，如《北堂书抄》《梁书》《隋书》《南史》《通典》《元和郡县志》《旧唐书》《太平广记》《太平寰宇记》《太平御览》《册府元龟》《新唐书》乃至《清史稿》《滇黔志略》等其他数十种古籍也都有关于越裳的记载，但主要是重复以上史籍中的内容，很少有新的东西。

关于越裳的地望，人们有不同的看法，总结起来，大致有以下几种：越南说、老挝说、跨界说和中国说等。

越南说是传统的说法，因为早先的《尚书大传》等史书都记载说越裳在"交趾之南"，故一般认为是在今天的越南中部一带。

老挝说则是明末以后在一些史籍，特别是地方史籍中开始出现的说法。如《滇黔志略》就记载说："老挝，古越裳氏苗裔。按史一称交趾为越裳氏，盖交趾亦与老挝接壤故也。"万历《云南通志》也称："（老挝）俗呼曰挝家，古即越裳氏。"其他如《滇史》《滇略》《万历野获篇》《广舆记》《续通典》《清朝通典》《清朝文献通考》《皇清职贡图》《大清一统志》等也互相传抄。方国瑜先生在《新撰云南通志》中说："普洱府，南邻越裳，西通缅甸，左据李仙之水，右跨九龙之江。"这里的"越裳"，显然指的也是老挝。徐松石先生也认为："寮国乃古越裳氏，周时曾来朝贡。自周以后，不通中国。明永乐三年又以方物来贡。明嘉靖间，缅人攻破他的揽掌即是南掌。后来势力日形衰落，因而亡于法国。如今已经独立。"①

跨界说其实是老挝说的补充。主要是近世人的看法。如张凤歧先生在《云南外交问题》一书中一方面认为："越裳国则在交趾之南，即今之南圻。"但在同书的另一处又说："老挝，即南掌国，古越裳地。"② 认为越裳在老挝的学者也只是说其中心在老挝，还包括了老挝周边的越南南部或其他一些地方。

中国说也是近世才提出的观点，首先是由法国学者沙畹提出来的。他认为，越裳可能是楚王熊渠的孙子执疵所封的越章之地。后来，越南学者黎志涉也认为越裳可能就是越章。再后来，越南学者陶维英也符合此说，认为"古时的越裳即是楚时的越章地。"③

关于越裳在老挝的说法中，人们往往又把越裳和泰老民族的历史联系起来，即认为越裳就是今天老挝的主体民族老族或泰老族的先民，或者说把"越裳国"说成是今天老挝的主体民族老族或泰老族在今天老挝一带建立的国家。如果此说成立的话，越裳将是见诸文献记载的由傣泰民族建立的最早的国家，傣泰民族在中南半岛的历史也可以追溯到公元前 9 世纪以前了。

那么，越裳到底是不是老族或泰老族的先民建立的国家呢？让我们从各种有关资料入手，来对之进行一番深入的分析和研究。

《路史》曾记载说："越裳、骆越、瓯越、瓯邓、瓯人、且瓯、供人、海阳、目深、扶椎、禽人、苍梧、蛮扬、扬越、桂国、西瓯、捐子、产里、海葵、九菌、稽余、濮句、比带、区吴，所谓百越也。"许多学者就是根据《路史》的这段记载，肯定越裳是古越人的一支。其具体方位主要在今天的老挝，其居民乃是今天老挝的主体民族泰老族的先民。

① 徐松石：《粤江流域人民史》，香港东南亚研究所，1967，第 232 页。
② 张凤歧：《云南外交问题》，商务印书馆，1936，第 4、14 页。
③ 陶维英：《越南古代史》，刘统文、子钺译，商务印书馆，1976，第 65 ~ 66 页。

例如，徐松石先生就认为："寮国……当地人种古时原系掸族 Shan
（即大泰族）。昔日印度支那南部乃沙盖人所据，而北部则除交趾和富良
江流域外，悉为掸族所有（掸或作掸）越裳雄霸于先，扶南崛起于后，
都是掸族国家。""寮国在古代乃掸族的越裳"。① 把越裳定在了老挝，而
且将其居民说成是掸族，即广义的泰族或傣泰民族中的一支。

黄惠焜先生也在其《从越人到泰人》一书中针对越裳遣使向周公朝
贡的记载说："这是已知的泰族先民与中原最早的文化交流，也是已知的
出现于文献上的泰族先民的名称。"并认为："越裳即是越掸（Viet
Siam），显然属于百越族群。其地既在'益州塞外'，又在'交趾之南'，
所指应是中南半岛上的泰族先民。因为古代交趾的概念并不限于今越南
北部，交趾郡的范围已辐射到今老挝地区和泰国北部。"② 在这段论述中，
黄惠焜先生虽然也把越裳锁定在了今天的老挝，但出于谨慎，他并没有
把越裳的地望与今天的老挝完全等同起来，而是把与之相连的泰北地区
也算在内。

申旭先生则更加明确地认为越裳是泰老族的先民，越裳国就是他们
在今天老挝建立的国家。申旭先生在以深思为笔名的《越裳即掸——老
挝古国新证》一文和稍后出版的《老挝史》一书中，在徐松石先生"寮
国在古代乃掸族的越裳"这一论断的基础上，对之进行了更加系统的论
证，进一步把越裳同中国古籍中记载的掸国联系起来，认为越裳就是后
来中国史书记载的掸国，而掸国不仅是今天云南西部德宏的傣族和缅甸
掸族的先民，也是泰老民族的先民，因此，越裳人就是泰老民族的
先民。③

关于掸国的记载主要见于《后汉书》，其中最先提到掸国的是《后汉
书》卷四的一条记载："永元九年（公元 97 年）春正月，永昌徼外掸国
遣使重译贡献。"同书卷五又记载："永宁元年（公元 120 年）十二月，
永昌徼外掸国遣使贡献。"由于这些记载中提到掸国贡使的从"永昌徼

---

① 徐松石：《粤江流域人民史》，香港东南亚研究所，1967，第 232 页。
② 黄惠焜：《从越人到泰人》，云南民族出版社，1992，第 34 页。
③ 见深思《越裳即掸——老挝古国新证》，载云南省社科院东南亚研究所《东南亚》1986
年第 4 期；又见申旭《老挝史》，云南大学出版社，1990。

外"来，而永昌是今天云南的保山地区，保山地区的"徼外"是今云南德宏傣族景颇族地区，再往外，则是与我国傣族同源的缅甸掸族居住的掸邦。因此，许多学者都认为，《后汉书》中记载的那个遣使到中国朝贡的掸国就是今天生活在缅甸掸邦的掸族在掸邦地区建立的一个国家。由于缅甸掸族与我国傣族是同源民族，缅甸掸邦又与我国德宏傣族地区接壤，所以，一些研究傣族史的学者还把掸国的历史与傣族历史联系在一起，认为掸国的疆域还包括今天云南德宏傣族地区，掸国的历史也属于傣族史范畴，并把掸国写入了傣族史的论著中。①

但是，《后汉书》卷六中另外一条关于掸国的史料又记载说："永建六年（公元 131 年）十二月，日南徼外叶调国、掸国遣使贡献。"另外，袁宏《后汉纪》卷十五又记载说："安帝元初中（公元 114～119 年），日南塞外擅国献幻人……自交州塞外擅国诸蛮夷相通也。又有一道与益州塞外通。"一般认为，《后汉纪》里记载的这个"擅国"就是前面《后汉书》中几条资料中提到的"掸国"。

掸国既然是在"永昌徼外"的缅甸掸邦一带，为什么又要舍近求远从"日南徼外"来中国呢？对此，申旭先生认为："掸国不仅存在于缅甸，而且主要存在于老挝地区。历史上在中南半岛地区曾经同时存在两个掸国。"②

申旭先生分析说，从地望上讲，"永昌徼外"的掸国即在今缅甸掸邦一带，这是没有太大疑问的。而"交州塞外"或"日南徼外"的掸国必在老挝无疑，无论如何也不可能在今缅甸境内；从遣使路线来讲，位于缅甸地区的掸国，不必舍近求远从"日南徼外"来中国朝贡。所以，从"日南徼外"来中国朝贡的掸国只可能在今天的老挝；从时间上看，公元元年越裳遣使中国是最后一次，而就在公元 1 世纪，史书中就有了掸国来使的记载。反过来说，公元 1 世纪以前史书中不见有掸，而仅有越裳

---

① 见《傣族简史》编写组编《傣族简史》，云南人民出版社，1986；又见黄惠焜《掸傣古国考》，载云南省社科院东南亚研究所《东南亚》1985 年第 3 期及黄惠焜《从越人到泰人》，云南民族出版社，1992。

② 深思：《越裳即掸——老挝古国新证》，载云南省社科院东南亚研究所《东南亚》1986 年第 4 期。

的记载。越裳在公元初消失于史籍，掸则随之出现，而且二者所在的区域是一致的；从民族上讲，今天老挝的主体民族老族与缅甸的掸族同为泰语民族，清代的史书中把这一带地区的老族叫做掸人等等，这些都证明越裳就是后来从"日南徼外"来中国朝贡的"掸国"。①

为了证明老挝有一个掸国，申旭先生还特别对史书记载掸国贡使提到的掸国国王的名字进行了分析，并把它同老挝的首都万象联系了起来。

《后汉书》卷六记载，公元 131 年，"日南塞外"的叶调国和掸国遣使来访，其注引《东观记》（即《东观汉记》）曰：赐叶调国王紫绶，"及掸国王雍（田）[由] 亦赐金印紫绶"。关于这个掸国国王的名字，《东观汉记》原作"雍田"（四库备要本、丛书集成初编本等），《后汉书》各版本也均作"雍田"，唯有中华书局新出标点本作"雍（田）[由]"。侯康《后汉书补注续》云："以《后汉书》西南夷传考之，当作雍由调。"申旭先生认为："传统的看法是只有一个掸国，所以，便以为雍田和雍由调是一个人，认为雍田的'田'为'由'之误，'雍田'则为'雍由调'之误，这是不能令人信服的。这两个国王的名字差别很大，读音也不同，古代中国文献也没有将他们混同起来，只是现在的人们将他们牵强在一起，认为是同一个人。"②

因此，申旭先生认为，雍由调是缅甸地区掸国的国王，而雍田则是老挝地区的掸国的国王，也就是公元 131 年遣使到中国来的那个掸国的国王。"'雍田'一词，也就是今天万象（Vientiane）一词的同名异译。……Vientiane 一词，今译作'万象'，古时则作'维田'、'文单'、'镛铿'、'永珍'等等，这些音译和'雍田'十分接近，当为一词的先后不同译法"。接着，又把雍田同越裳联系在一起，"从对音来看，雍田即越裳，亦即唐代之文单，后来之维田、永珍，今日之万象。Vientiane 一词，在古说时即可译为越裳。越裳即越掸，在越裳演变为掸国以后，由于其中心在老挝地区，所以，其掸国国王便用'越裳'之名来称呼自己……Vientiane 之 Vien，可译为'越'，又译作'文'、'允'、'维'、'永'、

---

① 申旭：《老挝史》，云南大学出版社，1990，第 60～62 页；又见深思《越裳即掸——老挝古国新证》，载云南省社科院东南亚研究所《东南亚》1986 年第 4 期。

② 申旭：《老挝史》，云南大学出版社，1990，第 62～63 页。

'万'等等，而tiane，古时也写作tan，可译为'单'、'掸'、'田'，又译作'珍'、'铿'，今译作'象'，皆由'裳'字而来，越、文、允、维、永、万等字是相通的，其实皆出自'越裳'一词，只是音译前后稍有不同而已。由此可见，今日老挝首都'万象'一词，最初乃为族名，以后又逐渐演变成为国名、王名和都城名，其演变过程大致是：越裳—（越）掸—雍田—文单—永珍（铺铿）—万象"。①

"综上所述，'永昌徼外'的掸国在今缅甸，当时的国王是雍由调；'交州塞外'的掸国位于今老挝北部地区，当时的国王是雍田。这两个掸国皆由越裳国分出，都在原越裳国的地域之内。直到东汉时期，这一地区的主要居民没有改变，即是越裳人，亦即掸人。老挝地区的掸国王，沿用了其祖先越裳之名，这就是史书中的雍田。越裳初为族名，后来又演变成为国名、王名和都城名。由此可见，越裳的中心就在老挝地区"。②

事实上，关于掸国是缅甸古国的说法，本身就是我国学术界长期以来以讹传讹的一个讹误，中国史书中记载的那个"掸国"根本就不在缅甸，更不在老挝，也不在中南半岛任何地方，当然也与泰老民族的历史毫无关系。关于这个讹误，早有学者予以纠正，笔者还将在后面关于掸国的一章中进一步进行专门的论述，这里暂先不展开讨论。

笔者在这里想要强调的只是，退一步讲，就算坚持认为掸国就在中南半岛，而且有两个，一个在缅甸，另外一个在老挝，而且，老挝这个掸国的国王名字就叫雍田，又把雍田同文单和万象等联系起来，也不能证明越裳就是万象，当然也不能证明它是老族的先民或他们建立的国家。

首先，文单是中国古籍中记载的一个古国，据《旧唐书》记载：自神龙之后（公元8世纪初），真腊分为两半：南边靠水的地区叫水真腊，北边多山的地区就叫文单，文单是中国唐代出现的一个国家，文单也是文单国都城的名字。有人考证，文单就是万象。③ 申旭先生赞同此说，肯

---

① 申旭：《老挝史》，云南大学出版社，1990，第63～64页；又见深思《越裳即掸——老挝古国新证》，载云南省社科院东南亚研究所《东南亚》1986年第4期。
② 申旭：《老挝史》，云南大学出版社，1990，第65页；又见深思《越裳即掸——老挝古国新证》，载云南省社科院东南亚研究所《东南亚》1986年第4期。
③ 黄盛璋：《文单国—老挝历史地理新探》，载《历史研究》1962年第5期。

定文单是万象，进而认为，文单和万象就是早先的越裳，这样就进一步把越裳同老挝老族的历史联系起来。

其次，关于文单的方位，目前还有争议。就算文单在今天的老挝，也不可能是万象。因为，根据老挝和中南半岛其他国家的考古材料和文献，万象这个城市的出现是比较晚的。美国著名的泰学专家维亚特根据中南半岛考古材料和古文献记载绘制了一幅公元 1200 年时的中南半岛地图，图上显示，今天老挝的南部和中部大部分地区乃至北部的琅勃拉邦一带都属于"高棉帝国"的范围，地图中标出了今天属于老挝的沙弯那吉、琅勃拉邦等城镇，却没有万象。① 可能在那个时候万象还不存在，或者即使存在，也还不是一个很重要的城市。直到 1292 年，著名的兰甘亨碑铭中提到臣属于素可泰的地区时，才开始提到万象这个地名。②

英属缅甸殖民地官员乔治·斯科特在《缅甸志》一书中论及万象的历史时，也认为万象是 13 世纪才建立的城市。③

而且，万象这个名字本身是一个比较晚近的名字，万象还有个古名，叫做"占达武里"（Chandapuri）。④ 也就是说，在中国古书记载的"文单"存在的那个时期，即使万象这个地方已经有一个城市，它早期的名字也应该叫做"占达武里"，而不是万象。因此，文单不可能是万象的对音，越裳更不可能是万象的对音。

再退一步讲，即便文单就是万象，其居民恐怕也不是泰老民族。根据现有的考古资料来看，今天老挝万象地区出土的公元 8 世纪的佛像均是孟族风格的，出土的同一时期的碑铭上面的文字也都是古孟文。在万象以北 65 公里一个叫旺桑（Vang Sang）的地方除了出土有许多孟族风格

---

① David K. Wyatt, "Relics, Oaths and Politics in Thirteenth-Century Siam", Journal of Southeast Asian Studies, 32 (1), February 2001, The National University, Singapore.

② A. B. Griswold and Prasert na Nagara, "The Inscription of King Rama Gamhen of Sukhodaya (1292 A. D.)", Journal of Siam Society, 59, 2 (1971) 216, note 115.

③ Sir George Scott, "Gazetteer of Burma", Part II, Vol. 1, 1880, Reprinted in India, 1983, p. 403.

④ Martin Stuart-Fox, "The Lao Kingdom of Lan Xang: Rise and Decline", White Lotus Press, 1998, Bangkok, Thailand, p. 31.

的佛像外，还有一块年代更晚（公元 1006 年）的石碑，其铭文也是孟文的。①

专门研究老挝史的美国学者福克斯在其《老挝澜沧王国的兴衰》一书中，对所谓的文单时期老挝的民族情况进行了分析后也认为："我们虽然不知道文单国的人是些什么人，但断言他们是一些说一种与孟语很相似的语言的人还是可信的。他们可能就是孔人（Khom——古代泰老民族对操孟高棉语的诸多民族的统称——引者），在老挝中部，孔人包括了孟人及其各支系，在北部，孔人大概包括有克木人、拉瓦人……"②

老挝北部城市琅勃拉邦的历史似乎比万象要早一些。关于老挝北部琅勃拉邦一带的古代民族的情况，据老挝的一部史籍《南掌纪年》记载：在老族首领坤博隆的长子坤罗率领民众自勐天（今越南北部奠边府一带）来到南掌国的时候，在琅勃拉邦一带已有一个由当地土著建立的国家，叫做勐斯瓦（Muong Swa，又译勐爪哇、勐骚、勐兆等）。勐斯瓦一名，是根据这个王国的创始人坤斯瓦的名字得名的。在老族首领坤罗率众来到的时候，正是坤斯瓦王系的坤干哼统治之时。此时坤罗率领民众从勐天沿乌河而下，来到勐斯瓦北边的湄公河边，与坤干哼及其子孙大战，最后把坤干哼及其子孙逐走，建立了老族人的王系。③

另一部老挝史书讲述坤罗驱逐当地土著的历史时说："坤罗为王二十三年，建勐川东川铜，那时卡干哼老土王（披耶那迦）④ 在南塔帕丁、戍乌，坤罗征服之，逐之勐蒲劳蒲卡，成为早期奴隶，成为卡干哼。"⑤

这两本史书一致提到，坤罗领导老族人沿乌河（丰沙里省和琅勃拉邦省的重要河道）来到勐斯瓦的领土，和以坤干哼为王的土民作战，战

---

① Martin Stuart-Fox，"The Lao Kingdom of Lan Xang：Rise and Decline"，White Lotus Press，1998，Bangkok，Thailand. p. 19.

② Martin Stuart-Fox，"The Lao Kingdom of Lan Xang：Rise and Decline"，White Lotus Press，1998，Bangkok，Thailand，p. 17.

③ 〔泰〕集·蒲米萨：《暹泰佬孔各族名称考》，泰国 Duang Kamol 出版社，1976，〔泰〕黎道纲中译稿，打印稿（云南大学西南边疆少数民族研究中心资料室藏），第 105 页。

④ 在泰、老等民族的语言中，"坤"是王的意思，"卡"则是奴隶的意思，不同史籍中会有不同的称呼。

⑤ 〔泰〕集·蒲米萨：《暹泰佬孔各族名称考》，泰国 Duang Kamol 出版社，1976，〔泰〕黎道纲中译稿，打印稿（云南大学西南边疆少数民族研究中心资料室藏），第 105 页。

场在帕丁和戍乌（戍乌——乌河流入湄公河的河口）。老族人把土人逐入山区，到南塔（会孔）的蒲劳蒲卡一带去。土民打了败仗，成了战俘，被迫成为老族人的奴隶。于是变成了卡，即奴隶，国王坤干哼也被称为卡干哼。老挝史籍在记载这些土著民时，把他们称为"卡考"。泰国学者集·蒲米萨认为，史书中提到的逃到勐蒲劳蒲卡一带的卡干哼及其子孙民众，就是在南塔和琅勃拉邦的人数极众的克木人及其支系。①

泰国的史籍则提到泰人到来之前今天泰国北部地区的居民是拉瓦人，泰人是在同拉瓦人作战并把他们打败后，才把他们赶到山上去的。②

这些史籍虽然没有具体的年代，但在提到泰老民族的早期历史时，都提到他们的祖先是从别处迁徙来的，而且，迁来的时候都同当地的土著孟高棉语民族打仗，取胜后才占有了今天的地盘。这些事件发生在什么时候？由于这些泰老民族的史籍都没有具体的年代，我们无从知道。老挝学者坎平·堤汶达里认为，老挝史籍中提到的传说中的孟骚（又译孟兆或孟斯瓦，今琅勃拉邦市）建立于公元7世纪，其居民是孟高棉人，这些人就是今天老挝的克木人的先民。③ 孟骚是不是建立于7世纪？还需要研究，但是，从前面所引的考古资料和其他泰老民族的文献资料来看，泰老民族来到当地并征服了"卡"人的年代绝不会早到中国史书提到越裳的那个时代。在越裳那个时代，泰老民族的祖先还没有来到今天他们居住的地方。

那么，越裳到底在什么地方呢？其实，最早记载越裳遣使朝贡的史书之一《韩诗外传》在提到越裳使者到中国朝贡时对周成王讲的一番话时早已明载："'吾受命吾国之黄发曰：久矣，天之不迅风疾雨也，海不波溢也，三年于兹矣！意者中国殆有圣人，盍往朝之。于是来也。'"这段话为我们判断越裳的方位提供了一条线索。

蒙文通先生在反驳越南一些学者关于越裳即长江流域的越章的说法时

---

① 〔泰〕集·蒲米萨：《暹泰佬孔各族名称考》，泰国 Duang Kamol 出版社，1976，〔泰〕黎道纲中译稿，打印稿（云南大学西南边疆少数民族研究中心资料室藏），第 105 页。

② 〔泰〕巴差吉功扎：《雍那迦纪年》，王文达译，简佑嘉校，云南民族学院和云南省东南亚研究所，1990，第 90～97 页。

③ 坎平·堤汶达里：《老挝民族大家庭中的各成员》，蔡文丛编译，载云南省社科院东南亚研究所《东南亚》1991 年第 4 期。

分析说:"意所谓'迅风疾于雨,大海波溢'当指强台风而言。'天之不迅风疾雨也,海不波溢也',盖强台风不在越裳登陆也;强台风不在越裳登陆,则华北地区或雨量适中,年丰而民和,故以为有圣人也。越裳或有此经验,故有'国之黄发曰'云云(是否如此,尚希气象专家检验之)。"①

如果说越裳是在内陆国家老挝,而且还是老挝北部地区的话,哪里会有大海?何来"海不波溢"之说?

另外,《交州箴》也提到:"交州荒裔,水与天际,越裳是南,荒国之外。"也说越裳是在"水与天际"的海边。

因此,笔者宁愿相信古说,即越裳的位置应当还是在"交趾之南",而且是在靠海的地方。

申旭针对最早提到越裳的《尚书大传》等史籍中关于越裳国在"交趾之南"的记载和许多学者都据此认为越裳在越南的观点,认为:"越裳国在公元前10世纪左右就开始了与中国通好,而到了公元前后又接连遣使来访,说明越裳国至少存在千年以上,而且其所在区域没有发生太大的变化。如果说我们对上古时期老挝的历史尚不清楚的话,那么,至少在越南地区不存在这样一个国家。越南北部古称交趾,而《尚书大传》等中国史书所载的'交趾之南'是一个笼统的概念,泛指今中南半岛北部地区,而不应狭隘地理解为仅指今越南中部地区。……公元初年越裳乃遣使中国,而在公元前3世纪时,今越南中部地区已是九真郡的辖区,哪里会有一个越裳国存在?而且长达10个世纪之久?"②

交趾之南确实不应当狭隘地理解为只是今天越南的正中部地区,越裳恐怕也确实不在越南正中部地区。但再往南呢?我们知道,在今天越南的南部沿海以及中部沿海地区,后来出现了一个古国,叫做占婆。因为,今天越南南部和中部沿海地区很早就是占人的地盘。占婆恰好就是一个沿海国家。

占婆的主体民族占族是一个操南岛语系语言的民族,与今天分布在印度尼西亚、马来西亚和菲律宾的诸多南岛语系民族有着密切的渊源关

---

① 蒙文通:《越史丛考》,人民出版社,1983,第26页。
② 申旭:《老挝史》,云南大学出版社,1990,第58~59页。

系。有学者认为，占人的主体大概是在公元前一千纪初期从海上来到中南半岛的。① 专门研究东南亚考古和史前史的学者贝尔伍德认为，占人的主体来自印度尼西亚群岛，他们最初到达中南半岛的地点是今天越南南部偏中一带的沿海地区，然后从那里向北、西、南三个方向发展，越南南部和中部沿海地区的沙莹文化就是占人的文化，其成熟时期是公元前600 年左右。②

不仅今天越南南部和中部沿海地区是占族分布地区，今天老挝南部湄公河中游一带地区也有可能是占族的分布地区。赛岱司就认为，老挝南部湄公河中游地区发现的最早的碑铭表明那个地区在公元 5 世纪以前是在占族的统治之下，至少是在占族势力的影响之下。有学者认为，老挝南部的占巴塞（Champasak）这个地名本身就反映出它与古代占婆（Champa）的关系。③ 还有学者甚至认为，当地有两个占婆，一个在今天越南中部沿海地区，另外一个在湄公河中游一带。④

中国史书记载占婆时，占婆已经"印度化"了。据中国史书记载，占婆王国最初的国名叫林邑，以后又有环王、占城等名称。但在占婆地区出土的碑铭中，其名称始终都叫占婆（Champa），其居民也始终叫做占人（Cham）。

因此，我想，越裳的"裳"，是不是就是占婆的"占"字的对音呢？《明史·占城传》记载了其名称的演变过程时曾提到说："占城……即周越裳地……"似乎也已经说出了占婆与越裳的关系。

当然，说越裳是占婆，这也只是笔者的一个猜想，还需要进一步加以研究。但是，不管怎么说，说越裳是老挝的主体民族老族或泰老民族的先民公元前就在今天老挝境内建立的一个古国，则无论如何都是站不住脚的。

---

① Michael Vickery，"Society，Economics，and Politics in Pre-Angkor Cambodia：The 7th – 8th Century"，The Toyo Bunko，Japan，1998，p. 64.

② Peter Bellwood，"Prehistory of the Indo-Malaysian Archipelago"，Academic Press，1985，pp. 124，275.

③ Martin Stuart-Fox，"The Lao Kingdom of Lan Xang：Rise and Decline"，White Lotus Press，1998，Bangkok，Thailand. p. 16.

④ Martin Stuart-Fox，"The Lao Kingdom of Lan Xang：Rise and Decline"，White Lotus Press，1998，Bangkok，Thailand. p. 155.

第二章

滇越也不是"滇国的越人"

我国许多学者在论及傣族和与之有关的缅甸掸族等境外泰语民族的起源和早期历史时，几乎都会提到"滇越"，即把中国史籍中记载的一个叫做滇越的古国说成是傣族或傣族的先民古越人的一支建立的国家。例如，江应樑先生在其《傣族史》一书中就把滇越说成是傣族的先民。① 署名《傣族简史》编写组编著的国家民委民族问题五种丛书之一"中国少数民族简史丛书"中的《傣族简史》一书也认为："傣族先民曾以各种名称出现于我国历史，其最早见于史籍的称谓是'滇越'。"② 黄惠焜先生在其《从越人到泰人》一书中也认为滇越就是傣族的先民古越人的一支，并把它称为"滇越国"。③

滇越是不是傣族的先民或他们建立的国家呢？这个问题涉及傣泰民族的起源和早期历史，应当深入加以研究。

滇越一名，首见载于《史记·大宛列传》，该传中提到："昆明之属无君长，善寇盗，辄杀略汉使，终莫得通。然闻其西可千余里，有乘象国，名曰滇越，而蜀贾奸出物者或至焉。"这就是现在所知的最早也是最"详细"的一条关于"滇越"的记载。

那么，滇越的具体地理位置到底在什么地方呢？建立这个国家的

---

① 江应樑:《傣族史》，四川民族出版社，1983，第 91 ~ 94 页。

② 《傣族简史》编写组:《傣族简史》，云南人民出版社，1986，第 4 ~ 5 页。

③ 黄惠焜:《从越人到泰人》，云南民族出版社，1992，第 34 ~ 35 页，第 45 ~ 49 页。

人又是些什么人呢？由于《史记》中没有更多的记载，因此，要探讨这一问题，只能根据这条简单的记载和一些其他资料来进行分析判断。过去，人们多根据《史记》中说其在"昆明""西可千余里"的记载，认为"昆明"为古代洱海一带的民族，"其西可千余里"大致就在今德宏地区，而今天的德宏地区又恰好是傣族的主要聚居区之一，且古代傣族地区也一直有产象和"乘象"的记载。而且，滇越一词中刚好既有一个"滇"字又有一个"越"字，而一般又认为傣族的早期历史与古代的"百越"有关。因此，人们多判定，这个"名曰滇越"的"乘象国"就是傣族在今天德宏一带地区建立的一个古国。例如，有人就解释说："所以称为滇越者，以示为滇国以外的越人或属于滇国的越人之意。"[①]

然而，只要我们认真对现有资料稍加分析，便不难发现，滇越这个词既与"滇"无关，也与"越"无涉。

首先，据《史记·西南夷列传》记载，当时，"西南夷君长以什数，夜郎最大；其西靡莫之属以什数，滇最大；自滇以北，君长以什数，邛都最大，……其外西至同师以东，北至叶榆，名为嶲、昆明"。由此可知，"滇"和"昆明"是两个不同的族群，"滇"的位置在偏东地区，即今滇池一带地区，而"昆明"则在偏西的同师和叶榆之间。同师，《汉书》作桐师，在今滇西龙陵一带地区。叶榆亦作叶榆，汉县名，先属益州，后隶永昌，在今洱海地区。又《通典·边防典》三记载："昆弥国一曰昆明，西南夷也，在爨之西洱河为界，即叶榆河。"据此可知，"昆明国"在大理、永昌、腾冲、顺宁之间。因此，远在"昆明"西边千余里的"滇越"与隔着"昆明"的位于更东边的"滇"没有任何关系。把"滇越"理解为"滇国以外的越人或属于滇国的越人"是很牵强的，因为，"滇"和"滇越"之间还隔着一个"昆明"族群，如果说其西边真有一支"越"人的话，那用与其相近的族名或地名来作为"所属"或"方位"定语指称他们时，也不应当称为"滇越"，而应称为"昆明越"

---

① 侯方岳、李景煜：《滇越、掸、傣源流》，载《百越民族史论丛》，广西人民出版社，1985，见第75页。

才对。因此，滇越实与"滇"无关。

其次，滇越的"越"与"百越"的"越"也没有关系。"越"是早先生活在我国古代南方沿海地区的一个族群。《通考·舆地考·古南越条》记载说："自岭西南当唐虞三代为蛮夷之国，是百越之地。"注曰："自交趾至会稽，七八千里，百越杂处，各有种姓。"然而，滇越在"昆明"以西千余里的地方，与当时"百越"的主要分布区域相隔甚远。而且，据学者研究，在早期，"越"（百越）主要是分布在我国东南部和南部地区的族群，而当时分布在西南地区的族群主要是"濮"（百濮）。①因此，怎么会在"百越"分布区以西的"百濮"地区的西边又突然冒出一支"越"人来呢？

当然，也有学者为了自圆其说，把西南地区的"百濮"视为与"百越"同类，进而把"滇越"同"百濮"再同"百越"联系起来。②但我觉得，这个结论并没有足够的证据。

其实，史籍中出现的"越"字有时只是一个译音词，并不是只要一出现"越"字便都与"百越"有关。例如，《华阳国志》记载："明帝永平十二年（公元 69 年），哀牢王柳狼遣子奉献，明帝乃置郡……去洛六千九百里，宁州之极西南也。有闽濮、鸠獠、僄越、躶濮、身毒之民。"这里提到了一个"僄越"，也有人将其分读为"僄、越"，但很少有人认为这个"僄越"或与"僄"并列的"越"与"百越"有关。

又鱼豢《魏略·西戎传》记载："盘越国，一名汉越王，在天竺东南数千里，与益部相近。"也没有人把这个"盘越国"或"汉越王"与"百越"联系在一起。

又如《新唐书·骠国传》记载骠国所属 32 个部落中有一个叫"逝越"，还有史籍提到印度有个古国名叫"迦毗罗越"，均带有一个"越"字，也没有人将它们与"百越"联系在一起。

贾耽（730～805）还记载说："安南经交趾……至文单外城，又一日

---

① 蒋炳钊：《"濮"和"越"是我国古代南方两个不同的民族》，载《百越民族史论丛》，广西人民出版社，1985。见第 1～16 页。

② 江应樑：《傣族史》，四川民族出版社，1983，第 94～96 页。

行至内城,一曰陆真腊,其南水真腊,又南至小海,其南罗越国,又南至大海。"① 这里又提到了一个"罗越"国。但是,据考证,"罗越"国位于马来半岛南部,是古代猛人建立的一个古国。②

因此,不能因为滇越这个名称中有个"越"字就说其一定与"百越"有关。

江应樑先生认为:"'滇越'一名,既称之为'越',自应是百越族属。"③ 现在看来,这实在是很牵强的说法。

又有人认为,滇越就是"腾越",而"腾越"就是"越赕","越赕"又属"百越",由此来推论滇越是傣族先民所建之国。乾隆时《腾越州志·建置志·沿革考》曾认为:"腾越者,古滇越也。亦曰越赕。其来久矣,在西汉时为张骞所称之滇越。旧志曰:五岭外古称南越,亦曰百越。交广滇南滨海,接壤腾越,风气俗尚类之,越赕其百越之一乎?"江应樑先生在《傣族史》一书中赞同这一推断,认为"《腾越州志》所说'越赕其百越之一乎',这一推断有一定道理",进而认为:"说滇越即今之腾冲(腾越),还是近似的。"并补充说:"但我们认为,局限于只指腾冲一地,未免区域过于狭小,滇越应是今德宏州及其附近并其南部的大片地带。"④而"德宏州及其附近地,自古就是傣族分布区域,亦即百越分布地"。⑤因此,滇越就是傣族先民建立的国家。

滇越是腾越的说法主要出自《云南腾越州志》的修撰者屠述濂,但他对这个问题从一开始就搞错了。虽然他明明知道"……今自建昌、姚安、鹤庆、丽江以达于吐蕃,野人之境,皆古昆明夷也"。⑥ 但他又始终拘泥于声音相近,一口咬定说滇越就是腾越。然而,根据贾眈所记天竺里程来计算,他也发现不能自圆其说:"……若使滇越即腾越,其相距不过四、五日程,何以经柏始昌、吕越之殒命,郭昌、卫广之斩虏,不但

---

① 《新唐书》卷43下,地理七下,中华书局1975年点校本。

② 陈序经:《猛族诸国考》,自印本,第133页。

③ 江应樑:《傣族史》,四川民族出版社,1983,第92页。

④ 江应樑:《傣族史》,四川民族出版社,1983,第92页。

⑤ 江应樑:《傣族史》,四川民族出版社,1983,第92页。

⑥ 《云南腾越州志点校》,卷一,建制沿革考,屠述濂修,文明元、马勇点校,云南出版集团公司云南美术出版社,2006,第1~2页。

大夏不可通，即滇越亦不可得哉？"① 对于这样一个合理的疑问，他却又作了一个荒唐的解释："盖其时不敢度博南、越兰津故也。"② 这种主观的臆测，实在不足为训。而说"腾越"即"越赕"，"越赕"即"百越"，则连他自己也不敢肯定，只是推测说"越赕其百越之一乎？"故更不能以此作为滇越是傣族先民建立的古国的证据。

还有人认为，滇越就是后来史书中提到的"哀牢"③。

最早提到"哀牢"的当是《后汉书·西南夷列传》。据《后汉书·西南夷列传》记载："永平十二年（公元 69 年），哀牢王柳貌遣子率种人内属……"关于哀牢的族属，目前人们还有较大的争议。有人认为哀牢属于"越"，是傣族和中南半岛泰老族系的先民。但也有人认为哀牢属于"昆明"族群，如国家民委民族问题五种丛书之一中国少数民族简史丛书中的《傣族简史》一书就认为：哀牢的族属是"昆明"④。还有人认为，哀牢人即"濮人"⑤。

这里且先不管哀牢的族属问题，只先谈一谈哀牢究竟是不是滇越的问题。从《史记》的记载中，我们已知，滇越是在"昆明"以西可千余里的地方，而"昆明"人当时主要是分布在从洱海到腾冲一带地方，其西千余里的地方肯定还要在这一带地区以西更远的地方。哀牢在什么地方呢？《后汉书·西南夷列传》记载："永平十二年，哀牢王遣子率种人内属……显宗以其地置哀牢、博南二县，割益州郡西部都尉所领六县，合为永昌郡。"这段记载中似乎已经说明"哀牢"故地就在所置的哀牢、博南二县一带，所以显宗"以其地置哀牢、博南二县"。《华阳国志·南中志》也说："永昌郡，古哀牢国也。"因此，可以认为，东汉时期的"哀牢"，其分布区主要是在今大理、保山一带。这一带地区恰好也是西

① 《云南腾越州志点校》，卷一，建制沿革考，屠述濂修，文明元、马勇点校，云南出版集团公司云南美术出版社，2006，第 2 页。
② 《云南腾越州志点校》，卷一，建制沿革考，屠述濂修，文明元、马勇点校，云南出版集团公司云南美术出版社，2006，第 1～2 页。
③ 申旭：《老挝泰老系民族探源》（下），载云南省社科院东南亚研究所《东南亚》1987 年第 2 期。
④ 《傣族简史》编写组：《傣族简史》，云南人民出版社，1986，第 13～19 页。
⑤ 方国瑜：《中国西南历史地理考释》，中华书局，1987，第 22 页。

汉时"昆明"的分布区。而且，这可能还是其西迁以后的分布地，其早先的势力中心在东南边的哀牢山一带。①

说西汉时的滇越就是东汉时的哀牢，首先地理方位就不符。因为滇越在"昆明"以西千余里的地方，也应在哀牢以西千余里的地方，而不可能是在哀牢地。

因此，在"昆明"以西可千余里的滇越和与"昆明"同在一个区域而时间稍晚的哀牢并不在一地，或者说，后来史书中提到的哀牢不是先前的滇越。即使哀牢就是后来的傣族的先民，也不能证明滇越是傣族先民建立的国家。

说滇越是傣族先民在今德宏一带建立的国家的学者还提到的一个证据就是"掸国"。公元以后，滇越不再见于记载，但后来的史书又提到说，公元 1～2 世纪时，有一个"掸国"前来东汉朝廷朝贡。由于最先提到掸国贡使的史籍中记载说他们是从"永昌徼外"来的，而今天滇西境外又恰好是缅甸掸族的聚居区掸邦，且缅甸掸族与我国傣族又是同源民族，因此，一些人认为，掸国的地理位置就在今天滇西的德宏与境外缅甸掸邦一带。掸国就是滇越。②

其实，不仅说掸国是滇越没有什么根据，说掸国是傣掸民族在滇西和境外缅甸掸邦一带建立的国家也是一个错误。关于这个问题，连认为滇越是傣族先民建立的国家的江应樑先生也加以否定，认为掸国既不在今滇西与缅甸掸邦一带，也与傣掸民族历史无关。③ 江先生之后，又有缅甸学者陈孺性先生撰文加以澄清。④ 关于这个问题，笔者还将在下一章中予以补充论述，这里先不赘述。

总而言之，此前的许多考释，都不能证明滇越的方位是在今云南德宏一带地区，也不能证明它是傣族先民建立的国家。

那么滇越到底在什么地方？到底是哪一个民族建立的国家呢？

---

① 黄惠焜：《傣族文化与中原文明》，载王懿之、杨世光编《贝叶文化论》，云南人民出版社，1990。

② 《傣族简史》编写组：《傣族简史》，云南人民出版社，1986，第 9 页。

③ 江应樑：《傣族史》，四川民族出版社，1983，附录 1《傣族史涉及东汉掸国的商榷》。

④ 〔缅〕陈孺性：《掸国考》，载（台湾）《大陆杂志》第 83 卷第 4 期（1991 年）。

其实，汶江先生曾在其《滇越考——早期中印关系的探索》一文中，早就对滇越作了专门的考证。汶江先生对《史记》关于滇越的记载进行了分析后认为，滇越既在"昆明"以西千余里的地方，而"昆明"又在大理、永昌、腾冲、顺宁之间，因此，远在其西千余里的滇越必然在上缅甸或印度东北部阿萨姆一带。[1] 而"根据现有史料，在公元前三世纪，上缅甸不曾有过任何国家的存在，而印度却早在阿育王时代（约公元前二七三——前二三二年），孔雀王朝的势力就已扩张至布拉马普特拉河流域"。[2] 因此，滇越的方位大体可以断定在印度东北部的阿萨姆一带。

为了证实这一看法，汶江先生对此进行了进一步的分析。根据中国史书《魏略》和《后汉书》以及其他一些史籍的记载，公元以后这一带地区有一个古国叫"盘越"。如《魏略·西戎传》载："盘越国，一名汉越王，在天竺东南数千里，与益州近，其人小，与中国等，蜀人贾似至焉。"《后汉书·西域传》又载："天竺国一名身毒，在月氏之东南数千里……从月氏、高附国以西，南至西海，东至盘起国，皆身毒也。"校补注曰："案盘起，《通志》作越。"此处的"盘起"显然是"盘越"之讹。此外，如《梁书》卷45《中天竺国传》所记与《后汉书》大致相同，但作"盘越"而不作"盘起"；再如《南史》卷78载："从月氏、高附西，南至西海，东至盘越，列国数十，每置国王，其名虽异，皆身毒也。"记载的也是"盘越"。

从上述记载中，我们可以看出：第一，史籍中提到的这个"盘越"及其周边的诸多小国"皆身毒也"，均是印度境内的小王国；第二，其方位"在天竺东南数千里，与益州近"。

因此，汶江先生认为，《史记》中提到的"滇越"就是后来一些史籍中提到的"盘越"，其方位就在今印度东北部阿萨姆一带。

为了进一步证明滇越就是"盘越"，而"盘越"就在印度东北部阿萨姆一带，汶江先生又举了后来我国史籍中关于印度东北部阿萨姆地区的

① 汶江：《滇越考——早期中印关系的探索》，载《中华文史论丛》，上海古籍出版社，1980 年第 2 辑（总第 14 辑）。
② 汶江：《滇越考——早期中印关系的探索》，载《中华文史论丛》，上海古籍出版社，1980 年第 2 辑（总第 14 辑）。

"迦摩缕波国"（Kamarupa）的记载，即《大唐西域记》卷10记载："迦摩缕波国，周万余里，国大都城，周三十余里，……此国东，山阜连接，无大国都，境接西南夷，故其人类蛮獠矣，详问土俗，可两月行，入蜀之西南之境然山川险阻，瘴气氛诊，毒蛇毒草，为害滋甚，国之东南，野象群暴，故此国中，象军特盛。"汶江先生认为，这段记载中有三点可以证明滇越就是"迦摩缕波"。

第一，迦摩缕波国境接西南夷，其间又无别的国家，与《史记》中记载的滇越情形相同。

第二，里程相当。汶江先生认为，迦摩缕波国恰好在永昌、腾冲以西一千多里的地方，进而认为，"迦摩缕波"即《旧唐书》中记载的"固没卢国"。并引了贾耽入四夷路程的记载："自诸葛亮城西去腾冲城二百里，又西至弥城百里，有又西过山二百里至丽水城，乃西渡丽水、龙泉水二百里至安西城，乃西渡弥诺江水千里至大秦婆罗门国，乃西渡大岭三百里至东天竺北界固没卢国。"推断自腾冲至固没卢国路程合计共一千八百里。

汶江先生还认为："贾耽所记这条路线较为偏南，绕过大秦婆罗门国，如果由安西城向正西，绕过赵岗隘口（Chaukan Pass）直趋迦摩缕波，还要近几百里路。据《大唐西域记》载，迦摩缕波至四川西南界'可两月行'，按唐制陆行每日五十里计算，约合三千里。减去川滇间一半路程，腾冲与迦摩缕波间也只有一千余里。"又根据樊绰《蛮书》记载分析认为，川滇边界至羊苴咩城（大理）共十九驿，一千零五十四里，再加羊苴咩城至永昌二百里。剩下的路程也只有一千余里。再引慧琳《一切经音义》卷81"牂牁条"载有从四川经永昌至迦摩缕波的路程："……遂检《括地志》及诸地理书《南方记》等，说此往五天路。经从蜀川南去，经余姚、越巂、不韦、永昌等邑，古号哀牢夷……今从属南蛮，北接亘羌杂居之西，过此蛮界即入吐蕃国之南界，西越几重高山峻岭，涉历山谷，凡三数千里，过吐蕃界，更度雪山南脚，即入东天竺南界迦摩缕波国。"故汶江先生认为"情况也与上述记载大致相同"。①

---

① 汶江：《滇越考——早期中印关系的探索》，载《中华文史论丛》，上海古籍出版社，1980年第2辑（总第14辑）。

第三，迦摩缕波国以产象特多、象军特盛著称，这也与《史记》中所说滇越是"乘象之国"相印证。①

除上述三点外，汶江先生还举了印度古籍中关于迦摩缕波的记载，认为在印度古籍中，迦摩缕波也是最早和中国有直接而密切关系的地方。例如，史诗《摩诃婆罗多》卷二《大会篇》中说，"支那人"支持"东辉国"的军队，"其中有个福授王，他曾和高贵的般度之子鏖战一场"。"基拉塔、支那人还有许多滨海之民都支持东辉国的大军"。这里的"东辉国"（Pragjotisa）即是迦摩缕波的古名之一。②

另外，在该史诗《战备篇》中也提到说福授（Bhagadatta）的军队是由辉煌如金的支那人以及基拉塔人所组成。而且，这位福授王也以善于指挥象军出名。③ 这与《史记》中提到的"滇越"是"乘象国"的情况相符。

而且，更重要的一点是，迦摩缕波的古名除了"东辉国"以外，还被称为 Danava（鬼怪/蛮獠等义）国，史诗《摩诃婆罗多》的《森林篇》（Vanaparva）、《战备篇》以及《诃利世系》（Harivamsa）中都用过这个称呼，传说中的迦摩缕波第一个国王即名为 Maharaja（大王）Danava。汶江先生认为，滇越的古音 Dian-vat 即是 Dan（a）va 的对音。④

因此，汶江先生认为，滇越是位于印度东北部阿萨姆一带的一个古国，这个古国在稍后的中国古籍中被讹写成"盘越"或另有一个名称叫"盘起"，而其原名就是"迦摩缕波"，又叫"东辉国"，还被称为 Danava（鬼怪国），而 Danava 的对音正是"滇越"。⑤

继汶江先生之后，又有缅甸学者陈孺性先生在其《关于"僄越"、

---

① 汶江：《滇越考——早期中印关系的探索》，载《中华文史论丛》，上海古籍出版社，1980 年第 2 辑（总第 14 辑）。

② 汶江：《滇越考——早期中印关系的探索》，载《中华文史论丛》，上海古籍出版社，1980 年第 2 辑（总第 14 辑）。

③ 汶江：《滇越考——早期中印关系的探索》，载《中华文史论丛》，上海古籍出版社，1980 年第 2 辑（总第 14 辑）。

④ 汶江：《滇越考——早期中印关系的探索》，载《中华文史论丛》，上海古籍出版社，1980 年第 2 辑（总第 14 辑）。

⑤ 汶江：《滇越考——早期中印关系的探索》，载《中华文史论丛》，上海古籍出版社，1980 年第 2 辑（总第 14 辑）。

"盘越"与"滇越"的考释》一文中对滇越作了专门的考证。

陈孺性先生认为，滇越确实就是后来史籍中提到的"盘越"，而"盘越"又是有些史籍中提到的"僄越"。如《华阳国志》记载：东汉时期，永昌一带有"闽濮、鸠獠、僄越、裸濮、身毒之民"。向达先生曾认为，这里的"僄越"就是"盘越"。① 陈孺性先生赞同这一看法，并进一步认为，"盘越"或"僄越"又是后来另一些史籍中提到的"骠国"（亦写作"瀖国"或"剽国"）。②

为什么呢？陈孺性先生认为，"盘越"一词中的"盘"的中古音为 buan，即梵语 Brahma 一词内 Brah 的译音，也即 Brahma 一词之略。并举例说，古代孟族（中南半岛的古代民族，今为泰国和缅甸等国的少数民族）语言中亦将 Brahma 一词音译为 Bram 或 Brum。Brahm 一词在梵语中是"清净"的意思。"盘越"一词中的"越"的中古音为 vad 或 vat，中国佛学典籍常以"越"作为梵语 vastu 或巴利语 vatthu 的略译，其意为"地域"或"国家"，如"迦毘罗越"的"越"，就是 vastu 或 vatthu 之略。《新唐书·骠国传》中提到的骠国的 32 个部落之一"逝越"，其名称还原为巴利语即是 Jeyyavaddhana。其意为"胜势增长"。

总之，"盘越"一词即为梵语 Brahma-vastu 或巴利语 Brahma-vatthu 的简略译音，其意为"清净地域"或"清净国"。Brahma-vastu 或 brahma-vatthu 就是古代骠人的国名。而后来缅人从青藏高原下到今缅甸本部以后，逐渐同化了骠人，但却依然采用了骠人的国名 Brahma-vastu 或 Brahma-vatthu，只是将其中的 Brahma 讹为 Mrahma，今天缅甸的国名 Myanma（r）也源于这个词。③

同时，由于"盘越"（Brahma-vastu 或 Brahma-vatthu）的居民是"骠人"（又写为"僄人"，原发音为 Pyu 或 Pu），因而有时也称这个国家为 Pu-vastu 或 Pu-vastu（Pyu-vastu 或 Pyu-vatthu），意为"骠人（或'僄

① 向达：《蛮书校注》，中华书局，1962，第 234 页。
② 〔缅〕陈孺性：《关于"僄越"、"盘越"与"滇越"的考释》，载（台湾）《大陆杂志》第 84 卷第 5 期（1992 年）。
③ 〔缅〕陈孺性：《关于"僄越"、"盘越"与"滇越"的考释》，载（台湾）《大陆杂志》第 84 卷第 5 期（1992 年）。

人'）的地域或国家"，简略音译即为"儳越"。①

因此，中国史书中提到的"儳越"也就是"盘越"，即"儳越"和"盘越"是同一个国家，即骠人的国家，其主体居民是古代缅甸的骠人。

那么，"儳越"和"盘越"同"滇越"又有什么关系呢？

鱼豢在《魏略·西戎传》中曾记载："盘越国，一名汉越王，在天竺东南数千里，与益部相近，其人小，与中国等，蜀人贾似至焉。"

这段记载中提到"盘越国"又叫"汉越王"，"王"也许是"国"之讹，这里且先不去管它。向达先生曾指出，这里的"盘越"或"汉越"即是"儳越"。② 但向达先生没有深入分析为什么"盘越"或"汉越"就是"儳越"。

陈孺性先生则进一步分析认为，在中国古籍中，"儳越"的"儳"有时也被写成"剽""漂"或"骠"，如《唐会要》记载："魏晋间，有著《西南异方志》及《南中八郡志》者云：'永昌，古哀牢国也。传闻永昌西南三千里有剽国……'"《太平御览》香部云："《广志》曰：'艾纳香出剽国。'"《唐会要》又说："骠，一作儳。"因此，"儳""剽"等字也可能会被写成"漂"，"儳越"也可能会被写成"漂越"。而"漂"与"汉"（繁体"漢"）字形相近，也许有人误将"漂越"写成了"漢越"，所以《魏略·西戎传》中说的"盘越国，一名汉（漢）越王"，实应是"盘越国，一名漂越王"。即"盘越"（Brahma-vastu 或 Brahma-vatthu）与"漂越"（儳越，Pu-vastu 或 Pu-vatthu）均为骠国的名称。

又因为"漂"字与"滇"字字形相近，因此，"'滇越'乃'漂越'之讹误，亦即是 Pu-vastu 或 Pu-vatthu 的略译，意即'漂人或剽人或儳人或骠人之地域'"。③

方国瑜先生在引鱼豢《魏略·西戎传》记载"盘越"又名"汉越"这段话时也曾认为："汉（漢）越应（为）滇越之误。"④ 但没有说为什

① 〔缅〕陈孺性：《关于"儳越"、"盘越"与"滇越"的考释》，载（台湾）《大陆杂志》第 84 卷第 5 期（1992 年）。
② 向达：《蛮书校注》，中华书局，1962，第 234 页。
③ 〔缅〕陈孺性：《关于"儳越"、"盘越"与"滇越"的考释》，载（台湾）《大陆杂志》第 84 卷第 5 期（1992 年）。
④ 方国瑜：《中国西南历史地理考释》（上册），中华书局，1987，第 20 页。

么会出现这样的"误"。

　　缅甸学者陈孺性先生则进一步认为,"滇越"与"汉(漢)越"均为"漂越"之误。[①] "'滇越'之'滇',与'漢越'之'漢',乃'漂越'之'漂'之讹,而'漂越'亦即《华阳国志》之'儤越'"。"'滇越'乃'漂越'之讹误,而'漂越'亦即'儤越'Pu-vastu,亦即'剽国'、'澳国'或'骠国'"。[②]

　　而且,陈孺性先生断定,这个"盘越"或"滇越","准之地望,除了古缅甸(剽国,儤越)之外,不可能是其他地域"。并认为,缅甸土俗也以养象和乘象闻名,与《史记》中关于"滇越"的记载相符。因此,"滇越"实际上就是古代缅甸骠人的国家"儤越",是当时人对"儤越"的另一种写法"漂越"误写后所造成的。[③]

　　但是,什么人以及为什么会把漂越写成滇越呢?陈孺性先生作了一个大胆的推测:张骞出使西域归来向武帝报告了西南有一条通往印度的通道后,奉武帝之命派遣了王然于等人入云南开辟通往西边的道路,因受"昆明"所阻而未果,但却知道了其西可千余里有个"乘象"的国家叫"漂越"。"司马迁似曾阅读过王然于等人的报告,所谓'然闻其西可千余里,有乘象国名曰滇越'一节,或许并非司马迁本人之言,而直接摘录自王然于等人的报告,这是我的臆测。……原始资料内面究竟怎样写,我们已无由知晓。也许王然于等人的报告内原写作'漂越',司马迁的原稿本内似亦写作'漂越',只是传抄《史记》者,以为'汉既求大夏始通滇国,'乃将'漂越'误写作'滇越',也未可知"。[④]

　　真实的情况是不是这样呢?还需要用资料来进一步加以证明,但重

---

① 〔缅〕陈孺性:《关于"儤越"、"盘越"与"滇越"的考释》,载(台湾)《大陆杂志》第 84 卷第 5 期(1992 年)。

② 〔缅〕陈孺性:《关于"儤越"、"盘越"与"滇越"的考释》,载(台湾)《大陆杂志》第 84 卷第 5 期(1992 年)。

③ 〔缅〕陈孺性:《关于"儤越"、"盘越"与"滇越"的考释》,载(台湾)《大陆杂志》第 84 卷第 5 期(1992 年)。

④ 〔缅〕陈孺性:《关于"儤越"、"盘越"与"滇越"的考释》,载(台湾)《大陆杂志》第 84 卷第 5 期(1992 年)。

要的一点是，陈孺性先生对滇越进行了专门的考证后，也不认为滇越是傣族或傣掸民族先民建立的国家。

泰国学者黎道纲先生在谈到有关滇越的问题时，则认为它是当时分布在云南西部的濮人的部落或国家。①

滇越到底在什么地方？到底是由什么人建立的国家？这个问题虽然还没有最后解决，但是，我认为，有一点是明确的，那就是，从上述学者的研究，特别是目前所能见到的汶江先生和陈孺性先生的这两篇专门对滇越进行考证的文章来看，他们都没有说滇越是在云南，更没有说它是傣族先民所建的国家。

此外，蒙文通先生在其《越史丛考》一书中，对"百越"诸多支系及有关问题，包括西南和云南的许多与越史有关的民族及涉及的问题进行了专门的考释，也未有只字提及"滇越"。显然，这位专门研究越史的老前辈也不认为滇越与"越"有什么关系。

相反，倒是一些研究傣族历史的学者，尽管对滇越并没有作过深入的考证，只因名称中带有一个"滇"字和一个"越"字，便很轻易地认定滇越是傣族的先民在云南德宏及境外缅甸掸邦一带建立的国家，而且多是人云亦云，这是很值得深思的。

对此，缅甸学者陈孺性先生曾专门指出："在现代，有一些华人学者一看见有'越'字的地名，即以为是中国古代南方沿海越族曾分布的地域。中国西南及南方有许多地名是不能照汉字来解释的，如以僄越或盘越为越人的地域，即为绝大的错误。"②

我认为，把滇越视为越人的一支，并理解为"滇国以外的越人或属于滇国的越人"等等，恐怕也是一个"绝大的错误"。

退一步说，即使是考证滇越的地理位置就在今云南德宏州和中缅边境一带地区乃至今缅甸掸邦一带地区，甚至其他一些后来有傣掸民族或与之同源的民族居住的地方，也不能说它就是傣族或傣掸民族先民建立

① 〔泰〕黎道纲：《九隆、习农乐二词不是泰语——驳哀牢泰族说的语言论据》，载云南省社科院东南亚研究所《东南亚》2000 年第 3～4 期合刊。

② 〔缅〕陈孺性：《关于"僄越"、"盘越"与"滇越"的考释》，载（台湾）《大陆杂志》第 84 卷第 5 期（1992 年）。

的国家，也不能把它同傣族或傣掸民族的历史联系在一起。

这就涉及另一个问题：德宏地区的傣族和境外缅甸的掸族是不是自古以来就生活在他们今天所居住的这片土地上？或者说德宏地区的傣族和境外与之同源的缅甸掸族是不是就是他们今天所居住的这个地方的土著？再或者，是不是至少在我们所讨论的滇越这一时期傣族或傣掸民族的先民就已经分布在他们今天所在的这些地区了？

过去许多研究傣掸民族历史的学者一直是这样认为的。

例如，江应樑先生即认为："傣族是云南的土著，现今傣族集居的地区，正是历史上傣族的老家。"①

《傣族简史》一书也认为："滇越的分布并不仅仅局限于德宏，德宏应是滇越的东部区域，其中部区域当在今缅甸北部，相当于现今掸邦所辖范围；其西部区域则及于印度东北部的曼尼普尔和阿萨姆，差不多蔓延到了普拉马普特拉河南岸的峡谷和坝。滇越的这种分布，既与史书关于昆明以西千余里即滇越的记载相符，也与傣掸历来的活动范围相符。"②

然而，笔者认为，如果不是先入为主地把滇越和掸国等古国同傣族或傣掸民族的历史联系在一起的话，我们很难再找到滇越那个时期德宏地区和缅甸就已有傣掸民族先民活动的其他记载。

虽然一些学者认为，傣族很早就已居住在今天他们所居住的这些地区了。但是，到底有多早？是不是"自古以来"就是这里的土著？或者说是不是滇越时期傣族的先民就已经分布在德宏及境外缅甸掸邦一带地区了？笔者认为，恐怕还没有足够的资料来证明。虽然《华阳国志·南中志》记载说：东汉时永昌郡有多种民族，如"闽濮""鸠僚""僄越""躶濮"和"身毒之民"等等，那么其中"鸠僚"是不是就是傣族的先民？如果是的话，这个时期他们究竟分布在哪里？是不是就已经分布在今天德宏州及境外缅甸掸邦一带了？从汉文史籍中，我们还是找不到更可靠的记载。

---

① 江应樑：《傣族在历史上的地理分布》，载王懿之、杨世光编《贝叶文化论》，云南人民出版社，1990。
② 《傣族简史》编写组：《傣族简史》，云南人民出版社，1986，第5~6页。

相反，从傣掸民族自己的文献中，我们得知的情况却是：他们是在比较晚的时候才从其他地方迁到今天德宏地区中缅边境一带的。关于这些资料，我将在后面的相关章节中提到。

被我国许多研究傣族历史的学者视为当然的关于滇越是傣族的先民及其建立的国家的说法是不能成立的，滇越不是傣族的先民及其建立的国家。

第 三 章

掸国更不是掸族的国家

据我国史书记载，公元 1～2 世纪时，曾有一个叫做"掸国"的国家先后几次遣使向东汉王朝朝贡。由于首先提到掸国贡使的史籍中记载他们是从"永昌徼外"来的，一般认为，汉代的永昌在今天云南西部的保山地区，而今天云南西部境外又恰好是缅甸掸族的聚居区掸邦。所以，许多学者认为，这个掸国的地理位置就在今天缅甸的东北部地区，掸国是由掸族的先民建立的一个古国。所以，在谈及缅甸古代历史、缅甸民族史和早期中缅关系时，人们总会提到这个掸国。①

由于缅甸的掸族与我国的傣族是同源民族，他们自称也是傣族或泰族，他们在语言、文化、宗教、习俗、经济等方面至今都有着密切的关系，而今天缅甸的掸邦又与我国德宏傣族地区相毗连，因此，一些研究傣族史的学者又将掸国同傣族的历史联系在一起，认为掸国的疆域还包括了今德宏傣族地区的一部分，掸国的历史也属于傣族史范畴，并将其写入了傣族史的论著中。②

还有一些研究老挝历史的学者认为，掸国的方位在老挝，或者说包括了老挝，老挝的主体民族老族或泰老族的历史也与掸国有关。③

---

① 贺圣达：《缅甸史》，人民出版社，1992，第 10～11 页。
② 《傣族简史》编写组：《傣族简史》，云南人民出版社，1986，第 9～13 页；黄惠焜：《从越人到泰人》，云南民族出版社，1992。
③ 申旭：《老挝史》，云南大学出版社，1990，第 60～62 页；又见深思《越裳即掸——老挝古国新证》，载云南省社科院东南亚研究所《东南亚》1986 年第 4 期。

更有人甚至认为，掸国的疆域不仅包括了今天的缅甸和老挝，而且还包括了今天的泰国和越南。①

掸国到底是不是傣掸民族或更广义的傣泰民族建立的一个国家呢？这又是一个涉及傣泰民族起源和早期历史的重要问题。

关于掸国的原始资料不多，主要是《后汉书》中的六条记载，其中三条见于《后汉书·本纪》，两条见于《后汉书·西南夷列传》，还有一条见于《后汉书·陈掸传》。

据《后汉书·和帝本纪》记载："永元九年春正月，永昌徼外蛮夷及掸国重译奉贡。"这是关于掸国贡使首次来访的记载，时间为公元97年。

关于这次掸国贡使的来访，《后汉书·西南夷列传》作了这样的补充记述："（永元）九年，徼外蛮及掸国王雍由调遣重译奉国珍宝，和帝赐金印紫绶，小君长皆加印绶钱帛。"这里虽只提"徼外"，未提"永昌"，但看得出就是本纪中所提到的来自"永昌徼外"的同一掸国使团，并且，这里还记载了国王的名字。

过了24年，这位掸国国王雍由调又遣使前来。《后汉书·安帝本纪》记载："永宁元年十二月，永昌徼外掸国遣使贡献。"这次来访一般推算为公元120年，但永宁元年十二月或已是公元121年了。

对于这一次掸国贡使的访问，《后汉书·西南夷列传》又作了补充："永宁元年，掸国王雍由调复遣使者诣阙朝贺，献乐及幻人，能变化吐火，自支解，易牛马头，又善跳丸，数乃至千。"并说："明年元会，安帝作乐于庭，封雍由调为汉大都尉，赐印绶、金银、彩缯，各有差也。"

《后汉书·陈禅传》也载："永宁元年，西南夷掸国王献乐及幻人，能吐火，自支解，易牛马头。明年元会，作之于庭，安帝与群臣共观，大奇之。"

大多数学者以上述记载为据，认为掸国使者既来自"永昌徼外"，其地望就应在今缅甸东北部掸邦及其与云南德宏交界一带。这一带现在恰好又是傣族和缅甸掸族的聚居区，故掸国当为他们的先民所建。

然而，这里马上就出现了一个问题。因为，根据上面引述的这些资

---

① 《傣族简史》编写组：《傣族简史》，云南人民出版社，1986，第11页。

料的记载，掸国是在"永昌徼外"。但《后汉书·顺帝本纪》中还有一条记载又提到说："永建五年十二月，日南徼外叶调国、掸国遣使贡献。"这是掸国又一次遣使朝贡，时间为公元 131 年。而这一次却是来自"日南徼外"。

除了《后汉书》中的这条记载外，袁宏《后汉记》中还有一条记载说："安帝初中十二月，日南塞外擅国献幻人……自交州塞外擅国诸蛮夷相通也。"

按：《后汉书·和帝本纪》有注云："掸音擅，《东观汉记》作擅。"故一般认为，这个"擅国"也就是掸国。这一次"擅国"的使者来访也献了"幻人"，也是安帝时，不知是不是就是前面提到的安帝元年来的那一次？从"献幻人"这一内容来看，可能是同一次。而从来的路线看，似又是另一次。有人推断"安帝初中"为公元 114～119 年。[1] 如果是这样的话，则这次来访就是另外一次了。不管是一次还是两次，这一次或两次对中国的访问却又是从"日南徼外""日南塞外"或"交州塞外"来的。

对此，一般的解释是，掸国贡使有两次是从"永昌徼外"来的，而另有一次或两次是从"日南徼外"或"日南塞外"来的。可是，掸国既然是在今缅甸掸邦一带，为什么又要舍近求远从日南方向来呢？

为了解决这一矛盾，有人解释说，当时中南半岛上有两个掸国，即"永昌徼外"的掸国在今缅甸掸邦一带；另一个"日南徼外"的掸国则在今老挝境内。例如，前面在讨论越裳的方位和族属的问题时已提到，申旭先生在探讨泰老民族的起源和早期历史时就论述说，中南半岛上有两个掸国，这个"日南徼外"的掸国便是更早时候史书中提到的越裳。论者还引《后汉书》注引《东观记》载公元 131 年"日南徼外"叶调国、掸国使者来访时汉帝赐叶调国王紫绶"及掸国王雍（田）［由］亦赐金印紫绶"的记载，认为这里记载的掸国国王不完整的名字应当还原为"雍田"，而不是"雍由调"。进而认为，"雍田"与"雍由调"是两个

---

① 深思：《越裳即掸——老挝古国新证》，载云南省社科院东南亚研究所《东南亚》1986 年第 4 期。

人，各管一方，"雍由调"的掸国在"永昌徼外"今缅甸掸邦一带。而
"雍田"的这个掸国则在今老挝境内。并认为，"雍田"不仅是人名，也
是国名和地名，"雍田"发音前与"越裳"相似，后与今天万象
(Vientiane) 一词有关，因而另一个掸国在今老挝云云。①

但是，这里又出现了一个问题，即一般认为，今天缅甸的掸族 (The
Shans) 主要是缅族人和其他一些周边民族对他们的称呼，是他称。他们
的自称则是"傣"或"泰"(Tai)。而我们知道，缅甸的主体民族缅族大
概是公元 8 ~ 9 世纪才形成，公元 11 世纪才开始统一缅甸，"掸人"这一
称谓当是在缅族崛起并与掸人接触之后才出现的。如果是这样的话，则
"掸"这个名称出现的时间是很晚的。

一般认为，最早以文字形式出现的一个与"掸"有关的词"Syam"
见于公元 11 世纪的一块占婆碑铭。② 如果说这个词可以译为"掸"的话，
其出现最早的时间也是在公元 11 世纪。另外，公元 683 年柬埔寨前吴哥
时期的一块碑铭中提到一个女奴隶的名字叫"古暹"，有人认为，这个女
奴隶可能就是一个"暹"人或"掸"人或泰人。③ 即便这个叫做"古暹"
的奴隶真是一个掸人的话，也是公元 7 世纪的事了，比中国史籍中提到
的这个掸国还是晚了好几个世纪。

如果说公元初向东汉王朝朝贡的这个掸国是傣掸民族的国家的话，
那为什么三（四）次来中国都一直用他称来称呼他们自己的国家呢？或
者说当东汉王朝同这个国家打了多次交道后，为什么还是只知道这个国
家的他称而不知道它的自称呢？

而且，我国学者将缅甸人对缅甸今天的泰语民族的称呼"Shan"译
写为"掸族"或"掸人"，将缅甸傣族的主要居住区"The Shan States"
译写为"掸邦"，恐怕也是受"掸国"是缅甸古国的传统见解影响之故。
因为，在今天东南亚国家的一些华文报刊上，"Shan"多译写为"珊人"

---

① 深思：《越裳即掸——老挝古国新证》，载云南省社科院东南亚研究所《东南亚》1986
年第 4 期。又见申旭《老挝史》，云南大学出版社，1990。

② G. H. Luce，"The Early Syam in Burma's History"，in Journal of the Siam Society，Vol. XLVI，
Part 2，November 1958，p. 124.

③ 〔泰〕集·蒲米萨：《暹泰佬孔各族名称考》，泰国 Duang Kamol 出版社，1976，〔泰〕
黎道纲中译稿，打印稿（云南大学西南边疆少数民族研究中心资料室藏），第 26 页。

或"珊族","The Shan States"则多译写为"珊邦"。可见,"Shan"这个名称的翻译并无定字,也说明国外并没有把他们同中国古籍中提到的这个掸国联系起来。

至于老挝的主体民族老族,虽然与今天的傣、掸、泰等民族有渊源关系,但查遍中外文献,较古老的称谓好像只有"哀牢""老丫""牛吼""潦查""老抓"等等,从来也没有见到有把他们称为"掸"的记载,当今人类学资料中也没有发现老族人的称谓中有任何与"掸"的发音有关的词。

因此,说老挝境内还有另外一个掸国就更不可信了。

还有人根据袁宏《后汉纪》中"自交州塞外擅国诸蛮夷相通也"的记载认为:"日南为交州所属最南一郡,在今越南中圻广平省,有外国使臣来中国,即在日南郡接纳,其地与掸国相接,足见今泰、老、越一带也是掸人居住的区域。"[①] 这种解释就更为牵强了。

又有人认为,"掸"可读为"擅",而"擅"又与"泰"的发音相近,故"掸"或"擅"就是"泰"。因此,掸国即是傣掸民族所建之国。[②] 但是,这种推论也是很成问题的。

第一,"掸"固然可以读作"擅",但"擅"与"泰"的发音却只是声母相同,韵母的发音毕竟还有很大的差异,不能这样简单地去推论。

第二,更主要的是,正如前面所指出的那样,"掸"只是缅族对缅甸傣泰民族的称谓,是他称,他们自称是"泰"。而且,他们从来也不用"掸"作为自称。他称和自称,二者不可相混。

第三,退一步说,即便"掸"就等同于"泰",但从文献中推究傣掸民族的族属渊源,从"瓯""骆"到"越""僚"等等,还找不到近乎"泰"这一发音的称谓。西方文献中有人解释"泰"是"自由"的意思。[③] 如果这种解释不错的话,那么,从目前所能了解到的中南半岛的历史情况来看,具有"自由"含义的"泰"一词应当是在泰人摆脱了高棉

---

① 《傣族简史》编写组:《傣族简史》,云南人民出版社,1986,第11页。

② 陈序经:《掸泰古史初稿》,1962年自印本,第5页。

③ Sao Saimong Mangrai, "The Shan States and the British Annexation", Cornell University, Second Printing, 1969, p. 44.

人的控制之后才出现的，而这大概应是公元 10 ~ 12 世纪以后的事了。在汉文文献中，明、清时期才开始出现"歹摩""歹缅"这类族称，时间就更晚了。因此，把掸国的"掸"或擅国的"擅"解释为"泰"，并以此来证明掸国与今天的傣掸民族有关，也是没有根据的。

虽然有人认为傣掸民族很早就分布在今中缅边境地区和缅甸境内了，甚至认为傣掸民族自古以来就居住在那一带地区，是当地的土著，但从现有文献资料中，我们实在找不到支持这种看法的可靠证据。

例如，为了论证傣掸民族是他们今天居住的这片土地上的土著，人们往往把傣掸民族的直接先民追溯到《史记》中提到的滇越。但是，正如笔者在前面探讨滇越问题的那一章指出的那样，许多学者对之进行考证后，都对滇越是傣掸民族先民建立的国家的说法予以了否定。

若不是先入为主地把掸国断定在今缅甸东北部地区并认定就是傣掸民族所建的国家的话，恐怕是很难找到明确可靠的关于傣掸民族先民的踪迹的记载的。反过来说，既然没有明确可靠的关于傣掸民族的先民当时就已分布于缅甸境内的记载，说掸国是傣掸民族的先民在今缅甸东北部地区建立的国家也就没有根据了。

因此，说公元初就有许多傣掸民族的先民分布在今缅甸掸邦一带，并试图据此来证明掸国就是傣掸民族的先民在当地所建，是没有充分根据的。

从傣掸民族社会历史发展的情况来看，东汉时的这个掸国也不可能是傣掸民族的先民所建。追溯傣掸民族的历史，我国许多学者认为，其先民当是明代文献中记载的"百夷"或"僰夷"，宋元文献中的"白衣""白夷""金齿"，唐代文献中的"黑齿""金齿""银齿""漆齿""绣脚""绣面""雕题"及"茫蛮诸部"，魏晋时的"僚"等等，而据记载，这些傣掸民族的先民在相当长一段历史时期内都还是一些分散的、互不相属的部落。《蛮书》中记载说，当时这些部落还"楼居无城郭"。直到元代，据李京《云南志略》的记载，当时为"西南之蛮"中"最盛"的"白夷"，仍还"记识无文字，刻木为约"。还不好说已进入了发达的阶级社会阶段。按西双版纳傣族史籍《泐史》的记载来推断，叭真建"勐泐"国的时间则是公元 12 世纪了。

可是，从关于掸国的零星记载来看，掸国不仅有"国王"，还有许多"小君长"，这些"小君长"都统属于"国王"，故汉皇对他们的封赏也是"有差"的。看来，公元初的这个掸国的社会就已经是一个阶级社会了。而这与后来傣掸民族社会一直还处于比较原始落后的状况的记载是不相符的。

此外，掸国使团在汉朝宫廷演出的音乐歌舞和幻术杂技，也与后来我们所知的傣掸民族传统的民族艺术类型不相同。傣掸民族固然能歌善舞，但在历史上却不以歌舞著称，更没有著名的幻术杂技。唐人记"金齿""白衣"，只言其文身饰齿，从未提歌舞幻术；《马可波罗行记》中提到"金齿"的歌舞，也只是巫师作法时"响其乐而为歌舞"，或用歌舞以祭神。[1] 仅是很原始的宗教歌舞，不会有很高的水平。钱古训《百夷传》记明代初年德宏境内"百夷"的习俗，其中言及"百夷"的音乐，最为明确具体："乐有三等，琵琶、胡琴、箫、笛、响盏之类，效中原音，大百夷乐也；笙阮、排箫、箜篌、琵琶之类，人各拍手歌舞，作缅国之曲，缅乐也；铜铙、铜鼓、响板、大小长皮鼓，以手拊之，与僧道乐颇等者，车里乐也。村甸间击大鼓，吹芦笙，舞干为宴。"这是作者亲履其地记录下来的第一手资料。据此可知，直到公元14世纪，德宏一带傣族和邻国缅甸的音乐歌舞也没有什么突出的特色。这类歌舞是决不会令安帝和群臣"大奇之"的。至于所谓变化吐火、自支解、易牛马头、跳丸数千这类幻术杂技，在有关傣掸民族的历史文献中找不到，在今天傣掸民族的现实生活中也看不见。

所以，连专门研究傣族历史并认为滇越是傣族先民建立的国家的江应樑先生也对掸国是掸族或傣掸民族建立的国家的看法予以否定。[2]

那么，史籍中记载的掸国究竟是哪个民族在什么地方建立的国家呢？

江应樑先生在其《傣族史涉及东汉掸国的商榷》一文中否定了掸国为傣掸民族先民所建这一观点后曾认为："其实，这个问题，明、清时人已有明确的答复了。"江先生引了明沈德符《万历野获编》的记载："缅

① 江应樑：《傣族史》，四川民族出版社，1983，第613页。
② 江应樑：《傣族史》，四川民族出版社，1983，第608~619页。

甸，古朱波也，汉谓之掸国。和帝永元中，其王献乐及幻人，能变化吐火，自支解，易牛马头……唐谓之骠国，贞元中亦来朝献。实谓之缅国。"又引道光《云南通志稿》记载说："缅甸在汉为掸国，在唐为骠国，元立邦牙宣慰司，明为缅甸宣慰司，本朝为缅国。"再引屠述濂《腾越州志》的记载曰："汉有雍由调，唐有雍羌，明有雍罕，今有雍籍牙，其缅文每称相传一千七百余年。盖自汉和帝永元九年戊戌雍由调受金印紫绶，以至于今乾隆庚戌，凡一千六百九十三年也。"从而认为，掸国既与后来的缅甸一系相传，其地望就应在缅甸中部和南部某地，也只有在中部和南部，位置靠海，才会分别由陆路经永昌和由海路经日南这两条道路来汉入贡。①

江应樑先生否定掸国为傣掸民族先民所建的古国是极有见地的，但他认为掸国与"缅国"为一系相传的国家以及其地理位置应在缅甸中、南部所依据的上述资料却也不可信。

熟悉缅甸历史的人都知道，在缅甸历史上，掸国且撇开不论，早期的骠国和后来的"缅国"本为不同民族所建，创建骠国的民族是骠族，现已消失，而今日缅甸的主体民族缅族乃是于公元 8 ~ 9 世纪建立蒲甘王朝并于公元 11 世纪统一缅甸后才在缅甸历史舞台上扮演主角的。骠族与缅族或许有一定联系，但也有区别，不可相混。

而且，缅甸最后一个封建王朝贡榜王朝的创立者雍籍牙，其缅语的准确译音应为"昂泽牙"（Aungzeya，意为"胜利之王"，我国史书也译写为"瓮籍牙"），又称"阿隆帕耶"（Alaungpaya，意为"终有一天将成佛的大王"或"未来的佛王"），与骠国国王"雍羌"乃至掸国国王"雍由调"是毫无关系的。

何况，熟悉缅甸语言文化的人都知道，缅甸人至今仍有名无姓，怎么可能会有一个一系相传的"雍"姓王室存在呢？

说掸国、骠国和后来的"缅国"以及"雍由调""雍羌""雍罕"和"雍籍牙"为一系相传的国家和国王，实是明、清时人不了解缅甸历史和语言而造成的讹误，也不能以此作为考释掸国的证据。

---

① 江应樑：《傣族史》，四川民族出版社，1983，第 616 ~ 617 页。

据缅甸学者陈孺性先生考证，明代万历以前，从未有人将掸国与缅甸联系在一起，只是万历十七年进士、官至吏部右侍郎的云南临安卫人包见捷才开始认为掸国就是缅甸的古国。包见捷在其所撰《缅略》中写道："缅人，古朱波也，汉通西南夷后谓之掸。"后来，包见捷的《缅略》，又被顾炎武录入其《天下郡国利病书》中，题目也改成《缅甸始末》。由于顾炎武的《天下郡国利病书》流传颇广，故包见捷的所谓"汉通西南夷后谓之掸"之说也愈发根深蒂固。[①]

可见，这是一个误讹。

1984 年，又有一位叫保罗·J. 本奈特的外国学者在其一篇题为《掸国与早期缅甸》的文章中，把掸国的方位考定在缅甸阿拉干的中部和北部地区。[②] 但也没有可靠的证据。

那么，掸国到底是哪个民族在哪个地方建立的国家呢？看来，我们的视野不能只限定在缅甸等中南半岛国家。

事实上，古书上说的某地"徼外"，不一定指的就是紧接其地的地区，例如，前面提到的永建五年十二月"日南徼外叶调国、掸国遣使贡献"这段记载中，把"叶调国"也称做"日南徼外"的国家。我们知道，"叶调国"在今印度尼西亚的爪哇。爪哇与日南相距遥远，却也被说成是在"日南徼外"。可见，无论说"永昌徼外"还是"日南徼外"，其所指的地区不一定就是紧接着永昌或是日南的地区，还可以指更远的地区。因此，我们探寻掸国方位的视野似乎还可以再广一点。

其实，许多人在考证掸国的方位时，都忽略了《后汉书·陈禅传》中的一段记载，即在永宁二年元会安帝与群臣在宫廷内观看掸国使团的音乐舞蹈和魔术杂技表演时，朝臣陈禅与陈忠两人因对掸国使团的表演持不同态度而争论，进而引发了一个事件，关于这个事件的记载或许为我们探索掸国的方位提供了一点线索。

---

① 〔缅〕陈孺性：《"掸国"考》，载（台湾）《大陆杂志》第 83 卷，第 4 期（1991 年）。

② Paul J. Bennet, "The Kingdom of Tan and Early Burma", paper presented at the Southeast Asian Studies Summer Institute Conference, 1984. 转引自 Sun Laichen, "Chinese Historical Sources on Burma, A Bibliography of Primary and Secondary Works", in The Journal of Burma Studies, vol. 2, Special Issue, Center for Southeast Asian Studies, Northern Illinois University, 1997, p. 11.

《后汉书·陈禅传》记载："永宁元年，西南夷掸国王献乐及幻人，能吐火，自支解，易牛马头。明年元会，作之于庭，安帝与群臣共观，大奇之。禅独离席举手大言曰：'昔齐鲁为夹谷之会，齐作侏儒之乐，仲尼诛之。又曰：放郑声，佞人。帝王之庭，不宜设夷狄之技。'尚书陈忠奏禅曰：'古者合欢之乐舞于堂，四夷之乐陈于门，故诗云：以雅以南，昧任朱离。今掸国越流沙，逾县度，万里贡献，非郑卫之声，佞人之比，而禅廷讪朝政，请劾禅下狱'。有诏勿收，左转为玄菟候城障尉，诏'敢不之官，上妻子从者名'。禅既行，朝廷多讼之。"

关于这个事件的其他情节且先不去管它，这里要强调的只是，在上面这段记载中，按尚书陈忠所言，掸国使者是"越流沙，逾县度"而来的，这句话至为重要！

"流沙"是在什么地方呢？

《中国历史地名辞典》对流沙的解释是："流沙，1. 泛指我国西北沙漠地区。《书·禹贡》：'导弱水，至于合黎，余波入于流沙'。2. 又称今新疆境内白龙堆沙漠一带为流沙。古时为中西交通主要路线所经。《高僧传》卷三载晋时僧人法显等赴天竺，'发自长安，西渡流沙'，即此。"①

《辞海》对"流沙"的解释也是："流沙，古代指我国西北的沙漠地区。"也引古书记载说："《书·禹贡》：'导弱水，至于合黎，余波入于流沙'，"又说："古时亦称今新疆境内白龙堆沙漠一带为流沙，为当时中西交通主要路线所经，《高僧传》卷三晋时僧人法显等赴天竺，'发自长安，西渡流沙'。"②

"县度"又在什么地方呢？《辞海》的解释是："县度，古山名，一作'悬度'。据《通典》卷一九三所载，山在渴槃陀（今新疆塔什库尔干塔吉克自治县）西南四百里。山有栈道，有的地方要悬绳而度，故名悬度。自汉以来，为西域方面重要山道之一。"③

"悬度"到底是译音还是像《通典》所说的是因为悬绳而度而得的

---

① 复旦大学历史地理研究所《中国历史地名辞典》编委会：《中国历史地名辞典》，江西教育出版社，1986，第752页。
② 《辞海》（缩印本），上海辞书出版社，1989，第1071页。
③ 《辞海》（缩印本），上海辞书出版社，1989，第546页。

名？且先不去管它。在这里，我们可以肯定的是，这个"越流沙，逾县度，万里贡献"而来的掸国使团，当是从西域或西域以外更远的地方来的。

查有关掸国朝贡的记载，我们还得知，《后汉书·西南夷列传》在记载永宁元年那一次掸国使者"献乐及幻人"时，还特别提到了"海西"和"大秦"等地名。原文是这样的："永宁元年，掸国王雍由调复遣使者诣阙朝贺，献乐及幻人，能变化吐火，自支解，易牛马头，又善跳丸，数乃至千。自言我海西人，海西即大秦也。掸国西南通大秦。"

一般认为，"海西"或"大秦"即泛指罗马帝国一带地区。例如，《后汉书》卷 118 西域传记载："和帝永元九年，都护班超遣甘英使大秦，抵条枝，临大海欲度云云。"从这段记载来看，大秦还要从条枝渡海再往西去，而条枝则是今叙利亚一带。

同书又载："桓帝延熹九年（公元 166 年），大秦王安敦遣使，自日南徼外，献象牙、犀角、玳瑁，始乃一通焉。"此处的大秦王安敦，即公元 121～180 年在位的罗马皇帝 Marcus Aurelius Antonius，安敦即 Antonius 的译音。

鱼豢《魏略》又说："大秦国一号黎轩，在安息、条枝之西，大海之西……其国在海西，故俗谓之海西。"大秦与黎轩究竟是不是一个国家？目前还有争议，但其都在"海西"却是没有疑问的。

再查史书得知，上面记载中提到掸国所献的"幻人"，正是大秦或海西一带的"特产"。

例如，《汉书》卷 96 上记载："初汉使至安息……汉使还，而后发使，随汉使来，观汉广大，以大鸟卵及黎轩善眩人献于汉。""眩人"就是"幻人"，也就是魔术师。

《魏略》大秦条也说：大秦"俗多奇幻，口中吐火，自缚自解，跳十二丸，巧妙非常"。

因此，掸国所献幻人应当就是来自"大秦"或"海西"一带。

有人或许认为，掸国所献的"幻人"是来自"大秦"或"海西"一带，他们只是掸国招来随使团前来表演的人，并不表明掸国本身也在"海西"或"大秦"一带。但是，我认为，这个问题并不重要，重要的是紧接着的"掸国西南通大秦"一句。

"掸国西南通大秦",则说明掸国应在"大秦"以东或东北方向某地。过去,有人先入为主地把"掸国"定在缅甸,然后再来推论,或说缅甸西南也可以通"大秦",或者把"大秦"说成是南印度的 Daksina-Patha,即法显提到的"達櫬"(达槾)。① 可是,问题是,如果说掸国是在缅甸的话,其使者到中国洛阳去怎么会"越流沙,逾县度"呢?

"掸国西南通大秦",表明掸国是在"大秦"以东或东北方向某地。但又因其使者到中国需"越流沙,逾县度",故其方位应当是在"大秦"以东或东北方向及"流沙"和"县度"以西一带区域。

正是因为在"流沙"和"县度"以西一带靠近"大秦"或"海西"的地方,掸国使团才有可能带着那一带的"幻人"前来表演。

另外,《汉书》中还有一条史料似乎说得更加清楚。《汉书·张骞传》记载说:"大宛诸国发使随汉使来,观汉广大,以大鸟卵及黎轩眩人献于汉,天子大悦。"该传注曰:"应劭曰:'卵大如一二石瓮也。眩,相诈惑也。邓太后时,西夷檀国来朝贺,诏令为之。而谏大夫陈禅以为夷狄伪道不可施行。后数日,尚书陈忠案汉旧书,乃知世宗时黎轩献见幻人,天子大悦,与俱巡狩,乃知古有此事。'"师古曰:"……眩读与幻同。即今吞刀吐火、植瓜种树、屠人截马之术皆是也。本从西域来。"

邓太后时是指东汉安帝时,安帝年幼即位,邓太后掌国事。檀即擅字,掸又通擅,古人用字常通假。这段史料与《后汉书·陈禅传》所记载的是同一件事。按应劭的说法,邓太后时即安帝时,前来献幻人的是"西夷檀国"。应劭是东汉人,此说可信。颜师古也认为,幻人和幻术是从西域来的。由此可知,檀国即掸国是"西夷"。

也正是因为这样,英国人帕克才会早在 19 世纪末收集整理有关中缅关系史料时就肯定地认为,掸国与缅甸历史和中缅关系史无关,其地望应当在罗马帝国东部某边区。只是,帕克没有说是什么民族在具体哪一

---

① 冯承钧:《中国南洋交通史》第一章,转引自方豪《中西交通史》,岳麓书社,1987,第 156~157 页。

个地方所建之国。①

后来，另一名英国学者卢斯教授认为"掸"应当读为 Tan，将"掸国"考证为尼罗河东部河口的 Tanis，并将掸国国王"雍由调"考订为罗马皇帝奥古斯都（Augustus）的译音。② 但是，这种考证似也还缺乏足够的证据，Tanis 的方位也与史籍记载的掸国的方位不符。

1991 年，缅甸学者陈孺性先生在其《"掸国"考》一文中对掸国进行了细致的考证后认为，古代阿拉伯人称叙利亚为 Sham，而前人考证，Sham 即是唐代杜环《经行记》中记载的"苫国"，因此，掸国就是古叙利亚，即阿拉伯人所称的 Sham，也就是唐人杜环《经行记》中的"苫国"。陈孺性先生认为，掸国的使者是从叙利亚出发，其中两次是经过波斯的沙漠至布露（Bolor 即今 Baltistan），再循中印陆上商道经缅甸抵永昌，然后从永昌到洛阳；而另一次（或二次）则是由海道前往日南，然后由日南再到洛阳。陈先生还强调指出，因为是来自永昌，范晔不察，以为凡是来自"永昌徼外"的都是"西南夷。"而后来当掸国使者又从"日南徼外"来时，范晔对"掸国"使者由海道经日南前往一节，似不知如何处理，便不再在《西南夷列传》中提及。③

陈孺性先生的这一论断颇有道理。查一下世界地图便知，叙利亚的西南地区恰好濒临地中海，与西边位于地中海中心区域的意大利隔海相望，即所谓"西南通大秦"；而从叙利亚往东沿陆路去中国，则肯定要"越流沙"和"逾县度"。

专门研究中缅关系史的旅美华人学者孙来臣也同意陈孺性先生的观点，他在其编写的一本叫做《有关缅甸的中文史籍和资料》的小册子中，在介绍和评论《后汉书》有关掸国的记载时，特别强调："该书中提到的'掸国'的地理位置是一个争议较大的问题：大多数中国大陆和台湾的学者认为这个王国是掸人建立的，一些人认为其疆域不仅包括了缅北，而

①　E. H. Parker, "Burma with Special Reference to Her Relations with China", Rangoon, 1893, p. 8.
②　G. H. Luce, "Tan and Ngai Lao", in Journal of Burma Research Society, Vol. XIV, 1924, p. 101.
③　〔缅〕陈孺性：《"掸国"考》，载（台湾）《大陆杂志》第 83 卷，1991 年第 4 期，第 146~147 页。

且还包括了泰、老、越三国的一些地区；另一方面，保罗·J. 本奈特却认为其方位是在阿拉干的中部和北部地区；而另一些学者，包括 E. H. 帕克、G. H. 卢斯和陈孺性等则认为它位于西亚，陈（孺性）令人信服地考定其位于今天的叙利亚，该国（在古代）曾被阿拉伯人称为'Sham'。"①

笔者也比较倾向于陈孺性先生的看法，只是，这里还有两个小问题，即第一，阿拉伯人作为一支强大的势力活跃于历史舞台并对世界产生影响是在公元 7 世纪以后，杜环《经行记》中的"苦国"大概也是根据这一时期阿拉伯人对叙利亚的称谓而译写的。而掸国的名称则出现于公元 1~2 世纪，那时阿拉伯人还十分落后，我们还不知道那时阿拉伯人是否就已把叙利亚称为 Sham，也不知道那时叙利亚人自称是不是叫做 Sham，或是叙利亚境内是不是有一个地方叫做 Sham。因此，若按陈孺性先生的论断，即肯定后来被阿拉伯人称为 Sham 和被杜环称为"苦国"的古叙利亚就是掸国的话，还需要作进一步的研究，再找到更早、更直接的证据，那就更好了。

第二，照理说，自汉以来，西域一带与中国的交通在大多数情况下是畅通的，但不知为什么掸国使团这一次"越流沙，逾县度"之后没有径直去洛阳，而是折往西南中印通道从"永昌徼外"而来？是不是被什么势力所阻？或许这一次"越流沙，逾县度"而来的掸国使团与从"永昌徼外"来的不是同一个使团，而是先后分别从西南和西北两条传统中西交通线来中国的两个掸国使团？或者，是不是西北地区的那个永昌？这个问题还应当再落实一下。

但是，不管怎么说，可以肯定的一点是，掸国的地理位置不可能在缅甸及云南德宏一带，更与老挝、泰国和越南无关，其具体位置应该是在"大秦"以东和"流沙"及"县度"以西一带地区。因此，掸国决不是今天掸族或与之有关的民族的先民所建的国家。

---

① Sun Laichen, "Chinese Historical Sources on Burma, A Bibliography of Primary and Secondary Works", in The Journal of Burma Studies, Vol. 2, Special Issue, Center for Southeast Asian Studies, Northern Illinois University, 1997, p. 11.

|第|四|章|

"蓬国"的由来

在国外一些提及傣掸民族的报道以及中外一些研究缅甸掸族和我国傣族历史的论著中，还常常提到我国德宏一带的傣族和邻国缅甸的掸族在公元 1 世纪时建立过一个叫做"蓬国"的强大王国，其强盛的时候，疆域包括了今天中国的云南西部和整个缅甸北部以及印度的东北部地区。傣族或傣掸民族历史上到底有没有这样一个如此古老而又如此强盛的王国？如果有，为什么中国古籍中没有一点线索？如果没有，那为什么又不断有人提到它？这又是一个涉及傣泰民族起源和早期历史的重要问题。

据目前所掌握的情况来看，最先提到傣掸民族历史上有过一个"蓬国"的是一名叫做彭伯顿的英国军官。19 世纪 30 年代，彭伯顿率领一支英印军队前往印缅交界一带、当时还为缅甸王国控制的曼尼普尔（又译为曼尼坡）地区进行"调查"后，写了一份《关于英属印度东部边界的报告》。彭伯顿在其报告中谈到，那部编年史记载说，掸族早在公元 1 世纪时就曾建立过一个叫做"蓬"（Pong）的王国，而且，在其鼎盛时间，领土包括了从今日印度阿萨姆邦和缅甸北部、东北部直到中国云南边境一带。[①]

因此，1871 年，另一位名叫安德森的英国人在其《从八莫到云南西部的考察》一书中，便引用彭伯顿报告中提到的那部编年史的内容论述

---

① R. Boileau Pemberton, "Report on the Eastern Frontier of British India", Calcutta, 1835, p. 112.

说，从八莫到云南西部一带过去曾有过一个叫做"蓬王国"的掸人古国。①

1879 年，英国又出版了一本由亨特编的《阿萨姆邦统计报告》，该报告中引用的一份《公元 1875 年阿萨姆邦拉金普尔地区少数民族统计报告》转引《孟加拉人种学》中的一段论述说："掸（Shan）、傣（Tai）或泰（Thai）民族对阿萨姆的命运曾产生过强有力的影响。这个民族……过去曾一度有过一个伟大的国家，他们占据的地带曼尼普尔的历史学家们叫做'蓬王国'。它同特里普拉、云南、暹罗接界，缅甸人称为孟拱（Mongong）而掸人称为勐卯龙（Mongmaurong）的那个城市当时是它的首都。在蓬王国的第 13 代君王苏肯王（Sukempha）执政时期（他在公元777 年继承了他父亲的王位），他的兄弟三隆法（Samlongpha）是他的部队的总指挥，率兵征服了卡恰尔、特里普拉、曼尼普尔，越过山地闯入了布拉马普特拉河谷区，从该地发动了一连串征战，逐步地把从萨地亚到摩缕波整个地区征服了……蓬王国约在 19 世纪中叶被缅甸国王阿隆帕耶消灭了。"②

1883 年，英国学者潘尔在其所著的《缅甸史》一书中开始把"蓬国"列为缅甸历史上的早期国家之一，认为在公元 1 世纪，掸族就在伊洛瓦底江之滨建立了"蓬国"。③

稍后，1893 年，另一名英国学者帕克出版了一本叫做《缅中关系资料》的书，书中也对"蓬国"进行了论述，并认为"蓬国"是云南南诏王国的一部分。④

同一时期，一名叫做达林普尔的英国人则在其向英国政府提交的一份叫做《东方报告》的调查报告中提到说，1763 年时，在印度和缅甸之间的地区，存在着一个叫做"Poong"的山国，并说其地理位置在印度阿萨姆邦的东南部和缅甸的西北部交界地带。⑤

---

① H. R. Spearman，"Gazatteer of Burma"，Rangoon，1880；Reprinted in India，1983，p. 174.

② W. W. Hunter，"A Statistical Account of Assam"，Calcutta，1879，Vol. I，p. 309.

③ A. Phayre，"History of Burma"，New York：Augustus M. Kelley，1967，p. 12.

④ E. H. Parker，"Burma with Special Reference to Her Relations with China"，Rangoon，1893，p. 23.

⑤ A. Dalrymple，"Oriental Reportary"，Bigg，London，1793，Vol. II，pp. 477 – 478.

再后，曾一度任英印军官而后来从事缅甸史研究的英国人玉尔也认为，在缅甸北部的掸人地区，曾存在过一个"蓬王国"。[①]

随着国际"泰学"研究的进展，我国一些学者也开始对"蓬国"予以了关注。例如，1985年，黄惠焜先生发表了一篇题为《掸傣古国考》的论文，认为，"'蓬'（Pong）这个名称出现在何时不可确知，但据有关记载和传说，这无疑是一个被忽略了（的）掸傣古国"，并继续引用英国人亨特编的那份《阿萨姆邦统计报告》中的有关论述作为资料进行了考证，最后认为，"非常明显，《报告》证实了Pong的存在，证实了这是傣族先民建立的一个古国。不仅如此，《报告》指出蓬（即蓬——引者）的首都在'勐卯龙'（大勐卯），从而把蓬和勐卯联系起来，证明我国德宏勐卯地区即瑞丽江流域，原来就是蓬国的中心地带"。[②]

黄惠焜先生认为："蓬的出现亦当甚早，上引《报告》称在公元八九世纪之前，又以勐卯为首都，可见是一个内含更广的部落国家，它与勐卯一起构成为西部掸人的分布中心，从而与两汉的'滇越'和'掸国'紧密联系。"[③]

1986年云南人民出版社出版的一部署名为《傣族简史》编写组编写的《傣族简史》中，也认为傣掸民族历史上确有一个"蓬国"，并将其同傣族历史联系在一起。该书在论述傣掸民族早期历史时，引了前面提到的英国人亨特转引的那段关于"蓬国"的文字和其他一些西方学者关于这方面的论述后说："各书关于蓬的记叙虽详略互异，但都承认缅印之间掸为最早居民；至于蓬国地望之不尽统一，则反映了古代掸人分布之广。值得一提的是所言孟卯龙（Mongmarong）当即德宏傣族所称的孟卯，即现在的瑞丽一带。由此印证了滇越和掸人的全部地望，沟通了现代傣族与古代掸人的历史联系。"[④]

1989年，朱昌利先生在其《掸族古代蓬国考》一文中也认为，"蓬国（Pong）是掸族早期建立的国家，至今鲜为人知。有的论著中对蓬国

① H. R. Spearman, "Gazetteer of Burma", Rangoon, 1880; Reprinted in India, 1983, p. 174.
② 黄惠焜：《掸傣古国考》，载云南省社科院东南亚研究所《东南亚》1985年第3期。
③ 黄惠焜：《掸傣古国考》，载云南省社科院东南亚研究所《东南亚》1985年第3期。
④ 《傣族简史》编写组编《傣族简史》，云南人民出版社，1986，第12~13页。

历史偶有提及，也十分简略。研究蓬国历史不仅有助于揭开古代泰族历史神秘的面纱，而且将填补泰族古史研究的空白"。① 朱昌利先生也谈到："蓬国……最盛时期，东边到了中国的云南，西边达到布拉马普特拉河谷，东南面与泰国接界。缅人叫做孟拱（Mongong），掸人叫做勐卯龙（Monmaurong）的地方是他们的都城。'勐卯龙'与'勐卯'的音很相近，而后一地区在中国云南德宏傣族聚居区的瑞丽江一带，很有可能，瑞丽江曾是蓬国的中心地带。"②

最后，朱昌利先生得出的结论也是："通过对蓬国历史的研究，证明了早在公元初泰族已分布在现代的缅甸北部、中国云南的广大地区，随后向西扩展，达到布拉马普特拉河谷地区。并且，泰人早就建立了国家。"③

1992 年由云南民族出版社出版的黄惠焜先生的《从越人到泰人》一书再次把"蓬国"作为傣泰民族早期历史上一个重要国家列在滇越和掸国之后，并进一步予以了论证。④

上述这些学者的论述一致认为，傣族或傣掸民族历史有过这么一个伟大的古国。

可是，比这个"蓬国"更遥远的许多国家，或者比"蓬国"小得多的中缅边境地区的许多部落，在我国史籍中均有记载，为什么对这么一个地跨云南和印度、横亘整个缅北地区并且其中心很可能就在今中缅边境我国的瑞丽一带的一个如此伟大的傣掸民族的国家，我国的史书却一点都没有提及？

看来，要把这个问题搞清楚，得追根溯源，对"蓬国"的由来重新进行一番考察。

查文献得知，所有认为傣掸民族历史上存在过一个叫做"蓬国"的国家的人引以为据的资料，都直接或间接来自彭伯顿的那份《关于英属印度东部边界的报告》。因此，探讨这个问题，首先得从这份报告入手。

①　朱昌利：《掸族古代蓬国考》，载云南省社科院东南亚研究所《东南亚》1989 年第 4 期。
②　朱昌利：《掸族古代蓬国考》，载云南省社科院东南亚研究所《东南亚》1989 年第 4 期。
③　朱昌利：《掸族古代蓬国考》，载云南省社科院东南亚研究所《东南亚》1989 年第 4 期。
④　黄惠焜：《从越人到泰人》，云南民族出版社，1992，第 53 ~ 57 页。

从查彭伯顿这份报告的原文又得知，彭氏报告的第三部分的标题就叫做"蓬王国"（The Kingdom of Pong），在这一部分的一开始，彭伯顿就谈到，他在驻曼尼普尔期间，发现当地一位掸族老人藏有一部用掸文抄写的编年史手稿，他本想将这部手稿收购，但老人不同意，只同意在其监督下，由彭伯顿请人翻译这部手稿。于是，这部手稿被一名翻译人员译成了曼尼普尔文。彭伯顿又根据这部编年史的曼尼普尔文译稿，将其中记载的大量内容写入其报告中的第三部分，就是关于"蓬国"的最"原始"的资料。[①]

在论述蓬国的历史之前，彭氏还又先交代了一番说："这一带地区的整个国家从古到今都叫蓬王国，缅甸人称为孟拱（Mogong）而掸人称为勐卯龙（Mongmaorong）的一个城市就是这个王国的首都。"[②]

然后，彭氏就根据他发现并请人翻译成曼尼普尔文的那份编年史，用自己的口吻在其用英文写成的报告中对"蓬国"的历史作了如下的论述：

（蓬王国的）第一位国王叫库尔利（Khool-liee），编年史中记载了他的名字，他在位的时间可推算到公元80年，从这位国王到公元667年即位的穆尔格诺（Murgnow），编年史共记载了12位国王的名字，编年史说他们逐渐从北向南进行扩张和征服，到穆尔格诺时，编年史提到的（被他征服的）城市不下27个，这些城市都承认他的最高统治权。这一时期，蓬王国的国王们似乎都致力于巩固他们在国内的统治，没有空或许也没有能力去征服更遥远的国家。公元777年，穆尔格诺去世，留下了两个儿子长子名叫苏坎法（Sookampha），次子名叫三隆法（Samlongpha）。长子苏坎法继承了蓬国的王位，在他统治期间，我们开始发现该国与更多的西部的一些国家有了联系，他似乎已经成功地将那些国家纳入了他的统治范围。

---

① R. Boileau Pemberton, "Report on the Eastern Frontier of British India", Calcutta, 1835, p. 112.

② R. Boileau Pemberton, "Report on the Eastern Frontier of British India", Calcutta, 1835, p. 113.

其弟三隆（Samlong，这里的原文如此，即三隆法——引者）被
苏坎法派遣率领一支强大的军队四出远征，先是向东征服了包括八
莫在内的一大片地区，使蓬国的领土扩展到从伊洛瓦底江左岸到云
南边境一带，这一次远征是很成功的。此后，三隆法又率军离开勐
卯龙西征，史籍描述说他到达了西部的巴沙（Basa）国，可能指的
是古代卡恰尔王国的首都邦加（Banga）；他镇压了当地的反抗势力，
使后者接受了他的统治。然后，他又进军到特里普拉，同样取得了
胜利。之后，他从特里普拉越过群山往回走，下到摩尔朗
（Moeerang）附近的曼尼普尔谷地。摩尔朗是罗格塔湖（Logtak
Lake）西岸的一个小村庄。①

接着，按照编年史的记载，三隆法又进入了阿萨姆。在那里，
他也成功地建立起了对该地区的统治。于是，三隆法派了几名信使
回勐卯龙，打算向其兄长汇报他的功绩，并转达他想返回蓬国的意
愿。不料，这几名信使却告国王苏坎法说，三隆法想从阿萨姆返回
来篡位，引起苏坎法的疑虑。于是，国王苏坎法便策划了一个阴谋，
想毒死其弟三隆法。但这个阴谋被其母获悉，立即派人送信给三隆
法。后来，三隆法的妻子和儿子获准前往阿萨姆去找他。三隆法的
这个儿子叫召那坤，（Chawnakhun）据说阿萨姆王朝的世系就是从召
那坤开始的。②

从公元808年苏坎法去世到公元1315年，编年史提到10位国王
的名字，但在他们统治期间，没有留下什么重大事件的记录。但是，
在公元1332年，由于蓬国国王的四个宠臣的不妥行为，导致了他们
边界的几个村庄同中国云南的几个村庄之间发生了冲突。于是，蓬
国国王和中国的国王在离蓬国首都五天路程的勐熙（Mongsee，指昆
明——引者）会晤。据编年史记载，与之会晤的中国统治者的名字叫
"朱皇帝"（Chowongtee 的音译——引者），又叫"顺帝"（Shuntee 的

① R. Boileau Pemberton, "Report on the Eastern Frontier of British India", Calcutta, 1835,
pp. 113 – 114.
② R. Boileau Pemberton, "Report on the Eastern Frontier of British India", Calcutta, 1835,
p. 114.

音译——引者），他是（中国）第二十个王朝的最后一位王子，据编年史记载，他是于公元 1333 年登上中国的王位的……最后，由于蓬国处罚了他们方面的几个人，从而消除了（与中国的）误会。①

然而，这时中国人大概意识到他们的强大和优势，决定征服蓬国的领地。一支中国军队在一位名叫"杨尚书"（Yangchangsoo 的音译——引者）的将军的率领下，经过长达两年的征战，终于把那个叫做勐卯龙或是叫孟拱的蓬国都城占领了。国王苏岸法（Soognampha）和他的长子苏基法（Sookeepha）逃到了蒲甘或阿瓦寻求避难。但在中国军队的要求下，缅甸人将其父子遣送给中国人。后来二人就再也没有回来。②

（蓬国都城沦陷后）怀有身孕的蓬国的王后带着另外两个儿子逃离首都，逃到北边的坎底人（Khumtis）那里避难，并在那里又生下一个小儿子。两年后，她在返回的路上，在南拱河（Numkong）岸边又建了一个城镇，取名为勐拱（Moongkong）。由前王苏岸法的二子和三子分别先后统治了 3 年和 28 年，最后，由前面提到的王后在中国人攻陷了勐卯龙后逃亡期间所生的那个幼子苏伍法（Soo-oop-pha）继位。③

这位王子于公元 1363 年后，对出卖他父兄、把他们交给了中国将军杨尚书的缅人十分恼怒，遂于 3 年之后率领一支军队入侵了缅人的领土，最后占领并摧毁了位于伊洛瓦底江北岸的实阶城。④

蓬国国王苏洪坤（Soohoongkhum）即斤空巴（Kingkhomba）……大约在公元 1512 或 1513 年去世，即位者是他的儿子苏宾法

① R. Boileau Pemberton, "Report on the Eastern Frontier of British India", Calcutta, 1835, p. 115.

② R. Boileau Pemberton, "Report on the Eastern Frontier of British India", Calcutta, 1835, p. 116.

③ R. Boileau Pemberton, "Report on the Eastern Frontier of British India", Calcutta, 1835, p. 116.

④ R. Boileau Pemberton, "Report on the Eastern Frontier of British India", Calcutta, 1835, p. 116.

（Soopengpha），据编年史的记载，在他统治期间，缅甸人首次袭击并一度征服了蓬国。[①]

苏宾法的事业充满了波折与失败，据掸族的编年史记载，他死于公元1568年。据编年史记载，他的儿子苏可法（Sookopha）却成功地两次入侵了暹罗，并从暹罗缴获了四头白象……[②]

（此后，到公元18世纪时，蓬国的国势衰落了）昭摩坤（Chowmokhun）两个儿子中的次子昭库尔森（Chowkhoolseng）即位后，缅甸的木疏（Mooksoo）王朝（即雍籍牙王朝——引者）兴起，它的创建者叫阿隆帕耶，在1752年左右，（蓬国）便连名义上的独立也丧失了，这个曾经地跨阿萨姆、特里普拉、云南和暹罗的庞大帝国便彻底解体了，其王子也不再为人所知，其首都被一个来自阿瓦的代表所统治。[③]

以上便是彭伯顿在其报告中描述的"蓬王国"历史的主要内容。而后来提到"蓬国"的人们，所引的资料基本上都直接或间接地来自于彭伯顿的这些记述。

那么，彭伯顿在其报告中提到并引为根据的那部编年史的真实性到底如何呢？

虽然后人谁也没有见过彭伯顿提到的那部编年史，也没有见过那个被译成曼尼普尔文的译本，人们所知的一切均系彭伯顿根据那部编年史的曼尼普尔文译本、再用英文和自己的语气在其报告中的叙述。但是，首先，我还是相信，那部编年史应是有的，彭伯顿在其报告中叙述的这些事不会是他凭空杜撰的。其次，彭伯顿叙述的这段故事，从某种意义上来说，也是真实的。

例如，人们后来在印度东北部阿萨姆地区发现的另一部编年史中，

① R. Boileau Pemberton, "Report on the Eastern Frontier of British India", Calcutta, 1835, p. 118.

② R. Boileau Pemberton, "Report on the Eastern Frontier of British India", Calcutta, 1835, p. 118.

③ R. Boileau Pemberton, "Report on the Eastern Frontier of British India", Calcutta, 1835, p. 120.

也提到了三隆法西征之事，只是时间上比彭伯顿叙述中提到的年代更早。①

后来，印度阿萨姆邦的学者耶·洪·布拉哥哈因女士对她所在大学的历史考古系保存着的一部掸文手稿进行了研究后，也谈到说，有一位名叫龙苏卡法（Lung Sukapha）的傣掸族国王率领一支大军，从一个叫做勐卯龙（Mong Mao Lung）的地方出发，一路西征，最后来到阿萨姆，建立了阿洪姆（Ahom）王国。②

再后，印度高哈提大学历史系的学者普坎教授根据其所掌握的资料，对傣掸人向阿萨姆迁徙和在阿萨姆建立了阿洪姆王国的历史进行了研究后也提到，曾有一位名叫秀卡法（Siu-Ka-Pha）的傣掸族首领率领数千人的一支军队，于公元1215年离开了一个叫做艮生卯龙（Keng Sen Mao-lung）的地方，后来到达阿萨姆，建立了一个叫做阿洪姆的王国。③

尽管上述学者提到的这些文献中所述的有关傣掸民族西征的年代和人名、地名不尽一致，但这些记述与彭伯顿根据其见到的那部编年史所论述的关于蓬国三隆法西征的事有些相似。而且，事实上，傣掸民族也确实在印度阿萨姆地区建立过一个阿洪姆王国，而阿洪姆王国的傣掸人和后来迁居印度东北部一带的傣掸人，无疑也都是从云南和缅甸北部迁去的。

然而，问题是，除了彭伯顿用他自己的语气叙述的情况之外，当地其他文献中都没有提到过一个叫做"蓬国"的王国。而且，在缅甸和中国的史籍中也从来没有提到过这样一个幅员广大、历史悠久的王国。

由于没有其他任何资料提到傣掸民族在其历史上确实建立过一个"蓬国"，所以，要研究这个问题，还得从彭伯顿提到的那部编年史中记载的一些问题入手，根据彭伯顿述及的蓬国的都城是勐卯龙和孟拱这一

---

① Sao Saimong Mangrai, "The Shan States and the British Annexation", Cornell University, Second Printing, 1969, p. 29.

② Ye Hom Buragohain, "King Sukapha and His Migrationto Assam: The Evidence of Manmscript", in The Proceedings of the 3rd International Conference on Thai Studies, Vol, I, Australian National University, Canberra, July, 1987.

③ J. N. R, Hukan, "The Ahoms: The Early Tai of Assamand Their Hisorical Relations with Yunnan", in Proceedings of the 4th International Conference on Thai Studies, Vol. III, Kunming, May, 1990.

点，不妨把这个问题先集中到勐卯龙和孟拱的历史上来讨论。

在此，需要指出的是，彭伯顿在论及"蓬国"的情况时，曾说"缅甸人称为孟拱而掸人称为勐卯龙的一座城市就是这个王国的首都"。然而，细细阅读彭伯顿那份报告中的有关论述，不难发现，这句话并不是他引述的那部编年史中的话，而是他自己开始介绍这个蓬国的历史之前说的话。因为，后来他根据那部编年史记述这个王国的故事时，分明提到勐卯龙和孟拱是两座城市。显然，是彭伯顿自己一开始就把这两个城市混为一谈了。

亨特编的《阿萨姆邦统计资料》中的有关论述，无疑是照抄了彭伯顿的这一句话（见前引文）。后来，玉尔在提到"蓬国"时，也把这两个城市说成了同一个城市，[①] 其根据大概也是彭伯顿的这句话。再后来，一些对"蓬国"问题进行考证和论述的学者在引用史料时，居然也都照引彭伯顿和亨特的报告中把两个城市混为一谈的那句话，竟没有留意彭伯顿对整段历史所作的记述，也没有对这种说法产生过怀疑。

其实，勐卯龙和孟拱是两个城市。对这个问题，无论是缅甸缅人的史籍、缅甸掸人的史籍，还是我国傣族的史籍和汉族的史籍，都绝不会搞错的。彭伯顿提到的勐卯龙，就在今天我国德宏州瑞丽及其附近一带，即勐卯。"龙"在傣掸语中是"大"的意思，而缅人称勐卯为勐卯纪（Maingmaugyi），在缅语中，"纪"也是"大"的意思。孟拱则至今都叫孟拱（傣掸语发音拼为 Mongkong，缅语发音拼为 Mogaung）。

那么，关于勐卯和孟拱这两个城市的历史情况到底如何呢？

先来看看勐卯的历史。

方国瑜先生在其《元代云南行省傣族史料编年》中曾引述的法国阑番佛·巴德里（Lefnre Pontalis）的那份《泰族侵入印度支那考》的文献中，曾录了一段流行于大泰区域的故事，故事说公元 568 年间，天神有两个儿子，长子叫根仑（Kun Lung），次子叫根兰（Kun Lai），他们扶黄金之梯下降于瑞丽江（Shweli）谷道，下降未久，二人便争夺领地，逐致分

① Henry Yule, "A Narrative of the Mission Sent by the Governor-General of India to Ava in 1855", Smith Elder, London, 1858, p. 270.

离。于是，长子根仑挈其七子，据有太公（Tagung）、摩埃（Moue）、朗奔（Lampoun）、孟养（MoungYong）、举腊（Kula）、阿瓦（Ava）、猛拱（Moung Kung），各霸一方。次子根兰则为瑞丽江谷道中猛丽（Moung Ri）、猛兰（Moung Ram）各地部落之始祖。方国瑜先生分析了这段记载后说："疑猛丽即瑞丽即猛卯……如果推测不错并且传说可靠，则公元568年（南朝末年）时猛卯已有傣族部落组织。"①

尽管这个传说带有许多神秘色彩，但有两点是明确的，即第一，猛拱（即孟拱）和猛丽是两个不同的地方；第二，猛丽的创建者是根兰（Kun Lai，准确的译音应为坤莱）。方国瑜先生认为，猛丽即是猛卯。这个见解是对的。因为，英国人 N. 埃里亚斯在其《上缅甸及云南西部掸族历史概述》一书中引述的一段关于瑞丽江流域一带傣掸民族的传说中也提到，当地傣掸民族的始祖是天神的两个儿子，名字叫坤龙（Kun Lung，即前面方国瑜先生引述的那段记载中译写的"根仑"）和坤莱（Kun Lai，即方国瑜先生译写的"根兰"）。后来，坤莱于公元568年成了勐卯的统治者。②

在缅甸掸族学者芒莱根据流传于缅甸的一些掸文史籍整理并翻译成英文的那份叫做《勐卯的故事》的资料中，勐卯的创建者也是同名的两兄弟中的弟弟坤莱（Kun Lai），其建立勐卯的时间也是公元568年。③

而从目前所能见到的有关勐卯的傣掸民族自己的文献来看，这些文献也都没有提到勐卯在历史上曾经建立过一个"蓬国"。④

但仔细分析一下上面这些关于勐卯的传说，又不难发现，"蓬国"与勐卯确实又是有一定联系的。有什么联系呢？

① 方国瑜：《元代云南行省傣族史料编年》，云南人民出版社，1958，第28页。
② N. Elias, "Introductory Sketch of the History of the Shans in Upper Burma and Western Yunnan", Calcutta, 1876, p.13.
③ Sao Saimong Mangrai, "The Shan States and the British Annexation", Cornell University, Second Printing, 1969, Appendix, II, p. iv.
④ 见 Sao Saimong Mangrai, "The Shan States and the British Annexation", Cornell University, Second Printing, 1969, Appendix, II; N. Elias, "Introductory Sketch of the Hisrory of the Shans in Upper Burma and Western Yunnan", Calcutta, 1876；《银云瑞雾的勐果占壁简史》，见召帕雅坦玛铁·卡章戛《勐果占壁及勐卯古代诸王史》，龚肃政译，杨永生整理并注释，云南民族出版社，1988；《嘿勐沽勐—勐卯古代诸王史》见召帕雅坦玛铁·卡章戛《勐果占壁及勐卯古代诸王史》，云南民族出版社，1988。

笔者认为，彭伯顿提到并引述的那部编年史中的"蓬国"的第一位国王库尔利埃（Khool-Liee），实际上同方国瑜先生引述的故事中那个猛丽即猛卯的创始人根兰（Kun Lai），以及英国人 N. 埃里亚斯在其《上缅甸及云南西部掸族历史概述》一书中提到的勐卯创始人坤莱和缅甸掸族学者芒莱提到的那个关于勐卯的故事中的坤莱就是同一个人。

由于傣掸语中一些方言在发音时，往往会把辅音字母"n"和"l"相混淆。所以，彭伯顿提到的那部编年史中记载的第一位国王 Khool Liee，实际上就是 Kun Lai。其所以发音为 Khool Liee，很可能是从当地傣掸文到曼尼普尔再到英文的对音转译所致。只是，彭伯顿在其关于"蓬国"的报告中，把其建国的时间推前了将近 500 年。

彭伯顿引述的那部编年史中还记载说，有一位于公元 667 年继位的国王名叫穆尔格诺（Murgnow）。后来，一位研究掸族历史的学者埃利亚斯认为，这个名字不像是一个掸族名字，因而是不能予以承认的。[①]

其实，在芒莱整理和翻译成英文的那个关于勐卯的故事中，提到勐卯第 30 代王名叫摩坑能（Mo Kang Neng），又叫召艾摩坑能（Chau-Ai-Mo-Kam-Neng）。笔者认为，彭伯顿提到并拼写为穆尔格诺（Murg-now）的那位"蓬国"国王，就是勐卯传说中的这位勐卯第 30 代王摩坑能或召艾摩坑能。

按前面提到的彭伯顿的叙述，公元 777 年，穆尔格诺去世，留下了两个儿子，长子名叫苏坎法（Sookampha），次子名叫三隆法（Samlongpha）。长子苏坎法继承了蓬国的王位。后来苏坎法派其弟三隆法东征西讨，最后征服了阿萨姆，并在那里建立了一个新的政权。

而芒莱整理并翻译成英文的那份《勐卯的故事》也提到了这件事：

> 召艾摩坑能（即摩坑能——引者）统治了 10 年，他有两个儿子，名叫召宽法（Chau-Kwam-Pha，又拼为 Chau-Kam-Pha，即'召坎法'——引者）和三隆坤勐（Sam-Lung-Kun-Maing），又叫三隆法

---

① N. Elias, "Introductory Sketch of the History of the Shans in Upper Burma and Western Yunnan", Calcutta, 1876, pp. 29 - 30.

（Sam-Lung-Pha），后者是勐卯历史上最著名的人物。长子在公元 1220 年他们的父亲去世时登上了勐卯的王位，三隆法则在五年前成了孟拱（Mung-Kaung，又拼为 Mogaung）的索巴（Tsaubwa，缅甸掸族方言的发音，按云南傣族方言的发音一般音译为"召法"，即头人——引者），他在南拱河（Nam Kaung）岸边建立了一座城，并成了当地一个新的统治家族的始祖，他只效忠勐卯王。他似乎是一个天生的战士，他在他兄长的直接领导下，或者也许是他自己亲任军队总指挥，率军进行了一系列的征战。第一次远征是征讨密提腊（Mithila，即云南，傣掸民族称云南为'密提腊'——引者），又先后征服了孟底（Maing Ti，即南甸）、孟缅、永昌（Wan Chang，又拼为 Yung Chang），然后又征服了南边的耿马（Kaingma）、勐蒙（Maing Maing）、景洪（Kiang Hung）、景栋（Kiang-Tung）以及其他一些小勐，这些地方都沦于了勐卯的统治之下……

三隆法刚一回到勐卯，马上又被派去进行第二次远征，这一次，他越过了钦敦江，征服了阿拉干的一大片地方，将其都城夷为了平地。并将其兄长的台柱子范围扩大到钦敦江右岸以及更远的一些地方。

第三次远征是针对曼尼普尔的，与前两次远征一样，同样取得了成功。之后，又进行了第四次针对上阿萨姆的远征，他在那里征服了曾经被朱提亚人（Chutya）或叫苏提亚人（Sutya）的国王统治的那个地区的一大片地方。

在他第四次远征返回的时候，他的兄长召坎法由于嫉妒和害怕他的威望，决定杀死他。出于这个目的，他离开都城勐卯，前往塔宾河边的勐别坎（Maing-bet-kham，意为'金鸭城'——引者）去迎接他弟弟。为他举行了一个盛大凯旋仪式，但不久就成功地把他毒死了，又据最可靠的资料记载，他的阴谋失败了，三隆法成功地逃到了中国。[①]

这里记述的勐卯王摩坑能或召艾摩坑能也有两个儿子，长子叫召宽法或召坎法，次子叫三隆坤勐，又叫三隆法。

---

① Sao Saimong Mangrai，"The Shan States and the British Annexation"，Cornell University，Second Printing，1969，Appendix II，pp，viii，ix.

对照彭伯顿说的"蓬国"国王穆尔格诺及他的长子苏坎法和次子三隆法及其最后西征的故事,一看就清楚了,勐卯王摩坑能或召艾摩坑能就是所谓的蓬国国王穆尔格诺,而穆尔格诺一定是由于傣掸民族语言中的方言差异再经过曼尼普尔文和英文等几种语言展转翻译而造成的对摩坑能这个名字的异读和异写。所谓的蓬国国王穆尔格诺的两个儿子苏坎法和三隆法实际上也就是勐卯王摩坑能或召艾摩坑能的两个儿子召宽法或召坎法和三隆坤勐或三隆法。

"蓬国"国王穆尔格诺死后继承王位的新国王苏坎法派其弟三隆法四处征战且最后征服了阿萨姆,这和勐卯王摩坑能的儿子召宽法或召坎法派其弟三隆坤勐或三隆法四处征战并最后征服了阿萨姆的故事情节也是一样的。

因此,笔者认为,"蓬国"国王苏坎法和他的弟弟三隆法也就是这个勐卯王召宽法或召坎法和他的弟弟三隆坤勐或三隆法。

虽然彭伯顿根据那部编年史推算出的"蓬国"国王穆尔格诺去世及他的长子苏坎法即位和三隆法西征的年代比芒莱整理出的这份《勐卯的故事》中说的勐卯王摩坑能去世及他的长子召宽法或召坎法即位,以及召坎法的弟弟三隆坤勐或三隆法西征的年代大大提前了,而且彭伯顿叙述的那个"蓬国"国王的弟弟三隆法最后留在了阿萨姆和《勐卯的故事》中说的三隆法被害或逃往中国的结局也不尽相同,但是,"蓬国"的历史与勐卯的历史有惊人的相似之处,这一点却是不容置疑的。

另外,我国德宏傣族中流传的一部叙述勐卯的历史和传说的文献《银云瑞雾的勐果占璧简史》中也说,勐卯王"南玉罕良"于萨戛里 673 年(公元 1310 年)去世后,"思翰法"或"召弄思翰法"继承了勐卯的王位。[①]

思翰法即位为勐卯王之后,也是派他的弟弟"混三弄"四处征讨。《银云瑞雾的勐果占璧简史》中记述混三弄西征时说:"在召弄思翰法心目中,东方、南方的地区都已经征服,现在就应去征服西方。于是,在委派了勐独召(勐独,或为今缅甸生威西南之南渡,又译为南图——引者)后,又起兵九十万,以其胞弟混三弄为总兵'庄色',大'波勐'

---

① 见召帕雅坦玛铁·卡章戛《勐果占璧及勐卯古代诸王史》,龚肃政译,杨永生整理并注释,云南民族出版社,1988,第 40～41 页。

刀思云、刀怕洛、刀思翰盖等为大将,前往征讨西方的勐卫萨丽(即印度东北部地区——引者)。总兵元帅混三弄统帅大军长驱直入,不久就抵达卫萨丽的首府。"① 后来,混三弄在胜利班师返回时,被嫉妒他的兄长勐卯王思翰法用毒酒害死。②

笔者认为,这份叫做《银云瑞雾的勐果占璧简史》的文献记述的并被其汉文译本的译者译写成"南玉罕良"的勐卯王实际上也就是芒莱翻译整理的那个《勐卯的故事》中所说的勐卯王"摩坑能","南玉罕良"这个名字中的"罕良"就是"摩坑能"这个名字中的"坑能"的同音异写。同样,"南玉罕良"之后继承勐卯王位的"思翰法"或"召弄思翰法"("召弄"即"召龙",即"大王"的意思——引者)就是《勐卯的故事》中的召宽法或召坎法("召"即"王"之意——引者),而他的弟弟"混三弄"("混"在傣掸民族语言中是"王"或"官"的意思,——引者)也就是《勐卯的故事》中的三隆坤勐或三隆法。同时也就是"蓬国"的国王穆尔格诺和他的继任者苏坎法及其弟弟三隆法。

另一部德宏傣族的文献《嘿勐沽勐——勐卯古代诸王史》也记载了类似的故事,该史书说:"思翰法登上王位的第十二年,勐卯王集结了数万军队,战象二千头,命王弟三弄挂帅,四大'陶勐'随师参谋,前往南鸠江(即伊洛瓦底江——引者)以西各国征讨问罪。三弄带领大军,从鸠宛出发,经过双顺、戛写、直达罕底。经过三年的长途跋涉,最后才回到勐养。大军所到之处势如破竹……国国归附,个个称臣纳贡。"③ 后来,三弄也是在班师回来的时候被其兄思翰法用毒酒毒死。④

显然,这部《嘿勐沽勐——勐卯古代诸王史》中所说的勐卯王思翰法及其弟三弄也是《银云瑞雾的勐果占璧简史》中的勐卯王思翰法和他

---

① 召帕雅坦玛铁·卡章戛:《勐果占璧及勐卯古代诸王史》,龚肃政译,杨永生整理并注释,云南民族出版社,1988,第47~48页。

② 召帕雅坦玛铁·卡章戛:《勐果占璧及勐卯古代诸王史》,龚肃政译,杨永生整理并注释,云南民族出版社,1988,第50~51页。

③ 召帕雅坦玛铁·卡章戛:《勐果占璧及勐卯古代诸王史》,龚肃政译,杨永生整理并注释,云南民族出版社,1988,第83页。

④ 召帕雅坦玛铁·卡章戛:《勐果占璧及勐卯古代诸王史》,龚肃政译,杨永生整理并注释,云南民族出版社,1988,第83~84页。

的弟弟混三弄以及《勐卯的故事》中所说的勐卯王召坎法和他的弟弟三隆法，同时也就是彭伯顿所说的"蓬国"的国王苏坎法和他的弟弟三隆法。

此外，彭伯顿引述的那部编年史中还提到"蓬国"后来和中国发生了冲突，最后，有一位国王苏岸法（Soognampha）和他的长子苏基法（Sookeepha）被中国军队打败后逃到缅甸，又被缅王送交给中国人。这些事件在关于勐卯的历史和传说故事中均有提及，故事情节也大同小异。

据中国汉文史籍记载，勐卯与中国中央政权之间的冲突主要发生在元、明两代。这一时期，中国称勐卯一带为麓川。

元朝对麓川的征讨始于公元 1342 年。据《元史·顺帝本纪》记载："至正二年（公元 1342 年）十二月丙辰，赐云南行省知政事不老三珠虎符，以兵讨可伐（即思可法——引者）。六年（公元 1346 年）夏六月丁巳，诏以云南贼死可伐（亦即思可法——引者）盗据一方，侵夺路甸，命亦秃浑为云南行省平章政事讨之。七月丁亥，降诏招谕死可伐。七年（公元 1347 年）三月乙丑，云南王来献死可伐之捷。"

元王朝当时对麓川时征时抚，举棋不定，最终莫奈其何。元朝对麓川的征讨主要是在元顺帝时期。彭伯顿说"蓬国"编年史记载的最初与"蓬国"发生冲突的中国统治者叫"朱皇帝"或"顺帝"，还说他是于公元 1333 年登上中国王位的。那个"顺帝"指的可能就是元顺帝。而至于"蓬国"编年史说的那个"朱皇帝"，可能是指明朝的皇帝。因为，对麓川更大规模的征讨发生在明代，即历史上所谓的"三征麓川"。可是，在彭伯顿说的那部"蓬国"编年史的记载中，"顺帝"和"朱皇帝"被混为了一个人。也可能是彭伯顿本人把他们混成了一个人。

彭伯顿所说的后来"蓬国"国王苏岸法和他的儿子苏基法被"杨尚书"率领的中国军队打败和他们逃到缅甸又被缅人送交给中国军队一事则是发生在明代的事情。

例如，芒莱翻译整理的那份《勐卯的故事》中说，勐卯王昭岸法（Chau-Ngan-Pha）在位时，勐卯同中国之间发生了战争。结果，勐卯战败，昭岸法逃到缅甸。后来，在中国大军压境的情况下，昭岸法只好服毒自尽。他的尸体被缅人交给了中国人，中国人把他的尸体用太阳晒干后，带回了云南。① 这个"昭岸法"就是彭伯顿说的"蓬国"国王"苏岸法"。

据德宏傣族文献《麓川思氏谱牒》的记载，被明朝军队打败的麓川首领（勐卯王）叫思机法。该谱牒记载说：明朝的"王尚书"率大军打败了思机法，"后思机法逃至缅甸，明朝廷责缅王解思机法，且许以十九处地方。缅王送思机法于罕贯，罕贯解往王尚书营"。② 这里说的"思机法"就是彭伯顿说的那个蓬国国王"苏岸法"的儿子"苏基法"。而彭伯顿所说的征讨"蓬国"的中国军队的将领"杨尚书"实际上就是明朝的这位"王尚书"。

德宏流传的那份《勐卯古代诸王史》中也记载了这件事，该史籍记述说："皇帝（指明朝皇帝——引者）立即下诏调集三十个地方的兵马，敕令王尚书统帅，直奔勐卯而来。思昂法也调集重兵阻击，战争延续了三年。天命注定勐卯的国运衰落之日已来临，思昂法的军队节节败北……思昂（这里原文如此，思昂即思昂法——引者）父子乘船逃奔南鸠江下游的巴果王（巴果即缅甸的勃固——引者），可是惊魂未定，不敢居住城镇而栖于城外荒郊。王尚书决意要擒拿思昂，用最贵重的宝石收买巴果王。巴果王用计擒获了思昂，解送给王尚书。思昂估计自己无法逃脱，也就服毒自杀，瓦晃的巴果王把他的头割下来，送与给了（原文如此——引者）王尚书。勐卯国就这样结束了她的光辉历史。"③

尽管所叙述的情节并不完全一致，但看得出来，这里说的勐卯王"思昂"或"思昂法"也就是"蓬国"的国王"苏岸法"，彭伯顿所说的征讨"蓬国"的那个"杨尚书"也就是这个"王尚书"。

缅甸的缅文史籍《琉璃宫史》也记载说，缅甸国王那腊勃底（又译为那罗波帝）统治时期，中国军队入侵缅甸，要求缅王交出勐卯掸族首领多岸发。缅王那腊勃底先是拒绝把多岸发交给中国人，后来，在中国大军兵

① Sao Sainong Mangrai, "The Shan States and the British Annexation", Cornell University, Second Printing, 1969, Appendix II, p. xii.
② 刀永明辑《中国傣族史料辑要》，云南人民出版社，1989，第87~87页。
③ 召帕雅坦玛铁·卡章戛：《勐果占璧及勐卯古代诸王史》，龚肃政译，杨永生整理并注释，云南民族出版社，1988，第100~105页。

临城下的威胁下，多岸发服毒自尽，缅王才将其尸体献出。中国人将其尸体剖腹，取出内脏，并把尸体烤干后收起。①在缅甸《琉璃宫史》的记载中，"思任法"的名字按照缅语发音被译写成了"多岸发"。实际上也就是彭伯顿所说的"蓬国"的国王"苏岸法"。

关于这件事，我国汉文史籍中也有记载。当时，麓川思任发势力大张，为明王朝所不能容忍，镇守云南的沐晟即建言调大兵进讨，所谓麓川之役，即此而起。正统六年（公元1441年），明朝廷命蒋贵为征蛮将军，兵部尚书王骥（即"王尚书"）总督军务，分三路进讨麓川，大军压境，思任发父子三人间道奔孟养。王骥告捷还师。而思任发至孟养，为木邦所击，走缅甸，为缅人所擒。《明史·本纪》载："正统十年十二月（公元1445年）丙辰，缅甸获思任发，斩其首，送京师。"

《明史·云南土司》记载："时思任法败走孟蒙，复为木邦宣慰所击，追过金沙江，走孟广。缅甸宣慰卜剌当亦起兵攻之。帝命木邦、缅甸，能效命擒任法献者，即以麓川地与之。未几，任法为缅人擒，缅人挟之求地。"又载："骥遣人至缅甸索任法……缅甸坚持前诏，必予地乃出任法，复诡以机法致仇为解。骥乃趋者蓝，捣机法巢，破之。机法脱走，俘其妻子部众，立陇川宣慰而归。"

《明史·纪事本末·麓川之役》记载："（正统）七年（公元1442年）冬十月，复命定西侯蒋贵，靖远伯王骥，征麓川、缅甸……十一年（公元1446年）缅甸始以任法及其妻孥三十二人献至云南，任法于道中不食，垂死；千户王政斩之，函首京师。其子机法屡乞降，遣头目刀孟永等修朝贡，献金银。言：蒙朝廷调兵征讨，天地逃死，乞贷余生。词甚哀。帝命受其贡，因敕总兵官沐斌及参赞军务侍郎杨宇等，朝廷既贷机法不死，经画善后长策以闻，并赐敕谕思机法。"

这些汉文史籍中记载的"麓川"首领"思任法"实际上也就是彭伯顿所说的同中国作战的蓬国国王"苏岸法"，思任法的儿子"思机法"则就是蓬国国王"苏岸法"的儿子"苏基法"，均为同音异写字。而征讨蓬国的"杨尚书"则是傣族文献《麓川思氏谱牒》中提到的"王尚书"，

① 〔缅〕《琉璃宫史》，李谋等译，陈炎等审校，商务印书馆，2007，中卷，第481~483页。

也就是汉文史籍中提到的兵部尚书王骥。

可见，除了时间不一致和人名拼写的差别外，彭伯顿提到的那部"蓬国"编年史中记载的人和事，有许多都是传说中的勐卯历史上的人和事。而勐卯的创建，即使是相信勐卯自己的编年史的说法，也只是在公元568年，决没有早到公元初年。

不同的是，彭伯顿引用的那部编年史提到，当"蓬国"国王苏岸法被中国人掳去之后，其王后又建立了孟拱城，并使"蓬国"一直延续到公元1752年。而缅甸的有关勐卯的故事的记载却是：大约在公元1339年，即勐卯王昭基法统治时，勐卯与中国发生了战争，此后勐卯便臣服于中国了。① 我国傣族的文献和汉文史籍的记载也大同小异。

由于彭伯顿提到的那部编年史提到了王后建孟拱一事，因此，再查缅甸流传的有关孟拱的史籍，得知孟拱建于公元1215年（按方国瑜先生引述的那个传说中，孟拱与勐卯同时创建），创始人名叫图三法（Noi-San-Pha），由于他父亲叫三隆法，故他又用父亲的名字，也称三隆法。② 这个三隆法或其父三隆法不知是不是彭伯顿引述的那部编年史中和芒莱翻译的关于勐卯的故事中提到的那两个三隆法？

将有关孟拱的传说与彭伯顿引述的那部编年史的记载相比照，又可以发现，除了孟拱城的创建者不同外，彭伯顿提到的那部编年史所记载的关于"蓬国"后期的历史，在许多方面又与孟拱的历史相同。

例如，关于孟拱的传说中提到，公元1556年时，孟拱王昭瑞圭（Chan-Sui-Kwei），又叫昭宾（Chau Peng），曾与罕沙瓦底（勃固）王发生战争。③ 而彭伯顿提到的那部编年史中则记载说，"蓬国"国王苏宾法（Soopengpha）统治时期，缅甸人首次袭击并一度征服了蓬国。

可见，所谓"蓬国"的国王苏宾法，实际上也就是这位孟拱王昭宾。这样一来，"蓬国"后期的历史实际上又变成了孟拱的历史。

---

① Sao Saimong Mangrai, "The Shan States and the British Annexation", Cornell University, Second Printing, 1969, Appendix II, p. 10.

② Sao Saimong Mangrai, "The Shan States and the British Annexation", Cornell University, Second Printing, 1969, Appendix III, p. 23.

③ Sao Saimong Mangrai, "The Shan States and the British Annexation", Cornell University, Second Printing, 1969, Appendix III, p. 20.

而且，彭伯顿引述的那部编年史还记载说，"蓬国"国王苏可法
（Sookopha，1568～1587 年在位——引者）曾两次入侵暹罗。而缅甸的孟
拱编年史中则有孟拱王昭卡法（Chau-Kaa-Pha，1564 年继位——引者）
被缅王召去协助攻打暹罗的记载。[①]

　　因此，可以断定，所谓蓬国后期那位名叫苏可法的国王，就是孟拱
王昭卡法。

　　孟拱的编年史还记载说，大约在公元 1796 年时，缅人入侵了孟拱，
处死了孟拱王贺森（Haw Seing），从此，孟拱便成了缅甸领土的一部分，
由阿瓦派一名"温"（Woon，缅官职名——引者）来统辖该地。[②]

　　这里记载的孟拱灭亡的情形与彭伯顿提到的那部编年史中记载的
"蓬国"在国王昭库尔森（Chow Khoolseng）统治时被缅人所灭的情形基
本上又是相同的。而且，笔者认为，"蓬国"的末代国王昭库尔森
（Chow Khooleng）与孟拱末代王贺森（How Seing）实际上也是同一个人，
只是不同的编年史对他们的记载及不同的人对他们及有关事件的年代的
考证或推算略有不同而已。

　　由此，可以推断，彭伯顿见到并引述的那部所谓"蓬国"的编年史，
实际上是由勐卯的编年史和孟拱的编年史的内容拼凑起来的。其前一部
分说的基本上是关于勐卯的传说和历史，而后一部分则是关于孟拱的传
说和历史。

　　既然说彭伯顿提到的那部编年史中记载的人和事先后与勐卯和孟拱
的历史有关，那么，可不可以说，后者的历史就是"蓬国"的历史呢？
或者说，傣掸民族在历史上是否建立过一个先后以孟卯和孟拱为中心的、
地跨云南、缅北并与印度和暹罗接界的一个幅员广大的统一王国呢？查
缅甸和中国的各种史籍，并没有这样的记载。

　　许多关于缅甸历史的论著中，都认为掸人势力最强大的时期是缅甸
历史上的所谓"掸族统治时代"（公元 1287～1531 年），但事实上，所谓

---

① Sao Saimong Mangrai, "The Shan States and the British Annexation", Cornell University, Second Printing, 1969, Appendix III, p. 20.
② Sao Saimong Mangrai, "The Shan States and the British Annexation", Cornell University, Second Printing, 1969, Appendix III, p. 22.

"掸族统治时代"也是一个讹误。①

退一步说，即使是按现在许多关于缅甸历史的论著所说的缅甸历史上真的有一个"掸族统治时代"，按他们的描述，在这个所谓的掸族历史上最强大的时期，掸人也多是一个个小邦自成势力，互不相属。例如，英国专门研究缅甸史的学者哈威根据缅甸史籍对所谓的掸人入侵缅甸本部后的情形论述道："掸族僻处山野过久，似有传统之离心趋向，故在此后两百年，缅甸竟成支离破碎之状。"②

而事实上，傣掸民族这个时期，特别是公元 13～14 世纪这一时期，并不曾入侵过缅甸本部，这一时期傣掸民族的势力并没有许多研究缅甸历史的学者，尤其是西方学者所说的那么强大。

因此，即使是在缅甸历史上所认为的傣掸民族历史上势力最强大的时期，也没有听说他们曾经建立过一个横亘缅甸北部、地跨云南和印度的强大的"蓬王国"。

中国史籍对周边国家、地区和民族的记载当更为详实、也更具权威性。许多学者认为，从唐代开始，中国史书对中缅边境地区的傣掸民族的情况基本上便有了较为可靠的追踪记述。例如，唐宋时期，这一带的傣掸民族被称为"金齿蛮""金齿诸蛮""金齿白夷"等等。当时云南乃至缅甸东北部一带地区先后由南诏、大理地方政权统治，南诏、大理政权曾设节度使统治这一带地区，并未听说这一带有过一个什么由傣掸民族建立的强大王国。

元代，这一带地区被分为三十六路、四十八甸，皆设土官管辖，其中勐卯一带被置为麓川路，并总归大理金齿都元帅府统辖。这时傣掸人被称为"金齿百夷""白夷"或"白衣"等。元代李京《云南志略》记载说："金齿百夷，记识无文字……西南之蛮，白夷最盛。"即使是这个"西南之蛮"中"最盛"的民族群体，这时仍还是"记识无文字"，且又

---

① Michael Aung-Thwin, "The Myth of the 'Three Shan Brothers' and the Ava Period in Burmese History", in The Journal of Asian Studies 55, No. 4, November 1996, USA. 又见何平《国际泰学研究领域中的又一个误区：缅甸历史上的"掸族三兄弟"与"掸族统治时代"神化探析》，载《世界民族》2002 年第 5 期。

② 戈·埃·哈威：《缅甸史》，姚梓良译，商务印书馆，1973，第 170 页。

被置于元朝的统治下，当然就不可能有什么强大的统一王国存在。

明代时，麓川傣掸民族的势力曾一度空前强大，以至于明朝统治者发动了"三征麓川"的战争。这一时期，还是没有听说傣掸民族建立过一个什么"蓬王国"，也没有听说麓川之前有过一个"蓬王国"。后来，中国明朝中央政权对傣掸民族地区的控制进一步加强。中国中央王朝在傣掸民族地区建立了土司制，其中勐卯为麓川平缅军民宣慰使司，孟拱则属于孟养军司宣慰使司。这一时期，更没有听说这一带建立了一个什么"蓬王国"。

因此，说"这一带地区的整个国家从古到今都叫蓬王国"①，或者说傣掸民族"过去曾一度有过一个伟大的国家——蓬国"②，都是没有任何可靠根据的。

实际上，从前面所引的彭伯顿的《关于英属印度东部边界的报告》和亨特的《阿萨姆统计报告》中的有关论述中，我们已经得知，所谓"蓬国"，只不过是曼尼普尔人对他们听说的那个传说中的强大掸人王国的称呼而已。

可是，如果说傣掸民族在历史上并不曾建立过一个叫做"蓬"的国家，那么，曼尼普尔人怎么会"从古至今"都把傣掸人聚居的那一带地区叫做"蓬王国"呢？

哈威认为："Pong 与 Maw 同义，其人民为木掸族（Maw Shan）。"③实际上，Maw Shan 应为"卯掸"（"木掸"乃哈威《缅甸史》一书中文译者的译法，不妥——引者），是他称，其自称应是"傣卯"或"泰卯"（Tai Maw）。"卯掸"或"傣卯""泰卯"即勐卯一带的傣掸民族，勐卯即因他们而得名，中国和缅甸的傣掸民族史籍中都有许多关于"傣卯人"或"卯掸人"的记载，但没有任何凭据表明 Maw 与 Pong 是同义的。

埃里亚斯认为，Pong 是缅语，意思是"光荣的"④。但曼尼普尔人为

---

① R. Boileau Pemberton, "Report on the Eastern Frontier of British India", Calcutta, 1835, p. 113.

② W. W. Hunter, "A Statistical Account of Assam", Calcutta, 1879, Vol. I, p. 309.

③ 戈·埃·哈威：《缅甸史》，姚梓良译，商务印书馆，1973，第134页。

④ N. Elias, "Introductory Sketch of the Hisrory of the Shans in Upper Burma and Western Yunnan", Calcutta, 1876, p. 30.

何要称傣掸民族为"光荣的"呢？看来也没有充分的根据。

缅甸掸族学者芒莱提到，在孟拱的编年史中，曾记载有一个被称为"朋"（Pwon）的部落归附了孟拱，可能是孟拱王曾征召这些"朋人"西征，而当这些"朋人"抵达曼尼普尔时，当地人首次听到他们称为"朋"，便把他们及以后见到的掸人都称为"朋"，进而音变为"蓬"（Pong）。正如缅人把蒙古军中的一支 Turkic 人（即突厥人或土耳其人）称为 Taruk（缅语发音为"德由"），进而把"德由"一词用来指所有中国人一样。①

这个解释有道理，即"蓬人"是傣掸民族中的一支。除了芒莱提到的那部孟拱的编年史以外，缅甸还有一部关于景栋的编年史中也提到，大约公元 1570 年，景栋人与缅人、兰那人、泐人等一道同南部的阿瑜陀作战时，曾征召过一批叫做"崩"（Bong）的人参战。②

此外，我国清代《普洱府志》中也记载说："缅甸国绷子……披发纹身……服食与艮子同（艮子指今缅甸景栋一带的掸人——引者）。"笔者认为，这里的"绷子"就是景栋编年史中提到的"崩人"（Bong）和芒莱所说的孟拱编年史中提到的"朋人"（Pwon）。

而这些"朋人"（Pwon）、"崩人"（Bong）或"缅甸国绷子"，就是傣掸民族中的一个支系，叫做"傣绷"，他称又叫"水傣"，主要分布在今中缅边境地区缅甸一侧，云南境内也有，主要分布在思茅地区孟连县勐马镇勐阿坝的龙海、养派、广伞三寨，澜沧县上允乡芒角村的芒京、芒那二寨；临沧地区沧源县的勐角、勐董，耿马县的勐定、勐省及德宏州瑞丽县边境一线也有分布。云南省内"傣绷"有人口一万余。据高立士先生解释，"绷"这个名称来自地名"勐绷"，勐绷为明、清时的木邦宣慰使辖地，今属缅甸掸邦。"傣绷"即勐绷的傣人。③

"傣绷"就是"傣蓬"。法国学者让·雷斯鲍认为，"蓬"（Pong）这

① Sao Saimong Mangrai, "The Shan States and the British Annexation", Cornell University, Second Printing, 1969, p. 36.
② "The Padaeng Chronicle and the Jengtung State Chronicle", translated by Sao Saimong Mangrai, The University of Michigan, Number19, 1981, p. 247.
③ 高立士：《傣族支系研究》，载《中央民族大学学报》1998 年第 6 期。

个词来自"勐蓬"（Mongpong），也就是木邦的"邦"（Pang），"木邦"就是"勐蓬"或"勐邦"（Mongpang）的音译。①

这些人中的一些人到底是什么时候迁徙到曼尼普尔的？目前还没有发现可靠的记载。但有一点是可以肯定的：即在中缅边境地区的傣掸民族中的一些人向印度东北部地区迁徙的过程中，有一些"朋人"或"崩人"或"绷子"或"傣绷"或"蓬人"也迁到了曼尼普尔，而曼尼普尔土著在同这些从中缅边境地区迁来的傣掸民族各支系打交道的时候，一定是最先接触到了这支自称为"朋""崩""绷""蓬"或"傣绷"的人，从此便用"朋""崩""绷""蓬"等称谓来称呼迁居当地的傣掸民族的各个支系了。

后来，在彭伯顿到达曼尼普尔之前，即 1828 年，英印殖民当局曾出版过一幅地图，该地图中标有一个叫做"Bong"的地区，具体方位在东经 96°北纬 26°处。② 该图并没有说这是一个"国"。我认为，该图指的应是这一带的傣掸民族聚居区。后来，英国人达林普尔提到在印度和缅甸之间存在着的那个叫做"Poong"的山国，指的也应是这一带地区的某个傣掸民族的小酋邦，而不是那个神神秘秘、似有却无的"蓬国"。

那些先后迁居到曼尼普尔的被当地人统称为"朋""崩""绷""蓬"的傣掸人，自然也带去了关于他们各自祖居地的传说和编年史，这些传说和编年史无疑又不断地被展转传抄。而随着这些傣掸人与其故土的隔离时间愈久，其文化受当地文化同化的程度愈深，他们对其先民的历史和传说必然也越来越模糊，展转传抄的传说和编年史也越来越离谱。

彭伯顿见到的那部编年史，无疑是在勐卯的傣人和孟拱的傣掸人带去的一些编年史的基础上几经传抄的、把勐卯和孟拱这两个地方的传说和历史混抄在一起的手抄本，而彭伯顿以为那部编年史中的内容是所有

---

① Jean Rispaud, "Contribution A La Geographie Historique De La Haute Birmanie", in Assays Offered to G. H. Luce by His Colleagues and Friends in Honour of His Seventy-fifth Birthday, eds. by Ba Shin, etal., Vol. I, Ascona, Switzerland: Artibus, ASIAE Publishers, 1966, p. 219.

② 戈·埃·哈威：《缅甸史》，姚梓良译，商务印书馆，1973，第 133～134 页。

掸傣人的信史，又根据曼尼普尔人对当地傣掸民族的泛称，在其报告中理解为："对曼尼普尔人来说，这一带地区的整个国家从古到今都叫蓬王国"，再把糅合了勐卯和孟拱两个地方的编年史的这样一部手抄本中本来就不确切的一些年代在孟拱被缅甸雍籍牙王朝灭亡的比较可靠的年代的基础上往前推算，从而弄出了一个历时 1000 多年、地跨中印两大文明古国的"蓬国"来。

而且，此后又有一些人不加分析地以此为根据，不断地进一步去考证和论述这个"蓬国"。使其越来越像真有那么一回事似的。

例如，黄惠焜先生在《掸傣古国考》一文中就认为，正是由于傣掸民族历史上建立过这么一个王国，"现代德宏傣族一直保留'傣蓬'（Tai Pong）这一自称的现象也得到了解释，原来，'傣蓬'的意思就是'蓬国的傣人'"。[1]

后来，黄惠焜先生在其《从泰人到越人》一书中进一步补充论述说："滇西傣族自称'傣蓬'（Tai Pong），这是由于一世纪这里出现过'蓬国'。蓬的范围大约相当于掸国和滇越，其中心均在今日瑞丽江两岸，东边接近澜沧江，西边接近伊洛瓦底江，西北面浸入了今日阿萨姆掸人区域。西方学者曾经对蓬有过调查报告，并看到过用掸文编写的'蓬国'历史，由此可知蓬乃古代'一强大之王国'。"[2]

朱昌利先生认为，"很有可能，瑞丽江曾是'蓬国'的中心地带。黄惠焜同志在他的《掸傣古国考》一文中指出，在德宏地区一直保留'傣蓬'的自称，过去无从解释，现在知道了'傣蓬'的意思就是'蓬国的傣人'。指出这一点对研究蓬国的历史有参考价值"。[3]

现在清楚了，所谓"傣蓬"，实际上也就是我国史籍中提到的"绷子"或缅甸史籍中提到的"崩"或"朋"等，这是傣掸民族的一个支系，按高立士先生和法国人让·雷斯鲍的解释，这个名称源自木邦或今缅甸生威一带的一个叫做"勐绷"或"勐蓬"的地方，指的是"勐绷"或"勐蓬"这个地方的傣掸民族，而不是什么"蓬国的傣人"。

① 黄惠焜：《掸傣古国考》，载云南省社科院东南亚研究所《东南亚》1985 年第 3 期。
② 黄惠焜：《从越人到泰人》，云南民族出版社，1992，第 35 页。
③ 朱昌利：《掸族古代蓬国考》，载云南省社科院东南亚研究所《东南亚》1989 年第 4 期。

　　由于这一支系的名称被曼尼普尔人用来泛指当地傣掸民族，进而又被英国人彭伯顿在其报告中把这个称谓同当地一部错误的手抄本编年史的内容联系在一起，才弄出了这样一个谜一般的"蓬国"来。

　　笔者认为，这就是这个虚幻的"蓬国"的由来。傣族或傣掸民族历史上并没有一个历时一千多年、横亘缅甸北部、地跨云南和印度的强大的"蓬王国"或"蓬国"。

第 五 章

"达光王国"的真相

近年来，又有一些学者认为，我国德宏地区的傣族在历史上曾经建立过一个叫做"达光王国"的古国。

关于傣族建立"达光王国"的说法，最先见于德宏州傣学学会的杨永生先生发表的一篇题目叫做《"乘象国滇越"考》的文章，作者在该文中提到说，傣族在历史上建立过一个"达光王国"，"达光王国"建立于公元前4世纪，到公元233年，国都南迁蒲甘，该王国结束，其王族共传了26世。①

后来，又读到一部由杨永生先生撰写、由德宏州傣学学会2003年编印的名为《傣族达光及果占璧王国研究》的书稿，该书稿对"达光王国"进行了进一步的论述。并把"达光王国"建国的时间提前到公元前5世纪，再把其结束的时间后延到公元6世纪。杨永生先生认为，这个"达光王国"是傣族历史上最早的国家，其领土不仅局限与今天的云南，还包括了今天的缅甸。所以，作者在该书稿的一开始就明确宣称："达光王国，是傣族历史上建立的第一个政权，也是东南亚最早建立的政权。"②刀安钜先生在为该书稿作的序中还称赞说，该书"基本上篡通了怒江（萨尔温江）和伊洛瓦底江流域傣族的古代史"。③

---

① 杨永生：《"乘象国滇越"考》，载《思想战线》1995年第1期。
② 杨永生：《傣族达光及果占璧王国研究》（讨论稿），德宏州傣学学会编印，2003年4月，第1页。
③ 杨永生：《傣族达光及果占璧王国研究》（讨论稿），德宏州傣学学会编印，2003年4月，见序，第1页。

2005 年，云南民族出版社又出版了一部署名为德宏州傣学学会编的叫做《勐卯弄傣族历史研究》的书。该书编后记明确提到，该书就是在之前作为讨论稿打印交流的杨永生先生著的《傣族达光及果占璧王国研究》的基础上由编委会经过"充分发扬学术民主，深入细致地研究问题"后压缩修改而成的。与杨永生先生的书稿相比，除了一些段落的文字有变动之外，《勐卯弄傣族历史研究》这部书的内容和观点与杨永生先生的那部书稿是完全一致的。①

差不多就在这一个时期，我又在云南省德宏傣族景颇族自治州瑞丽县的边贸口岸姐告修建的"瑞丽姐告傣族历史壁画长廊"的文字介绍中见到了几段由龚能政先生撰写的关于"达光王国"的文字。该长廊文字介绍的"前言"部分说：傣族历史壁画长廊"是以傣族王国的达光……来展示傣族文化艺术和文明历史"。而专门介绍"达光王国"的这一部分文字则说：傣族的"达光王国""建于公元前 800 余年前"。② 把"达光王国"的历史又提前了 4 个世纪，提早到了公元前 9 世纪！而且，傣族历史壁画长廊上这些文字已经不仅限于学术探讨的范围，而是被人当做当地傣族的"文明历史"向游人介绍了。

历史壁画长廊上的文字，应该是根据之前杨永生先生和德宏州傣学学会的其他一些人的研究结论撰写的。

按照杨永生先生在其书稿《傣族达光及果占璧王国研究》中的划分，傣族历史上一共先后建立过两个政权，第一个叫做"达光王国"，第二个叫"果占璧王国"。作者认为，"达光王国"是傣族历史上的第一个政权，存在的时间是从公元前 425 年至公元 586 年；傣族历史上的第二个政权是继"达光王国"之后出现的"果占璧王国"，时间从公元 567 年到 1488年。并且，作者还特别强调说："傣族历史上只有达光和果占璧两个王国。"③

---

① 德宏州傣学学会编《勐卯弄傣族历史研究》，云南民族出版社，2005。
② 见瑞丽姐告的"瑞丽姐告傣族历史壁画长廊"文字说明中的"前言"和"达光王国"部分。
③ 杨永生：《傣族达光及果占璧王国研究》（讨论稿），德宏州傣学学会编印，2003 年 4月，第 221 页。

作者在这里所说的傣族，主要是指分布在我国云南西部德宏的傣族，但按照作者在书中的论述，其所说的傣族应该还包括了今天缅甸北部的掸族。我国德宏的傣族和缅甸北部的掸族在国外被称为"大泰"，作者把他们叫做"大傣"。作者认为："纵观大傣的古代史，自公元前 425 年至公元 223 年，以达光为中心，历时 658 年。公元 233～567 年以补甘姆为中心，历时 334 年；公元 567～1448 年以勐卯为中心，历时 881 年。至此，傣族王朝的历史已有 1873 年。"①

后来出版的署名为德宏州傣学学会编的《勐卯弄傣族历史研究》一书基本上也是这样表述的。②

杨永生先生和德宏州傣学学会一些学者的这些论断，此前闻所未闻。如果真是这样的话，那我国傣族以及境外缅甸掸族乃至东南亚的历史都得重新改写。

由于所谓的"果占璧王国"涉及的年代比较晚，与本书要探讨的泰语民族的起源和与起源问题有关的早期历史关系不是很大，而且，笔者在此前曾经对这个所谓的"果占璧王国"已发表过看法，③ 本书就暂且不再论及这个问题。这里主要是谈一谈这个所谓的"达光王国"问题，让我们来看一看是不是真的有这么一个"傣族历史上建立的第一个政权，也是东南亚最早建立的政权"的"达光王国"？

杨永生先生的书稿和以德宏州傣学学会名义编著且正式出版的书认为傣族历史上曾经建立过一个"达光王国"的主要根据是傣族的两份文献，其中最主要的是一份叫做《嘿勐沽勐：勐卯古代诸王史》，这份文献与另外一份叫做《银云瑞雾的果占璧简史》的文献一起，均由龚肃政先生翻译成汉文，由杨永生先生整理并注释，以《勐果占璧及勐卯古代诸

① 杨永生：《傣族达光及果占璧王国研究》（讨论稿），德宏州傣学学会编印，2003 年 4 月，第 61 页。
② 德宏州傣学学会编《勐卯弄傣族历史研究》，云南民族出版社，2005，第 1～21 页。
③ 所谓的"果占璧王国"的"果占璧"一名，又译写为"憍赏弥"，许多学者认为是中缅傣掸民族后来组成的一个国家。笔者认为，这也是一个讹误，但讹误的性质与所谓的"达光王国"不同。详见何平《解开"憍赏弥"之谜——傣掸民族传说中的"憍赏弥"之我见》，载云南省社科院东南亚研究所《东南亚》1995 年第 1 期；又见何平《从云南到阿萨姆：傣—泰民族历史再考与重构》（云南大学出版社，2001）第七章。

王史》为书名，由云南民族出版社 1988 年出版。还有一份傣族文献在杨永生先生的书稿中被译为《萨省腊莽鉴——佛法传播史》，而在后来以德宏州傣学学会名义正式出版的书中又被译为了《萨省腊莽鉴——佛纪中的诸王史》。

涉及所谓"达光王国"历史的这部题为《嘿勐沽勐：勐卯古代诸王史》的傣族文献的作者在一开始就以傣族传统说唱形式的笔调写道："唱吧，唱吧！大家都一齐唱吧！我非常高兴地打开这本史书，和大家一起来唱。这本书讲的是古代勐卯附近各国王族的事迹，这些事迹多得简直无边无际。清朝乾隆皇帝登基后的第四十三年，傣历是壬申年属猴一月十二日晚上，一个勤勤恳恳而又有知识的傣家人，把这些王国的纷繁事迹归纳起来，选择了一些重要的精华，写成了这本傣家的史书。"①

接下来，该史书的作者继续说："萨省腊一百二十年，佛法无边的佛祖已经升天，王国的时代已经开始。各地都出现了一些国王，有的开始你争我夺。佛法的光芒普照大地，一年接一年，一代接一代，人们还能过着神仙一样的安乐生活。浴佛节每年都隆重举行，时间已经推移到傣历辛卯年。有一位国王在罕萨建立了王城。他管辖的地方平坦而又广阔，一直延伸到大海边。六十三年后，这个国家又在达璧另建一座新城。把成千上万的官员都迁移到此定居。那时，这个国家国泰民安，百姓丰衣足食，佛法兴旺……百姓平日都穿上了盛装，几乎天天都在集会'赶摆'，以感激佛祖的恩赐，祝愿佛法永远普照四方。"②

紧接着，《嘿勐沽勐：勐卯古代诸王史》的作者说："傣历戊戌年，出了一个英勇的国王，他统一了附近的各个王国，建成了一个强大的国家。己亥年，其弟又出来继承王位，治理了三十二年，国家兴旺，百姓安居乐业，直到庚午年才去世。辛未年，铎达蚌出来继承父位。他是一个很有才能的国王，他把国土拓展到了大海洋，连海洋中的龙王也不得

① 召帕雅坦玛铁·卡章夔：《勐果占璧及勐卯古代诸王史》，龚肃政译，杨永生整理并注释，云南民族出版社，1988，第 52～53 页。

② 召帕雅坦玛铁·卡章夔：《勐果占璧及勐卯古代诸王史》，龚肃政译，杨永生整理并注释，云南民族出版社，1988，第 53～54 页。

不向他进贡美女。① 铎达蚌家族就这样父传子，子传孙，一直延续了九代，最后继承王位的是坦玛利。坦玛利死后无嗣，众人推举铎达蚌家族中血缘比较近的族侄莽莫出来继承王位。后来，王位又传给了一位小和尚。小和尚家族的王朝一共传了十四代，先后承袭执政的（有）二十二位国王。这个王朝统治的时代，佛法光辉普照，人民安居乐业，在傣家历史上，是一盏明亮的佛灯。至萨戛里777年戊子，这个王朝才最后结束了统治。"②

除了《嘿勐沽勐：勐卯古代诸王史》中的这段故事以外，在《傣族达光及果占璧王国研究》这部书稿中，杨永生先生还引了另外一部傣族文献《萨省腊莽鉴——佛法传播史》中的一段记载，大意是说：傣历前150年，占达目里迪巴厘自广洞、广进过南鸠江（伊洛瓦底江），在江东岸建立起了达光王国。占达目里迪巴厘无子，由女继承王位。后来，女王与妖龙为害，一位叫做巩玛利占的农民斩除了妖龙，被拥立为国王。巩玛利占生有两个儿子，出生后不久就都成了盲人。巩玛利占只得按卜师所言，让两个儿子乘坐竹筏顺南鸠江而下。兄弟俩在途中遇神女救助医治，都恢复了光明。兄弟俩上岸定居，并派人回去禀告父王。国王巩玛利占得知后，十分高兴，便封兄弟俩为"萨利许达城王"。不久兄亡。弟生子三眼王铎达蚌。铎达蚌很有才干，中心扩建了萨利许达城。③

以德宏州傣学学会名义编著且正式出版的这部叫做《勐卯弄傣族历史研究》的书中也引用了相同的文献记载，只不过把那份傣文文献的名字译为《萨省腊莽鉴——佛纪中的诸王史》。④

由于这部《萨省腊莽鉴——佛法传播史》或又译为《萨省腊莽鉴——佛纪中的诸王史》的傣族文献中明确提到占达目里迪巴厘在南鸠江（伊洛瓦底江）江东岸建立起了达光王国。而且，又提到了"三眼王

① 召帕雅坦玛铁·卡章戞：《勐果占璧及勐卯古代诸王史》，龚肃政译，杨永生整理并注释，云南民族出版社，1988，第53~55页。
② 召帕雅坦玛铁·卡章戞：《勐果占璧及勐卯古代诸王史》，龚肃政译，杨永生整理并注释，云南民族出版社，1988，第58页。
③ 杨永生：《傣族达光及果占璧王国研究》（讨论稿），德宏州傣学学会编印，2003年4月，第2~3页。
④ 德宏州傣学学会编《勐卯弄傣族历史研究》，云南民族出版社，2005，第3~4页。

铎达蚌"，与《嘿勐沽勐：勐卯古代诸王史》中提到的那位很有才干的国王铎达蚌的名字和故事情节都相似，因此，杨永生先生认为，《嘿勐沽勐：勐卯古代诸王史》和《萨省腊葬鉴——佛法传播史》这两部傣族文献中的故事反映的是"达光王国"的历史，而"达光王国，是傣族历史上建立的第一个政权，也是东南亚最早建立的政权"。①

正式出版的《勐卯弄傣族历史研究》一书也认为，"达光王国"存在于自公元前 425 年至公元 586 年，历时 1010 年。②

杨永生先生在其先前写出的讨论稿《傣族达光及果占璧王国研究》和在以德宏州傣学学会名义正式出版的《勐卯弄傣族历史研究》一书的"资料编辑寄语"中都特别强调："必须肯定，傣族史学家的著述，总体上是确切的，它是研究傣族古代史的重要线索，基本上填补了国内外傣族史研究中的一些空白。"③

事实是不是这样呢？笔者认为，从杨永生先生的《傣族达光及果占璧王国研究》和以德宏州傣学学会名义编著且正式出版的那部叫做《勐卯弄傣族历史研究》的书中所引的这两份傣族文献的描述来看，说傣族历史上那么早的时候就存在过一个所谓的"达光王国"，本身就有一个很大的漏洞。例如，杨永生先生和德宏州傣学学会在论述傣族的"达光王国"的历史时经常引用的那部傣族文献《嘿勐沽勐：勐卯古代诸王史》一开始就说："那时，这个国家国泰民安，百姓丰衣足食，佛法兴旺……百姓平日都穿上了盛装，几乎天天都在集会'赶摆'，以感激佛祖的恩赐，祝愿佛法永远普照四方。"④

该文献在谈到铎达蚌以后的世系时又说：铎达蚌家族就这样父传子，子传孙，一直延续了九代，最后继承王位的是坦玛利。坦玛利死后无嗣，

---

① 杨永生：《傣族达光及果占璧王国研究》（讨论稿），德宏州傣学学会编印，2003 年 4 月，第 1 页。
② 德宏州傣学学会编《勐卯弄傣族历史研究》，云南民族出版社，2005，第 1 页。
③ 杨永生：《傣族达光及果占璧王国研究》（讨论稿），德宏州傣学学会编印，2003 年 4 月，第 3 页。又见德宏州傣学学会编《勐卯弄傣族历史研究》，云南民族出版社，2005，第 258 页。
④ 召帕雅坦玛铁·卡章戛：《勐果占璧及勐卯古代诸王史》，龚肃政译，杨永生整理并注释，云南民族出版社，1988，第 54 页。

众人推举铎达蚌家族中血缘比较近的族侄莽莫出来继承王位。后来，王位又传给了一位小和尚。"小和尚家族的王朝一共传了十四代，先后承袭执政的二十二位国王。这个王朝统治的时代，佛法光辉普照，人民安居乐业，在傣家历史上，是一盏明亮的佛灯。"①

按照这些记载，位于今天云南德宏和缅甸掸邦伊洛瓦底江流域的"达光王国"应该是一个佛教国家。可是，马可波罗在记载"金齿"也就是德宏的傣族和缅甸北部的掸族时还说："其人无偶像，亦无庙宇，惟崇拜其族之元祖……""彼等无字母，亦无文字……"②

《百夷传》也说："其俗不祀先奉佛，亦无僧道。"说明元代直至明初，德宏傣族乃至缅甸掸族都还没有信奉佛教。

《明史·云南土司传·麓川》又记载说："平缅俗不好佛，有僧至自云南，善为因果报应之说，伦发信之，位诸部长上。"可知到思伦发时期（公元 14 世纪末），佛教仍然没有在德宏一带流行。

另外，在公元 14 世纪的缅甸碑铭中，信奉佛教的缅族人依然还在用"敌提"（ditti）这个词来称呼当时分布在缅甸北部和云南西部一带地区的傣掸民族，而"敌提"的意思就是"异教徒"。③

这些资料均表明，直到公元 13~14 世纪的时候，德宏傣族和缅甸的掸族都还没有信奉佛教，甚至还没有自己的文字，因此，公元前 425 年那个时候傣族怎么就会有了一个"国泰民安，百姓丰衣足食，佛法兴旺"或"佛法光辉普照，人民安居乐业"的"达光王国"呢？显然，这些描述是不可信的。

为了证明这个"达光王国"的存在，无论是署名为杨永生著的《傣族达光及果占璧王国研究》还是以德宏州傣学学会名义编著且正式出版的那部叫做《勐卯弄傣族历史研究》的书都把中国古籍中提到的与傣族历史并不相干的"滇越"和"掸国"扯在一起，认为"达光王国"的主

---

① 召帕雅坦玛铁·卡章戛：《勐果占璧及勐卯古代诸王史》，龚肃政译，杨永生整理并注释，云南民族出版社，1988，第 58 页。
② 《马可波罗行纪》，冯承钧译，上海书店出版社，2000，第 293 页。
③ G. H. Luce, "The Early Syam in Burma's History", Journal of the Siam Society, Vol. XLVI, Part 2, November 1958, pp. 151, 198.

体民族就是傣族先民滇越人，西汉时的"乘象国"和东汉时的"掸国"就是傣族文献中的"达光王国"。①

其实，仔细阅读了这些傣族文献中关于达光王国的故事后，熟悉缅甸历史的读者马上就会明白，所谓"达光王国"的故事，就是缅甸传说中的"太公王国"的故事。"达光"这个名称，其实就是缅甸传说中的古国"太公"（Tagaung，又拼写为 Takawng）一词的异译。说傣族在历史上曾经经历过一个"达光王国"，完全是因为不懂缅甸历史而弄出来的一个讹误。

据缅甸史籍《大史》的记载，太公是由一位来自印度迦毗罗卫（Kapilavastu，也译为迦毗罗越）的名叫阿毗罗阇（Abhi Raja）的首领在伊洛瓦底江中游建立的。阿毗罗阇有两个儿子，长子叫甘罗阇纪（Kan Rajagyi），次子叫甘罗阇额（Kan Rajange）。阿毗罗阇死后，他的两个儿子为王位继承发生了争执，于是决定用比赛修筑寺庙的方式来决定由谁继承王位。结果，聪明的弟弟甘罗阇额先建好了一座寺庙，便继承了太公的王位。哥哥甘罗阇纪只好率领着他的随从沿伊江而下，在南部的钦敦江河口处靠近格里山（Kale）的古波河谷（Kubo valley）另建了一个王国。

当时，那个地方已经生活有一些骠人（Pyu）、干漾人（Kanran）和萨人（Sak）。甘罗阇纪让他的儿子牟达悉塔（Muddusitta）去统治那些人。牟达悉塔率领随从来到了阿拉干北部的一座山上，在那里建立了他的王国。

阿毗罗阇的次子甘罗阇额统治太公后，传了 31 代。到一位叫做彬那迦（Bhinnaka）的国王统治时，太公被从东方一个叫做乾陀罗利（Gandalarit）的国家来的人毁掉了。这些人叫做"德由"（Taruk，缅语，指中国人）。太公灭亡后，国王彬那迦逃到了太公南面位于伊江西岸的一个叫做马里（Male）的地方，最后死在了那里。彬那迦死后，他的随从分成了三伙：一伙人跟随着王后那迦芯（Nagahsin）留在马里。另外一伙

---

① 杨永生：《傣族达光及果占璧王国研究》（讨论稿），德宏州傣学学会编印，2003 年 4 月，第 7～18 页。又见德宏州傣学学会编《勐卯弄傣族历史研究》，云南民族出版社，2005，第 8～12 页。

人迁徙到了格里。那里依然是太公的创立者阿毗罗阇的长子甘罗阇纪的后人统治的地盘。还有一伙人向东方迁徙,迁到掸族居住的地区去了。①

英国学者哈威在其《缅甸史》一书中也引用了另外一部缅甸史籍的记载对太公的历史作了论述:"阿婆醯罗娑(Abhiraza)与其释迦(Sakya)族人来自印度之妙德城(Kapilavastu)(亦译迦毗罗苏都),于纪元前 850 年建太公城(Tagaung),825 年建阿拉干之叫不当(Kyaukpadaung)。太公于纪元前约 600 年时为华人所毁,其民乃建旧蒲甘(Old Pagan),复向南徙,于纪元前 443 年建卑谬城,其地在竺多般大帝(Duttapaung)(纪元前 443~373 年)统治下,极为兴盛,朝廷显赫,且有佛徒三千。……至纪元后 95 年,卑谬因种族间之仇恨而被毁灭,其民迁出,于 105 年建蒲甘,乃取消其各种族之异名,嗣后统称缅人。"②

哈威这部《缅甸史》中引用的缅甸史籍与缅甸《大史》中的故事情节和人物名称都大同小异,只是在哈威的这部《缅甸史》的中文译本中,建立太公的首领"阿毗罗阇"被译写成了"阿婆醯罗娑",他的故国"迦毗罗卫"被译写成了"妙德城"或"迦毗罗苏都",毁灭太公的被缅语称做"德由"的中国人被译成了"华人"。

缅甸的《琉璃宫史》也有类似的情节。只不过,在《琉璃宫史》的中文译本中,太公的创建者又被译写为"阿毕罗阇"。按照《琉璃宫史》的记载,太公王国的国王一共传了 33 代,到末代国王"本那加罗阇"时,太公王国因遭到"乾陀罗秦国中国人"的入侵而衰落。③

对比缅甸史籍中的这几段记载,我们不难看出,虽然杨永生先生的书稿和以德宏州傣学学会名义正式出版的那部书都引以作为根据的傣族史籍《嘿勐沽勐:勐卯古代诸王史》,一开始说的有一位国王在罕萨建立了王城,以及六十三年后这个国家又在达壁另建一座新城的情节,以及另外一部译为《萨省腊莽鉴——佛法传播史》或译为《萨省腊莽鉴——佛纪中的诸王史》中提到的一些人物和地名乃至情节,与缅甸史籍中提

① Arthur Purves Phayre, "History of Burma", First published in 1883, reprinted by Orchid Press in 1998, Bangkok, Thailand, pp. 7-9.
② 戈·埃·哈威:《缅甸史》,姚梓良译,商务印书馆,1973,第 48 页。
③ 〔缅〕《琉璃宫史》上卷,李谋等译,陈炎等审校,商务印书馆,2007,第 126~131 页。

到的关于印度移民建立太公王国的故事中的人名、地名和具体情节有所不同，但还是看得出来，这两部傣族文献所说的故事显然是从缅甸史籍中提到的关于太公王国建国的故事那里演变过来的。例如，《嘿勐沽勐：勐卯古代诸王史》中提到的那位很有才能的国王"铎达蚌"和《萨省腊莽鉴——佛法传播史》或《萨省腊莽鉴——佛纪中的诸王史》中提到的"三眼王铎达蚌"，其实就是哈威《缅甸史》一书中引述的缅甸史籍中提到的"竺多般大帝"（Duttapaung）。商务印书馆 2007 年出版的由缅文译成中文的缅甸著名史籍《琉璃宫史》中也有类似的关于"太公王国"建国的传说，和很大一段关于太公王系的"竺多般王"建立和统治骠人都城室利差呾罗的故事。[①]

从这个意义上讲，杨永生先生和德宏州傣学学会的一些学者根据《嘿勐沽勐：勐卯古代诸王史》和另外一部傣族文献《萨省腊莽鉴——佛法传播史》或《萨省腊莽鉴——佛纪中的诸王史》中的记载，认为这些傣族文献中讲述的这一段故事就是关于"达光王国"的历史的说法是正确的。

只不过，所谓的"达光王国"，并不是什么傣族的王国，而是缅甸史籍中提到的"太公王国"。

其实，《嘿勐沽勐：勐卯古代诸王史》的作者一开头就告诉我们说："这本书讲的是古代勐卯附近各国王族的事迹，这些事迹多得简直无边无际。……一个勤勤恳恳而又有知识的傣家人，把这些王国的纷繁事迹归纳起来，选择了一些重要的精华，写成了这本傣家的史书。"显然，这部史籍说的是"古代勐卯附近各国王族的事迹"，而不仅是傣族的传说和历史。所以，该史籍中所说的从一位国王在罕萨建立了王城以及六十三年后这个国家又在达壁另建一座新城到铎达蚌出来继承父位，把国土拓展到了大海洋，连海洋中的龙王也不得不向他进贡美女，再到小和尚家族的这段传说，实际上说的是缅甸史籍中提到的太公王国的传说，说的是邻国缅甸的传说故事。只不过，也许是这位"勤勤恳恳而又有知识的傣家人"对缅甸史籍中关于太公的传说了解得还很不够，也许是他的即兴

发挥，原先缅甸史籍中的关于太公古国的故事，在《嘿勐沽勐：勐卯古代诸王史》中被"傣化"了。同样，在杨永生的书稿中和后来以德宏州傣学学会名义正式出版的那部书中引述的另外一部傣族文献《萨省腊莽鉴——佛法传播史》或《萨省腊莽鉴——佛纪中的诸王史》中，这个故事也被"傣化"了。所以，杨永生先生和德宏州傣学学会的其他一些学者都把它误认为是傣族的历史。

今天我们见到的傣族和周边东南亚国家的很多所谓的史籍，都是很晚近的时候撰写的。傣族的《嘿勐沽勐：勐卯古代诸王史》一书，根据该书作者自己的说法，是在"清朝乾隆皇帝登基后的第四十三年"写成的，如果真是这样的话，其成书年代也就是公元1778年。缅甸的很多史籍的成书年代也很晚。如著名的《琉璃宫史》，据考证，其原稿也不会早过16世纪。比较好一点的如《大史》（Maharazawun）和《历代名史》（Yazawin-gyaw），成书年代稍微早一点，但即使是最早的《历代名史》，其著作年代也只是可以追溯到15世纪。[①] 但不管怎么说，缅甸的史籍还是比傣族文献的年代早一点。

因此，可以肯定，杨永生的书稿和后来以德宏州傣学学会名义正式出版的那部书中被引来论述所谓的傣族"达光王国"的那些傣族文献中的故事，都是源自邻国缅甸的关于"太公王国"的传说故事。

而且，傣族文献中那些关于所谓的"达光王国"的故事和缅甸史籍中那些关于"太公王国"的故事，所反映的不仅不是傣族的历史，甚至也不是缅族的历史。

我们知道，在今天缅甸的主体民族统治缅甸以前，缅甸就已经存在着许多民族，其中在今天缅甸的南部地区主要是孟族。孟族是与高棉族有共同的渊源关系的一个古老民族。当高棉人向中南半岛南方发展的时候，孟人开始向西南方向发展。到公元初，当高棉人在今天的柬埔寨建立了他们的王国的时候，在今天的泰国南部、缅甸南部和马来半岛北部，也相继出现了一些孟人的古国。其中最早的是中国古籍中提到的公元初建立于缅甸南部的"林阳"。而缅甸的史籍提到缅族入主缅甸以前缅甸南

---

① 戈·埃·哈威：《缅甸史》，姚梓良译，商务印书馆，1973，第16～19页。

部的孟人国家中，势力最大的是一个叫做直通的王国。到公元 11 世纪中叶缅王阿奴律陀登位以后，缅族的势力向南部扩张，最后征服了直通王国。

在今天缅甸的中部和北部地区，主要的居民则是骠人。骠人在很早的时候就建立了国家，中国史书把他们建立的国家叫做"骠国"。中国史书虽然从《旧唐书》和《新唐书》中才开始为骠国立传，但实际上在唐代之前，中国人就已经知道了骠人的国家骠国。《后汉书》卷 116 "哀牢传"中说哀牢"有梧桐木华绩以为布"。唐章怀太子李贤引《广志》注云："梧桐有白者，剽国有桐木，其花有白毛，取其毛淹绩缉织，以为布也。"又《法苑珠林》卷 36 也引《广志》云："艾纳香出漂国。"这里所说的剽国或漂国，就是唐代人所说的骠国。晋代魏宏的《南中八郡志》，则已明确提到骠国，说"传闻永昌西南三千里，有骠国"。另外，《华阳国志》卷 4 "永昌郡"条说："永昌郡古哀牢国也，哀牢山名也……明帝乃置郡，……去洛六千九百里，宁州之极西南也。有闽濮、鸠獠、僄越、躶濮、身毒之民。"这里的"僄越"，有人又解读为"僄"和"越"，并认为其中的"僄"就是"骠"，即骠人。也就是说，早在汉代，永昌境内就有了骠人。

而根据缅甸考古材料，骠人出现在缅甸的历史还要更早。简尼斯在其《缅甸古代的骠人》一书中认为，早在公元前一千纪，骠人就已经出现在缅甸了，而且，在公元前 2～1 世纪的时候，他们就已经在农业经济方面如灌溉系统方面有了很大的建树。[①]

到中国唐代时，骠人建立的骠国国势达到极盛，《旧唐书》和《新唐书》均有"骠国"专条对其作了较为详实的记录。从中国史籍的记载来看，至少到公元 7 世纪时，骠国已是一个幅员辽阔的国家了。

《旧唐书》卷 197 "骠国"条说："骠国，在永昌故郡南二千余里，去上郡一万四千里。其国境，东西三千里，南北三千五百里。东临真腊国，西接东天竺国，南尽溟海，北通南诏些乐城界，东北距阳苴咩城六

---

① Janice Stargardt, "The Ancient Pyu of Burma", Vol. I, Cambridge University Press, 1991, p. 3.

千八百里。"

《新唐书·骠国传》说："骠，……在永昌南二千里，去京师万四千里。东陆真腊，西接东天竺，西南堕和罗，南属海，北南诏。地长三千里，广五千里，东北袤长，属阳苴咩城。"

樊绰在其《蛮书》卷 10 中也说："骠国在蛮界永昌城南七十五日程，阁罗凤所通也。"

综合中国史籍的有关记载，在其最强盛时期，骠国的疆域大致应是东起萨尔温江流域，西接阿拉干和今印度曼尼坡，北与南诏相邻，南邻孟加拉湾。但从缅甸的考古发掘来看，骠国的文化还传播到了今天缅甸南部的丹那沙林和西部的阿拉干地区。在这两个地方都发现有骠文化的遗迹，在阿拉干还发现有骠文碑铭。[①]

绝大多数学者都认为，骠人是一个古代藏缅语民族。缅人崛起以后，骠人逐渐从历史舞台上消失了，很有可能是被缅族等民族融合了。

因此，从缅甸早期民族史的情况来看，即便缅甸北部地区真的有一个"太公王国"，也应当是与后来的缅族有亲缘关系的骠人或其他藏缅语民族建立的，而不会是什么傣族建立的。例如，缅甸史籍中记载的"太公王国"的那位所谓的"竺多般"（Duttapaung）大帝，也就是杨永生先生在其书稿中和以德宏州傣学学会名义出版的书中都引用的傣族文献中的"铎达蚌"，不仅不是某一个傣族首领的名字，而且也不是某一个具体的缅族首领的名字，而很有可能是比缅人更早统治缅甸的骠人国王的一个称号。据英国人布莱登考证，缅甸古代骠人国王的称号为 tdaba，与Duttapaung（竺多般或铎达蚌）发音很相似。另外，在缅甸的一些地方志如《直通瑞沙延建塔志》（Thatonmyo Shwezayan Thamaing）中，"竺多般"（Duttapaung）一名也是用来作为帝王的尊衔的。[②]

缅甸史籍把缅甸古代民族骠人或孟人国王的称号说成是"太公王国"的一位国王的名字，本已荒诞。而杨永生先生和德宏州傣学学会其他一些学者又把傣族文献中被"改造"了的缅甸故事中的缅甸"太公王国"

---

① 贺圣达：《缅甸史》，人民出版社，1992，第 19~20 页。
② 戈·埃·哈威：《缅甸史》，姚梓良译，商务印书馆，1973，第 50 页。

的国王 Duttapaung（"竺多般"）译成了"铎达蚌"，并把他说成是"把国土拓展至大海洋"的傣族"达光王国"的国王，这就更加离谱了。

杨永生先生和德宏州傣学学会的一些学者用来作为傣族曾经建立过"达光王国"的资料的傣族文献《嘿勐沽勐：勐卯古代诸王史》中讲述一位小和尚继承铎达蚌家族王位时，还有这样一段故事，说"达光王国"的统治者铎达蚌家族的坦玛利王由于没有儿子，王位继承发生了危机。于是，大家只好推举铎达蚌家族中血缘比较近的族侄莽莫出来继承王位。这时，发生了这样一件事：有一天，寺里的一只灰鸡突然说人话了，它告诉佛爷长老："如果有谁吃了我的头，那他将成为这里的国王。"后来，佛爷命一位小和尚把这只鸡杀了敬佛。小和尚在把煮熟的鸡捞起来放到供盘里去时，鸡头掉到了地上。小和尚担心用沾了灰尘的鸡头供佛不虔诚，就把鸡头吃了。结果，小和尚最后应验成了国王。①

在缅甸的《琉璃宫史》中关于"太公王国"的故事里面，也有与这段关于小和尚吃鸡头后当上国王的情节几乎完全一模一样的文字。而且，缅甸《琉璃宫史》中还特别提到说，因该王并非竺多般大王的直系，乃出自旁系，故后人称其为鄂达巴。"鄂达巴"在缅甸语里就是"旁系之人"或"旁人"的意思。②

更重要的是，缅甸史籍中关于"太公王国"的那些故事，许多人都认为仅仅只是传说而已，不能当作信史。例如，在哈威之前，有一位叫做潘尔的英国人也写过一部《缅甸史》，潘尔在其《缅甸史》一书中提到了传说中的"太公王国"后接着就指出："人们很难相信刹帝利王子在缅甸建立国家的说法是历史事实，——这一说法显然是后世的国王们为了在人民中间夸耀他们的先世和维护他们的尊严而杜撰出来的。"③

哈威在其《缅甸史》一书的注释中虽然引了上面提到的缅甸史籍中关于印度人建立"太公王国"的故事，但也认为："由于古代碑铭之缺

---

① 见召帕雅坦玛铁·卡章亹《勐果占璧及勐卯古代诸王史》，龚肃政译，杨永生整理并注释，云南民族出版社，1988，第56～57页。
② 〔缅〕《琉璃宫史》上卷，李谋等译，陈炎等审校，商务印书馆，2007，第148～149页。
③ Arthur Purves Phayre，"History of Burma"，First published in 1883，reprinted by Orchid Press in 1998，Bangkok，Thailand，p. 3.

乏，缅史所称阿奴律陀以前之事迹，即无由可以取信。"① 在该书最后附录中的缅甸历朝世系表中，哈威也没有把传说中的这个"太公王国"列入。并且，他还在世系表后的文字说明中特别强调："缅甸历史年表以太公及卑谬诸人之始祖追溯至西元前九世纪，本表不备列，因无价值可言也。"②

美国学者马林夫妇在他们编的《缅甸历史文化词典》中对"太公"这个词条的解释也说道："按缅甸史籍的说法（太公）是阿毗罗阇王（King Abhiraja，即哈威《缅甸史》一书中文译本中的'阿婆醯罗娑'——引者）和（印度迦毗罗卫的）释迦（原文中为 Sakay，似应为 Sakya——引者）氏族的人于公元前 850 年在上缅甸建立的，后于公元前 600 年为中国人（Chinese）所毁。但人们认为这些年代并不可靠，它们只是后来一些作者猜测出来的。"③

那么，缅甸历史上到底有没有一个叫做"太公"的古国呢？查中国史籍，我们得知，缅甸后来的历史上倒是有一个真正的太公，不过，那不是一个王国，而只是缅甸北部的一个小镇。《元史》在记载元朝征讨缅甸的战争时提到了这个太公，说太公城是缅北的一个小城镇，是缅甸的巢穴。

《元史》卷十三《本纪》："至元二十一年（1284 年）正月丁卯，建都王、乌蒙及金齿一十二处俱降，建都先为缅所制，欲降未能。时诸王乡吾答儿及行省右丞太卜、参政知事也罕的斤分道征缅，于阿昔、阿禾两江造船二百艘顺流攻之，拔江头城，令都元帅袁世安戍之。遂遣使招谕缅王，不应；建都太公城乃其巢穴，遂水陆并进，攻太公城，拔之。"

《元史》卷一三三《也罕的斤传》也记载："诸蛮叛据建都、太公城以据大军，复遣僧谕以祸福，反为所害，遂督其军水陆并进，吉破之，建都、金齿等十二城皆降。"

由于哈威在其《缅甸史》一书中提到太公城的时候说太公是一个掸

---

① 戈·埃·哈威：《缅甸史》，姚梓良译，商务印书馆，1973，第 48 页。
② 戈·埃·哈威：《缅甸史》，姚梓良译，商务印书馆，1973，第 599 页。
③ "Historical and Cultural Dictionary of Burma", by Joel M. Maring and Ester G. Maring, The Scarecrow Press, Inc. Metuchen, N. J. 1973, p. 239.

族的名字，^① 这又成了杨永生先生和德宏州傣学学会的其他一些学者的另外一个证据，他们据此认为太公是傣族的城市，并反过来说缅甸史籍中提到的太公古国就是傣族历史上的"达光王国"。^②

但是，我们看到，《元史》在提到太公城时，只是说太公当时是缅甸的巢穴，后为元军攻陷。当地依附缅甸的建都、乌蒙、金齿等都投降了元朝，并没有特别说是哪个民族的城市。

《元史》中提到的这个真实的太公城是在什么时候建立的，没有资料记载。从在太公城所在地区的遗址发现的碑铭来看，当地碑铭上的文字均是10世纪以后北印度使用的文字。^③

美国学者马林夫妇合编的《缅甸历史文化词典》中收录有"太公"（Tagaung）这个词条，该词典对"太公"的解释是："位于伊洛瓦底江流域中游的一个掸族和骠族混居的王国（a mixed Shan and Pyu kingdom）的遗址……"^④ 马林夫妇在这个词条中并没有把太公说成是"一个掸族和骠族混居的王国的遗址"的根据是什么，我猜想，是不是在他们接触到的资料中，关于太公的一些传说与骠人有联系，而他们又觉得哈威所说的太公这个名字是掸族名字的说法也有道理，所以对太公作了这样一个解释。当然，这只是笔者的猜想。

不管怎么说，笔者认为，如果说后来《元史》提到的这个太公真是一个掸族的名字的话，那也只能说太公这个名字是傣掸民族后来占据了这个地方以后才出现的。因为，在骠国时代，没有任何可靠的资料说伊洛瓦底江流域中游地区就已经有了傣族或掸族的活动。

《新唐书·骠国传》说，骠国在其强盛的时候有18个属国、9个城镇和298个部落，并列举了这些属国、城镇和部落的名字。^⑤ 在骠国的9个

① 戈·埃·哈威：《缅甸史》，姚梓良译，商务印书馆，1973，第40页。
② 杨永生：《傣族达光及果占璧王国研究》（讨论稿），德宏州傣学学会编印，2003年4月，第11~12页。又见德宏州傣学学会编《勐卯弄傣族历史研究》，云南民族出版社，2005，第19页。
③ 戈·埃·哈威：《缅甸史》，姚梓良译，商务印书馆，1973，第33页。
④ "Historical and Cultural Dictionary of Burma", by Joel M. Maring and Ester G. Maring, The Scarecrow Press, Inc. Metuchen, N. J. 1973, p. 239.
⑤ 见《新唐书》卷222下《骠国传》。

城镇中，有一个的名字叫做"悉利移"。伯希和在其《交广印度两道考》中对骠国的这些属国、城镇和部落进行了考证后认为，这个"悉利移"的所在地就在后来的太公城的所在地。[①] 可见，在骠国最强盛的公元 8 ~ 9 世纪时期，后来的太公城这个地方甚至根本就不叫太公。显然，太公这个名字是后来才出现的。

如果我们只是从哈威《缅甸史》的中文译本的文字和美国学者马林夫妇编的《缅甸历史文化词典》中的英文文字来看，还看不出什么问题来。但是，如果看看缅文的有关记载，我们就会发现问题的所在。在哈威之前写过一部《缅甸史》的潘尔在其书中引用了缅甸史籍《大史》的关于"太公王国"的记载，就为我们探索"太公王国"的问题提供了一条线索。根据其所引用的这部叫做《大史》的缅甸史籍的记载，太公是被从东方一个叫做乾陀罗利（Gandalarit）的国家来的人毁掉的。这些人叫做"德由"（Taruk，缅语，指中国人）。[②]

这是一条揭开"太公王国"真相的重要线索。缅甸史籍中所谓太公被称为"德由"的中国人所灭一事，反映的应当是 13 世纪元朝征讨缅甸蒲甘王朝时期的事。因为，"德由"一词实际上是"突厥"一词的译音。当时，缅甸蒲甘王朝的军队聚集在太公城一带与元朝军队作战。据说是元军的先头部队有一些来自中亚的被称为 Turkic（即突厥人）的人，也就是中国史籍中所说的"色目人"或"回回"，他们就是今天云南回族的先民，缅语把 Turkic 这个词写成了 Taruk，而在缅语的口语发音中，字母 r 往往发音为 y，而末尾的 k 在缅语中又基本不发音，所以，"突厥"一词按缅语的发音来读便成了"德由"。元缅战争以后，这个词就被缅甸人用来泛指所有的中国人。[③] 这就是今天缅甸人把中国人叫做"德由"的由来。

也就是说，今天所有的中国人之被缅甸人称为"德由"，是从元朝征

---

① 转引自陈序经《藏缅古国初释》，自印本，第 42 页。

② Arthur Purves Phayre，"History of Burma"，First published in 1883，reprinted by Orchid Press in 1998，Bangkok，Thailand，p. 9.

③ Sao Saimong Mangrai，"The Shan States and the British Annexation"，Cornell University，Second Printing，1969，p. 36.

讨缅甸以后开始的。在元朝征讨缅甸之前，缅甸人并不知道也没有接触过"突厥人"，也就是缅语发音为"德由"的人，更不会把中国人叫做"德由"。

因此，缅甸史籍中所说的太公在公元前 600 年左右被叫做"德由"的中国人或华人所毁灭的事，其实就是公元 13 世纪元军攻陷蒲甘王朝的北部边塞太公城的事。只不过，在后来编撰的那些缅甸史籍中，这件事被扯得很久远。以至于后来的一些学者把其发生的年代推到了公元前 600 多年去了。众所周知，公元前 600 年左右，"突厥"这个名称恐怕都还没有出现，哪里来的突厥人（即德由）或叫做"德由"的中国人去毁灭那个"太公王国"？

商务印书馆出版的《琉璃宫史》的中文译者把入侵太公的人翻译成"乾陀罗秦国中国人"，本身就是一个误译，因为，译者在注释这个"乾陀罗秦国"时，标注出的缅文拉丁化拼音是 Gandhalaraj。① 这个 Gandhalaraj 只能翻译成"乾陀罗"，并没有"秦国"的意思。而在古代印度和东南亚诸国，"乾陀罗"指的也不是秦国或中国其他地方，它只是云南的梵化名称。具体地说，它只是古代印度和东南亚诸国对大理国的专称。② 公元 13 世纪元朝征讨缅甸攻陷太公城的军队正是来自云南。所以，所谓太公国被"乾陀罗秦国中国人"入侵的事件，说的也就是公元 13 世纪元朝军队从云南进入缅甸并攻陷太公城这件事。

其实，很早就有人指出了这一点。安德森在《从曼德勒到勐缅》一书中描述他们经过太公遗址时，也曾经引用了一段缅甸史籍中关于太公王国的记载。他引用的那部史籍中关于太公王国建国的故事与前面提到的几部史籍中的记载基本上是一致的，只是在论述太公王国灭亡的情况时，安德森的原话是：太公王国是被从"坎达哈"（Kandahar）来的一些"鞑靼人和中国人"摧毁的。③ 我们不知道安德森论述这一段故事时引

① 〔缅〕《琉璃宫史》上卷，李谋等译，陈炎等审校，商务印书馆，2007，第 128 页。
② 方国瑜：《中国西南历史地理考释》上册，中华书局，1987，第 434~435 页。
③ John Anderson，"Mandalay to Momien：A Narrative of the Two Expeditions to Western China of 1868 and 1875"，Mcmilan，1879，p. 28.

用的到底是哪一部缅甸史籍，但是，有两点值得注意：第一，他说灭太公王国的人是从"坎达哈"来的。这个"坎达哈"就是"乾陀罗"的另外一种写法，指的也就是云南。① 第二，这些从坎达哈即乾陀罗也即云南来灭亡太公王国的人被翻译成了"鞑靼人和中国人"。而鞑靼人从云南入侵太公一事，就是元朝入侵缅甸和摧毁太公这次事件。安德森在讲述了这件事以后还特别提到说，这一事件可能发生在公元以前，但马森博士则认为，这件事肯定是发生在鞑靼人征服巴克特里亚以后。②

哈威在其《缅甸史》的附录中说明不把太公的传说列入缅甸的王朝世系时就认为："太公、卑谬与蒲甘，想系同时存在者，而史家则分列前后，欲使其世系追溯至上古时代耳。"③

说缅甸在公元前 9 世纪就出现了一个所谓的"太公王国"，只不过是一些学者根据缅甸史籍中的记载所作的推测而已，并没有可靠的证据。缅甸史籍中关于"太公王国"的传说本已荒诞，而把傣族文献中转述缅甸史籍中关于太公的传说当作信史，再来证明傣族历史上建立过一个"达光王国"，就更是荒诞无稽了。

由于《嘿勐沽勐：勐卯古代诸王史》在讲述完小和尚家族统治结束后，接着便开始讲述蒲甘国的故事。④ 而杨永生先生在其书稿中引述的另外一部傣族文献《萨省腊莽鉴——佛法传播史》在叙述"达光王国"的结局时更具体地说：该王国到了唐玛估戛时，出兵征讨戛阿腊国，夺得腾塔腊之地，并将一尊纯金巨佛像损毁运回，于是国运逐渐衰落。到尚移达（原文如此，疑为尚穆达——引者）时，国内已经大乱。细明三尚占据勐约及以西的东润；戛领果占据夺旺、巴果；"养楞"（黄养）人也北上占据奠莫、东帕。尚穆达虽然迁都札古札良，重振朝纲，但已无济

① John Anderson, "Mandalay to Momien: A Narrative of the Two Expeditions to Western China of 1868 and 1875", Mcmilan, 1879, p. 27.

② John Anderson, "Mandalay to Momien: A Narrative of the Two Expeditions to Western China of 1868 and 1875", Mcmilan, 1879, p. 27.

③ 戈·埃·哈威：《缅甸史》，姚梓良译，商务印书馆，1973，第 599 页。

④ 见召帕雅坦玛铁·卡章蔑《勐果占璧及勐卯古代诸王史》，龚肃政译，杨永生整理并注释，云南民族出版社，1988，第 58 页。

于事，于是只得再次南迁坐镇补甘姆。① 所以，杨永生先生认为，"补甘姆是达光王南下建立的王朝"。② "补甘姆（Bugam）王朝是达光王国的一个王朝……"③

补甘姆在哪里呢？杨永生先生认为："补甘姆是傣语 Bugam 的音译，实应读作'补甘姆'。由于该国的王城建立在补甘姆，人们就以此为国名。其地即缅甸中部的蒲甘。原为傣语地名，一直读作'补甘姆'。但至公元 9 世纪后，缅族在这一带出现，并于公元 1044 年（佛历 1138 年）由缅族的阿奴律陀（傣语称洛拉塔）在此建立缅甸的蒲甘王国后，便按缅族的发音读作 Pagan 即蒲甘。两个不同民族在两个不同时期在同一地址建立完全不同的两个王国。地名也就由'补甘姆'转变而为'蒲甘'。"④

杨永生先生还强调说："补甘姆在历史上曾为两个古国的首都，一个是公元 223～586 年的傣族的补甘姆王朝，在此历时 354 年；另一个是公元 1044～1287 年的缅族蒲甘王国，在此历时 244 年。两个不同民族的王国之间相距 458 年，使补甘姆经历了漫长的荒芜岁月。但是，有许多学者都把补甘姆（Bugam）和蒲甘（Pagan）混淆起来，而将傣族和缅族的政权都同称为蒲甘王国，并以'新'和'旧'来区分。哈威在他的《缅甸史》中，就把公元 3～6 世纪的傣族王国称为'旧蒲甘'；而将公元 11～13 世纪的缅族王国称为'新蒲甘'。"⑤

在以德宏州傣学学会名义出版的《勐卯弄傣族历史研究》一书中，也有相同的论述，只不过比杨永生先生书稿中的论述简约了一些。⑥

---

① 杨永生：《傣族达光及果占璧王国研究》（讨论稿），德宏州傣学学会编印，2003 年 4 月，第 3 页。
② 杨永生：《傣族达光及果占璧王国研究》（讨论稿），德宏州傣学学会编印，2003 年 4 月，第 35 页。
③ 杨永生：《傣族达光及果占璧王国研究》（讨论稿），德宏州傣学学会编印，2003 年 4 月，第 39 页。
④ 杨永生：《傣族达光及果占璧王国研究》（讨论稿），德宏州傣学学会编印，2003 年 4 月，第 37 页。
⑤ 杨永生：《傣族达光及果占璧王国研究》（讨论稿），德宏州傣学学会编印，2003 年 4 月，第 43 页。
⑥ 德宏州傣学学会编《勐卯弄傣族历史研究》，云南民族出版社，2005，第 22～29 页。

这又是一个荒诞的论断。

　　事实上，所谓旧蒲甘，是国外一些学者根据缅甸史籍的记载推出来的。一般认为，缅甸的蒲甘王朝建立于公元 9 世纪。但是，缅甸的一些史籍在讲述太公的故事的时候，也提到了蒲甘。有一部缅甸史籍说，在佛陀依然还在世的时候，从印度恒河流域又迁来了一批属于刹帝利种姓的移民，他们在一位叫做达娑罗阇（Daza Raja）的首领的带领下，在伊洛瓦底江以东的一个叫做毛利雅（Mauriya）的地方定居下来。后来，达娑罗阇又迁到了马里，并娶了居住在那里的太公最后一位国王彬那迦的遗孀那迦芯。然后，他们一道北上，在太公城遗址附近又建了一座城市，这就是老（旧）蒲甘城。①

　　哈威在其《缅甸史》一书中也引用一部缅甸史籍的记载论述说："太公于纪元前约 600 年时为华人所毁，其民乃建旧蒲甘（Old Pagan），复向南徙，于纪元前 443 年建卑谬城，其地在竺多般大帝（Duttapaung）（纪元前 443～373 年）统治下，极为兴盛，朝廷显赫，且有佛徒三千。……至纪元后 95 年，卑谬因种族间之仇恨而被毁灭，其民迁出，于 105 年建蒲甘，乃取消其各种族之异名，嗣后统称缅人。"②

　　另外，一般认为，公元 1044 年阿奴律陀登基后创建的缅甸历史上第一个统一的王朝蒲甘王朝的历史可以追溯到公元 9 世纪。但是，据缅甸一些史书的记载，公元 9 世纪的蒲甘是由一位叫做良宇修罗汉的缅王统治着。而良宇修罗汉以前，蒲甘已经经历了 37 位国王的统治。缅甸学者德钦耶宁推算认为，自达牟梯利王开始到良宇修罗汉登位时为止，共经历了 542 年。反过来说，从公元 9 世纪在蒲甘登位的缅王良宇修罗汉往前推 542 年到达牟梯利王以及达牟梯利王之后的骠苴低，时间应该在公元 4 世纪。③ 而按照哈威的推算，骠苴低即位的年代更早，是公元 167 年。④

---

① Arthur Purves Phayre, "History of Burma", First published in 1883, reprinted by Orchid Press in 1998, Bangkok, Thailand, p. 9.

② 戈·埃·哈威：《缅甸史》，姚梓良译，商务印书馆，1973，第 48 页。

③ 〔缅〕德钦耶宁：《达牟梯利王以前的蒲甘有缅族吗？》，李孝骧译，载云南省东南亚研究所《东南亚资料》1981 年第 3 期。

④ 戈·挨·哈威：《缅甸史》，姚梓良译，商务印书馆，1973，第 597 页。

缅甸史籍中传说的自达牟梯利王开始到良宇修罗汉登位时为止的这542年，就是所谓的"老蒲甘"时期。只不过，杨永生先生和德宏州傣学学会的其他一些学者根据傣族的文献，把时间定在了公元233年，并把这个传说中更早的时期说成是傣族"达光王国"的"补甘姆"王朝时期。①

其实，在1988年由云南民族出版社出版的一部由龚肃政先生翻译、由杨永生先生整理并注释的叫做《勐果占璧及勐卯古代诸王史》傣族文献中，许多地方都提到了蒲甘国，例如，其中一份叫做《嘿勐沽勐：勐卯古代诸王史》的文献在讲述完小和尚家族统治结束后，接着便开始讲述蒲甘国的故事。在另外一部名为《银云瑞雾的勐果占璧简史》的傣族文献中，也有许多篇幅讲述蒲甘国的故事。在这部以《勐果占璧及勐卯古代诸王史》为名的包含了两份傣族文献的汉译本中，蒲甘都是译成了蒲甘。而且，这里所说的蒲甘，确实也就是缅甸蒲甘王朝。例如，文献中提到的后来继承蒲甘王位的"洛拉塔"，就是公元1044年继承缅甸蒲甘王朝王位并最终统一了缅甸的阿奴律陀（Anawrahta）。② 文献中还提到许多蒲甘与"放摆"（即中国）之间的关系的故事，这些故事发生的时间也多是在中国的元朝时期。例如，说"放摆"皇帝的使者到蒲甘后由于不行跪拜礼而被蒲甘王所杀以及"放摆"皇帝派军队远征蒲甘等情节，都是与中国元朝打交道并发生过战争的那个缅甸的蒲甘王朝。③ 杨永生先生在对这部包括两份傣族文献的以《勐果占璧及勐卯古代诸王史》为名的书涉及蒲甘的地方所作的所有注释中，都说这个蒲甘就是缅甸的蒲甘。④

---

① 杨永生：《傣族达光及果占璧王国研究》（讨论稿），德宏州傣学学会编印，2003年4月，第35页。又见德宏州傣学学会编《勐卯弄傣族历史研究》，云南民族出版社，2005，第22页。

② 召帕雅坦玛铁·卡章戛：《勐果占璧及勐卯古代诸王史》，龚肃政译，杨永生整理并注释，云南民族出版社，1988，第64页注释。

③ 召帕雅坦玛铁·卡章戛：《勐果占璧及勐卯古代诸王史》，龚肃政译，杨永生整理并注释，云南民族出版社，1988，第67~73页。

④ 见召帕雅坦玛铁·卡章戛《勐果占璧及勐卯古代诸王史》，龚肃政译，杨永生整理并注释，云南民族出版社，1988，第29~32、58~73页注释部分。

但是，杨永生先生在后来撰写的《傣族达光及果占璧王国研究》这部书稿和以德宏州傣学学会名义出版的《勐卯弄傣族历史研究》一书中，引用《勐果占璧及勐卯古代诸王史》中的那份叫做《嘿勐沽勐：勐卯古代诸王史》的文献，讲述完小和尚家族统治结束后接着便开始讲述蒲甘国的故事作为傣族"补甘姆"王朝建立的依据时，却硬要把原汉译本中的"蒲甘"这个名字写作"补甘姆"，以示是与后来缅族的蒲甘不同的另外一个更早的傣族的王朝。①

其实，杨永生先生和德宏州傣学学会其他一些学者根据傣族文献弄出来的这个"补甘姆"的那些"历史"，就是缅甸史籍中的一些关于缅甸蒲甘王朝建立之前的传说故事。

例如，傣族文献《萨省腊莽銮——佛法传播史》说：达光王尚穆达来补甘姆后，不尊崇佛法，于是国内出现了野猪、巨鸟和巨龟为害，国人不堪其苦。后来，龙女和太阳神苏利亚相爱生下三个神蛋。由于太阳神久不回归，龙女气愤已极，将三个神蛋甩抛出去，其中一个落在农家，被孤独老夫妇收藏。佛历 700 年（公元 156 年）傣历 250 年，农家收藏的神蛋破裂，走出一个聪明俊俏的小男孩，老夫妇如获至宝，精心抚养，取名为贡玛法。贡玛法长大以后，得天神赐给的神弓、宝剑，遂出来为民除了三害，被拥立为国王。②

杨永生先生和德宏州傣学学会的其他一些学者都认为，上面这个故事说的就是傣族"达光王国"后期的"补甘姆王朝"建立的事。并根据这些故事串出了一个"补甘姆王朝"的建立过程。③

查一查缅甸的史书，我们就会发现，傣族文献中的这个故事，就是源自缅甸史籍中的故事。例如，有一则缅甸神话说：太阳神的儿子与龙

---

① 杨永生：《傣族达光及果占璧王国研究》（讨论稿），德宏州傣学学会编印，2003 年 4 月，第 35 页。

② 杨永生：《傣族达光及果占璧王国研究》（讨论稿），德宏州傣学学会编印，2003 年 4 月，第 37 页。又见德宏傣学学会编《勐卯弄傣族历史研究》，云南民族出版社，2005，第 23～24 页。

③ 杨永生：《傣族达光及果占璧王国研究》（讨论稿），德宏州傣学学会编印，2003 年 4 月，第 37～38 页。又见德宏傣学学会编《勐卯弄傣族历史研究》，云南民族出版社，2005，第 23～24 页。

女恋爱，龙女怀孕后，太阳神的儿子抛弃了她。她由于悲伤之故，便把产下的龙蛋抛入江中。当龙蛋漂流到良宇码头时，被骠族老夫妻捞获，于是产生了骠苴低。①

缅甸《琉璃宫史》中也有一段与此几乎完全一样的描述，只是，在商务印书馆 2007 年出版的这部《琉璃宫史》的中文译本中，"骠苴低"被译为了"骠绍梯"。②

另外，在《缅甸大史》《蒲甘史》《古蒲甘史》和《琉璃宫史》等许多缅甸的史籍中，也都有与杨永生先生引用的一部叫做《萨省腊莽銮——佛法传播史》的傣族文献说的野猪、巨鸟和巨龟为害的故事情节相似的故事。只是这些缅甸史籍中，祸害人民的都是大猪、巨鸟、恶虎和飞鼯这"四害"，③ 而到了傣族文献里则变成了野猪、巨鸟和巨龟这"三害"。

这些只是缅甸史籍中提到的关于蒲甘王朝建立以前的一些传说故事。虽然傣族文献中的故事与缅甸史籍中的故事在情节和具体内容方面并不完全一样，但是，我们依然可以看出，傣族文献中说的那些故事，就是缅甸史籍中提到的这些传说故事的翻版。

这些传说故事虽然荒诞不经，但是，缅甸有一些学者依然认为它反映了蒲甘王朝建立以前的一段历史。例如，缅甸学者德钦耶宁认为："古代碑铭和现有史料充分说明达牟梯利王在壅鲁遵地区已经建立了王国，统治着十九个部落，七十八个城镇，一千个村庄。我们惊奇而明显地发现在达牟梯利王统辖的十九个部落头人的住地中，有十四个村庄名称直到现在仍然是缅族名称，一点也没有改变。"④

德钦耶宁所说的缅甸史书记载的这 14 个村庄是：良宇、那伽吉、那伽波、皎沙伽、良温、德桑遵、伊瓦孟、枸郭、当巴、弥开敦、达耶亚、翁米亚、雍鲁遵、伊瓦赛。

---

① 〔缅〕登貌：《蒲甘时期的文化》，载云南省社科院东南亚研究所《东南亚》1981 年第 4 期。
② 《琉璃宫史》上卷，李谋等译，陈炎等审校，商务印书馆，2007，第 157~166 页。
③ 《琉璃宫史》上卷，李谋等译，陈炎等审校，商务印书馆，2007，第 158~159 页。
④ 〔缅〕德钦耶宁：《达牟梯利王以前的蒲甘有缅族吗?》，李孝骥译，载云南省东南亚研究所《东南亚资料》1981 年第 3 期。

德钦耶宁认为，这 14 个村庄的名称都是缅族的，并对其中一些名称进行了解释，如良宇的含义是榕树前或榕树头的村庄。而当巴一词中的"巴"，在缅语中的意思是消失，"当巴"就是"山脉消失"或"山外"的意思。所谓雍鲁遵的"遵"，在缅语中有两个含义，一是指岛屿，另外一个含义是指草深林密的地方。至今蒲甘地区的农民在山上开荒种地时仍习惯于把伐木开荒叫伐"遵"，放火烧枝叶叫烧"遵"。譬如，蒲甘东南 28 英里（距伊洛瓦底江亦为 28 英里）的山冈上有一村庄名叫遵钦枝，是古代沿袭下来的叫法，含"大山岭"之意。因此，雍鲁遵也是一个草深林茂之地，这十足是缅族名称，这个村庄现在仍然还在，在距伊洛瓦底江 7 英里的一个地方。翁米亚村也是一个缅族名称，含有"蜂窝多"之意，位于稍埠的东边，直到今天仍然如此称呼。因此，德钦耶宁认为："根据达牟梯利王到蒲甘以前，即蒲甘城建立以前就已有用缅族名称命名的村庄存在这一事实看来，达牟梯利王以前缅族早就存在了，这是毫无疑义的。早已存在的缅族具有高度文化，这可从村庄名称和命名的情况得到印证。"①

另外，缅甸史书还记载说，骠苴低以后五世国王的名字依次是：低蒙苴、苴蒙伯、伯梯利、梯利江、江兜立。缅甸学者登貌认为："如果我们注意一下骠苴低和骠苴低之后低蒙苴、苴蒙伯、伯梯利、梯利江、江兜立等五世国王的名字，那么就会发现一个特点，即父子连名制。我们认为这是十足的缅族名字。"②

缅族到底是在什么时候出现在缅甸的？人们对这个问题一直有不同的看法。按照缅甸学者的观点，这些故事所反映的都是蒲甘王朝建立以前缅族的历史。

因此，傣族文献中所说的那些关于"蒲甘姆"或"补甘姆"即蒲甘的故事，即便反映了某种历史的真实的话，反映的也是缅族的历史，而

---

① 〔缅〕德钦耶宁：《达牟梯利王以前的蒲甘有缅族吗？》，李孝骥译，载云南省东南亚研究所《东南亚资料》1981 年第 3 期。

② 〔缅〕登貌：《蒲甘时期的文化》，李孝骥译，载云南省东南亚研究所《东南亚资料》1981 年第 4 期。在商务印书馆出版的《琉璃宫史》中译本中，这几个名字分别被译为"梯明尹""尹明拜""拜丁里""丁里姜""姜都律"。见〔缅〕《琉璃宫史》上卷，李谋等译，陈炎等审校，商务印书馆，2007，第 169～173 页。

不是傣族的历史。

杨永生先生在《傣族达光及果占璧王国研究》中论述傣族的"补甘姆王朝"灭亡时还引述了一段《萨省腊莽銮——佛法传播史》的记载：贡玛法王族传到第 31 世时，国内又开始混乱起来，各地盗贼纷扰，灾害连绵。不久，第 32 世洛拉玛化继承王位，他决心以法治国，制定了严禁偷盗的四条法令，写成布告张贴到全国各地的村庄，就连最边远的"傣养"（养人）村寨也没有遗漏。不久，国王带领大臣和侍卫出巡狩猎。国王发现一只神鹿，便纵马加鞭，穷追不舍，而脱离了自己的队伍。也许由于过分口渴，国王竟忘记了自己制定的严厉法令，下马偷摘路边的甜瓜解渴，不料被园主养族人布栋素发现，急奔过来一锄头将其敲死。大臣和侍卫赶到时，只见已死的国王口中还衔着甜瓜。事情已经非常清楚，大臣们都认定这完全是天意，于是只得拥立养族的布栋素为补甘姆的国王。杨永生先生因此断定："大傣人"的补甘姆王朝结束了。①

实际上，这还是一个源自缅甸的故事。例如，缅甸史籍《琉璃宫史》在叙述蒲甘的国王登科（Theinkho，旧译梯因屈）之死和良吴苏罗汉（Nyaung U Sawrahan，旧译良宇修罗汉）继承登科当国王时的故事就有相似的内容：

缅历 277 年（公元 915 年）色雷鄂圭之子登科即位。25 岁登基，在位 16 年，终年 41 岁。死因是：该王进山狩猎，腹饥，到农夫黄瓜地中摘瓜吃。因未征得农夫同意，被农夫用锄柄打死。后来，打死国王登科的农夫良吴苏罗汉被拥立为国王。②

另外，在一个叫做《都昙摩沙利公主》的缅甸神话中，也有极其相似的故事。③

与缅甸的文献相对照，我们便不难看出，傣族文献中的关于"补甘姆王朝"结束的这个故事，其实就是源自缅甸史籍《琉璃宫史》或者叫做《都昙摩沙利公主》的缅甸神话中关于蒲甘王朝的良宇修罗汉或良吴

① 杨永生：《傣族达光及果占璧王国研究》（讨论稿），德宏州傣学学会编印，2003 年 4 月，第 37 页。
② 〔缅〕《琉璃宫史》，李谋等译，陈炎等审校，商务印书馆，2007，上卷，第 186～187 页。
③ 戈·埃·哈威：《缅甸史》，姚梓良译，商务印书馆，1973，第 62 页。

苏罗汉继承梯因屈或登科当国王的故事。尽管傣族文献中的这个故事被"傣化"了，在具体情节方面也与缅甸史籍中的这个故事有所不同，但说的都是以缅甸蒲甘王朝为背景的故事，而不是傣族的"补甘姆王朝"结束的故事。

事实上，据考证，蒲甘一名，源于 Pyu Gama，意思是"骠人的村庄"。[1] 以后，缅人发音时把它读为 Pugan，英文拼写又写成了 Pagan。很可能，这个地方原来是骠人居住的地方，后来才为缅人占据，并把它变成了缅人的都城。

蒲甘原来的名称是 Pyu Gama，但由于缅语中没有 m 结尾的发音，所以把它读为 Pugan，英语又按缅语的发音写成了 Pagan。而由于傣语中有 m 结尾的音，所以，在读蒲甘一词时，又把它发音为 Bugam，杨永生先生为了使它同蒲甘相区别，再把它译成了"补甘姆"，如此而已。"补甘姆"就是缅甸的蒲甘，它的历史是与骠人和缅人联系在一起的，与傣族一点关系都没有。

总而言之，傣族文献中关于所谓的"达光王国"的那些记载，实际上就是流传到傣族地区并被"傣化"后写进了傣族文献的一些缅甸史籍中关于缅甸历史上的"太公王国"的传说故事，这些记载本身就不是信史，它们只是以后来中国元朝时期的太公为背景的一些传说故事，并不能说明缅甸更早的时候真的就有一个太公王国。至于把傣族文献中的这些故事用来证明中国云南德宏州的傣族和邻近的缅甸掸族在历史上真的建立过一个延续了一千多年的"达光王国"，更是把本来就不是信史的关于缅甸"太公王国"的传说故事"缅冠傣戴"了。

---

① 李谋、李晨阳：《骠人族属探源》，载《北京大学学报》1997 年第 3 期。

|第|六|章|

傣泰民族发祥地再探

　　既然目前的考古材料并不能够证明傣泰民族是他们今天居住的这些地方的土著，一些学者常常用来证明傣泰民族的先民很早就在当地建立国家的我国史书中提到的那些古国又与泰老民族的历史无关，早先被一些学者写入傣族历史的"蓬国"则是一位对傣掸民族历史一无所知的英国军官弄出来的一个实际上并不存在的所谓的"古国"，而新近被写进傣族历史的"达光王国"则是一个把缅甸传说中的"太公王国"张冠李戴地弄成傣族古国并写入傣族历史的一个讹误，那么，傣泰民族的历史就有了重新认识的必要。

　　一般认为，傣族及与之有关的境外掸族、老族、泰族均由古代的"百越"族群演化而来，这应该是没有什么争议的。

　　我们知道，"百越"是古代活动在我国东南沿海和南方地区的一个族群。周代时，越族建立了有名的吴国和越国。周元王时，吴并于越。周显王时，越为楚所灭。越国灭亡后，越人群龙无首，进一步分化为众多支系，遂被称为"百越"。百越的分布区域很广，唐颜师古认为，长江下游往南至今越南北部，均为"百越杂处之地"。其中记载比较明确的有句吴、于越、东瓯、闽越、南越、西瓯、骆越等。

　　可是，现在中国傣族及缅甸掸族乃至老挝的老族、泰国的泰族等傣泰民族的主要聚居区与史书记载的"百越"区域相距这么远，他们与百越之间会有一种什么样的联系呢？这里首先涉及的一个问题就是，云南特别是现在傣族的主要聚居区西双版纳和德宏以及境外中南半岛是不是也是古越人的分布区？或者说，云南及境外中南半岛中西部地区在我国史书提及早期"百越"族群的这个时期是不是也有属于"越"的人群？从近几十年的研究情况来看，许多学者都倾向于这一观点，认为云南和中南半岛同华南地区一样，也是越人的分布区之一，傣族和中南半岛的其他泰语民族就是他们今天所居住的这个地方的土著。

从现有史书中关于"百越"的记载来看，对居于最偏西南地区的"越"人，记载得比较清楚的应是与东南越地相接的西瓯和骆越。《汉书·地理志》载："粤地，牵牛、婺女之分野也。今之苍梧、郁林、合浦、交趾、九真、南海、日南、皆粤分也。"

西汉的苍梧、郁林、合浦三郡，在今粤西和广西，南海郡在今广东，交趾、九真、日南三郡在今越南北部和中部。以上地区，均为越人所居。据《史记·南越列传》记载：汉初以番禺（今广州）为中心的南越王国，以"财物赂遗闽越、西瓯、骆，役属焉，东西万余里"。南越王赵陀言："（南越）其西瓯、骆、裸国亦称王。"

在由今闽北至越南中部"东西万余里"的区域内，居住着闽越、南越、瓯、骆这几个百越的支系。瓯、骆位于南越的西面。西汉贾谊说：秦始皇"南取百越之地，以为桂林、象郡"。[①]唐李吉甫言："贵州（唐置，治今广西贵县），本西瓯、骆越之地。秦并天下置桂林郡。"[②]秦桂林郡、象郡包括今广西全境和粤西南、黔东南的一部分。这一地区的主要居民当即瓯（西瓯）、骆（骆越），而且瓯骆在秦并天下之前，已居住在当地。

又据《后汉书·马援传》记载：马援征交趾，"与越人申明旧制度以约束之，自后骆越奉行马将军故事"。马援"于交趾得骆越铜鼓，乃铸为马式，还上之"。《后汉书·任延传》记载：九真郡"骆越之民无嫁娶礼法"。据此可知。在今越南北部地区，亦有不少骆越人居住。

在骆越的西面和西北面，即今中南半岛中西部和云、贵、川一带，

① （汉）贾谊撰《新书校注》，阎振益、钟夏校注，中华书局，2000，第一卷，《过秦上》，第2页。
② 《元和郡县图志》卷38，岭南道五，中华书局，1983，第947页。

情况就比较复杂了。在云、贵、川一带，先秦至汉代活动着几个较大的部落如夜郎、滇和邛都等。这几个部落的族属，目前尚有争议。如方国瑜先生即认为，夜郎就是后来的"僚"。① 但也有人认为其主要居民是"濮"。②

据《华阳国志·南中志》记载：汉武帝开牂牁郡，因斩竹王，"后夷濮阻城，咸怨诉竹王非血气所生，求立后嗣"。竹王即夜郎王，其民既称"夷濮"，夜郎部落似应为濮人族群。但是，《后汉书·西南夷传》又说："夷僚咸以竹王非血气所生，甚重之，求立为后。"这里提到的是"夷僚"，似乎又应是傣语民族的先民。或许，夜郎地区是一个"夷濮"和"夷僚"杂居的地区，这两个族群的人都有。

在云南的东南部至南部边境地带的居民则主要是濮人。《逸周书·商书·伊尹朝献》中提到南方的"产里、百濮"。或以为产里即车里，即今云南西双版纳。如果是这样，则说明这一带地区早先也是濮人居住的地区。

又《汉书·地理志》载："仆水出徼外，东南至来唯入劳。""牛兰山，即水所出，南至双柏入仆"。"贪水首受青蛉，南至邪龙入仆"。

"仆水"，《华阳国志·南中志》作"濮水"，也就是今天的元江。元江为何叫"仆水"？朱希祖《云南濮族考》说："余谓仆族因仆水而得名，不如谓仆水因仆族而得名，犹僰道因僰族而得名也。"③ 既然元江是因为它流经濮（仆）人居住的地区而叫"仆水"，说明早在先秦时期，元江（仆水）两岸就居住着许多濮人的部落。

《华阳国志·南中志》又说："永昌郡……有大竹名濮竹。"永昌郡一些地方出产的"大竹"叫做"濮竹"，大概也是因为这种竹子产于濮人居住区而得名，说明永昌地方在先秦时期也是濮人分布区。

《华阳国志·南中志》还说："南域处邛笮五夷之表，不毛闽濮之乡。""邛笮五夷之表"，是指邻近邛、笮地区的氐羌部落集团居住区范围以外的"边外地区"，也就是云南边地的濮人居住区。同书又说："句町

① 方国瑜：《中国西南历史地理考释》上册，中华书局，1987，第 11 页。
② 方铁：《百越在西南地区的分布新议》，载《思想战线》1993 年第 6 期。
③ 转引自秦钦峙、赵维扬主编《中南半岛民族》，云南人民出版社，1990，第 321 页。

县，故句町王国名也。其置自濮，王姓毋，汉时受封迄今。"句町县在今云南文山州境，属于边地，也是濮人地区。

又《左传·文公十六年·疏》引杜预《春秋释例》说："建宁郡南有濮夷，濮夷无君子总统，各以邑落自居，故称百濮也。"盖自春秋时期直到晋代，晋代的建宁郡之南一直是"百濮"的居住区。晋代的建宁郡在今云南省元江以北、双柏以东地带。建宁郡以南的"百濮"即在今云南省红河哈尼族彝族自治州南部至思茅地区和西双版纳一带。

上述记载说明，早在先秦时期，在早期的西瓯、骆越以西地区，特别是云南，包括云南的东部、中部、南部、西南部及西部，主要居民都是濮人而不是越人。

但是，也有人主张"濮"就是"越"。例如，江应樑先生在其《傣族史》一书中论述傣族的先民时就提到了"濮"，认为"古代的濮和越，百濮和百越，是一个族，在一些文献中记载的濮和越，基本上就没有什么区别"。①

实际上，正如我在论述孟高棉语民族的起源时已经谈到的那样，许多学者都已证明，濮人是孟高棉语民族的先民。

至于滇池一带地区和滇西洱海一带地区的居民是不是越人，前人早有令人信服的研究。众所周知，古代滇池一带的主要居民为"滇人"，洱海一带地区的主要居民为"昆明人"。据《史记·西南夷列传》记载："西南夷君长以什数，夜郎最大；其西靡莫之属以什数，滇最大；自滇以北，君长以什数，邛都最大……其外西自同师以北，北至叶榆，名为嶲、昆明。"滇人是什么族属呢？据《史记·西南夷列传》记载："滇王者，其众数万人，其旁东北有劳浸、靡莫，皆同姓相扶……"可知滇与劳浸、靡莫为"同姓"。

有人在对今羌语调查后认为，金川自称曰"米"，理番自称曰"莫"，认为《史记》记载的"靡莫"之属，为古羌人部族。② 方国瑜先生也认为："滇池旁最早的居民，是从祖国西北古羌人的分支……"③ 而"最古

---

① 江应樑：《傣族史》，四川民族出版社，1983，第63页。
② 见方国瑜《中国西南历史地理考释》，中华书局，1987，上册，第13页。
③ 方国瑜：《中国西南历史地理考释》，中华书局，1987，上册，第16页。

居住在洱海地区之昆明人，为古羌人之一支，属于羌文化系统，与滇池地区古代居民之族属相同"。①

从文献记载看，越人主要分布在我国东南和南方地区，史称"句吴""于越""扬越""闽越""南越""东瓯""西瓯"和"骆越"等。西南地区的主要居民是"濮"。在云南，濮人主要分布与滇东南和滇西南广大地区，滇池和洱海地区主要是羌人支系的分布区。如果我们不是先入为主地把今天云南和中南半岛地区的傣族和其他泰语民族的历史同史书记载的"越裳""滇越"或"掸国"等古国联系在一起，以及不轻易相信英国人彭伯顿误弄出来的那个"蓬国"和近年来我国一些学者把缅甸传说中的"太公王国"说成是傣族历史上曾经建立过的一个"达光王国"的话，我们就会发现，我们其实并没有任何可靠的证据来证明今天西双版纳和德宏等地区乃至境外中南半岛地区，在公元前或公元初就已有越人分布和发展，更无法证明自古以来这一带地区就是越人的分布区。

近年来，随着傣学和国际泰学研究的深入，国内外许多学者开始把目光转向了傣、掸、老、泰等民族的文献，翻译整理了许多这些民族的文献，并利用这些文献来进行研究，试图从他们自己的文献记载中来探寻他们祖先的历史，这确实是一条新的蹊径。

从傣族和与之同源的许多傣泰民族的文献中，我们可以发现，他们几乎都认为他们的祖先是从别的地方迁到他们今天所居住的地方的。从目前收集整理的情况来看，西双版纳傣族保留的用傣文书写的涉及他们的祖先迁徙的书就有好几部，如《本勐傣泐西双邦》（傣族十二部落）、《西贺勐龙》（十六大勐）、《巴沙坦》《麻别麻良》（贝壳与红豆）、《沙都加罗》《谈寨神勐神的由来》《巴塔麻嘎捧尚罗》等等，这些文献中都说傣族的祖先是从其他地方迁徙而来的。

一位佚名的傣族学者于傣历903年（公元1541年）用傣文写的《谈寨神勐神的由来》一文在叙述傣族祖先的历史一节中说："《沙都加罗》一书说：傣族祖先居住的地方，'森林风很大，山洞是人家，没有火取暖，没有布遮身，大的搂着小，小的靠着大，以挤身取暖，祖先苦不完'。"

---

① 方国瑜：《中国西南历史地理考释》上册，中华书局，1987，第17页。

"这是《沙都加罗》里描写那个时候祖先生活环境的一段话。上辈人给我们讲的传说和这段话告诉我们：人，先是诞生在北边，我们的祖先是生在冷森林（里），如果你不相信传说和故事，那么《巴塔麻嘎捧尚罗》一书所说的事，你该相信吧……它讲到人类最早的祖先古里玛和古玛列夫妇，'住在寒冷的山洞里，找不到绿色的野菜，找不到充饥的野果，为了求生活命，只得叫女儿到南山上寻找帕冷（水香菜），只得叫儿子到南海边找麻黑坝（野茄子），女儿去了不回来，儿子去了不回家'。从这段话里也证明，我们祖先，原是住在冷地方的山洞里，到了子孙后代，随着觅食求生，才慢慢地向热森林转移。"①

傣族创世史诗《巴塔麻嘎捧尚罗》中的《迁徙篇》是这样说的："据上代人们讲，傣泐的祖先，原来不住在这里，现在的这块地方，是迁徙时才找到的。我们祖先的旧居呀，在遥远的北边，那里啊，土地连着天。"②

傣文《本勐傣泐西双邦》（傣族十二个部落）一书，亦有苏米达和雅罕冷两位女王率众由北向南迁徙的详细记载，对傣族祖先在迁徙过程中停留过的勐泐龙、勐沙奔、勐南汰、曼先戈窝黑、西筒歪冷、广莫等地方亦有记载。傣文的《巴沙坦》一书也记载了苏米达和雅罕冷两位女王率众人由北向南迁徙的经过。傣文的《西贺勐龙》（十六大勐）一书，对傣族祖先在迁徙途中居住过的勐沙奔、勐南汰等也有记载。③

又如，傣族中有一支称为"傣亚"（又称"花腰傣"），主要分布于玉溪、元江等地。傣语中的"亚"字，若在工作或上课时说"亚"，即下班、放学之意；若对开会、赶集或赕佛的人说"亚"，即散会、散场；若对夫妻关系说"亚"即离婚。据西双版纳的传说：从前佛主"帕召果达玛"（帕召意为"王"，"果达玛"即"乔达摩"——引者）云游到傣族地区，傣那、傣泐、傣绷、傣艮都赶去赕佛，聆听佛主讲经说道，唯"傣亚"来迟了，佛主已走，佛事已散，所以这支傣人就称"傣亚"，不信佛教。又据"傣亚"自己的传说：在古老的年代，在傣族大迁徙中，

---

① 《论傣族诗歌》，岩温扁译，中国民间文艺出版社，1981，第 97 页。
② 转引自范宏贵《壮族与傣族的历史渊源及迁徙》，载《思想战线》1989 年增刊。
③ 转引自范宏贵《壮族与傣族的历史渊源及迁徙》，载《思想战线》1989 年增刊。

大队伍已经往南走远了看他们披荆斩棘砍路，砍倒的芭蕉树都抽心发芽长大长高了，我们自认追不上，是"散落"在后面的一支，故称"傣亚"。①

德宏勐卯一带的傣族的文献中也说，当地傣族的始祖是天神的两个儿子，一个叫做坤龙（Kun Lung），一个叫做坤莱（Kun Lai）。他们受到天神的委派，顺着黄金梯子下降到勐卯一带。后来，他们以及他们的儿子分别统治了勐卯和今天缅甸北部许多地方。②

老挝老族的文献中也有许多关于他们的祖先是从别的地方迁徙来的记载。有一份老族文献中说，老挝老族人的首领叫坤博龙（Khun Borom），他被天神选中，派到今天的老挝北部区统治琅勃拉邦一带地区。③

也有不同版本的老挝文献说，建立琅勃拉邦的是坤博龙的儿子坤罗（Khun Lo）。比如，老挝的一部史籍《南掌纪年》就记载：在老族首领坤博隆的长子坤罗率领民众自勐天（今越南北部奠边府一带）来到今天老挝北部地区建立了南掌国（又叫澜沧王国）。④

泰北史籍《清盛纪年》中，也有关于一位叫做辛霍纳瓦的王子率领族人迁到今天的清盛一带建立邦国的传说。⑤

此外，越南西北、老挝、泰国东北等地区还流传着这样一个传说：泰人迁徙到这些地方后，与当地的土著民族发生了冲突，经过多次战斗，双方有胜有负，成僵局局面，于是，双方商定以比武决胜负，胜者为当地之主。双方在同等距离用箭射石板，箭从石板上落下者为败。土著人射出的箭落在地上。泰人射的箭，由于箭镞包有蜡，箭射出后粘在石板

---

① 高立士：《傣族支系研究》，载《中央民族大学学报》1998 年第 6 期。

② 见方国瑜《元代云南行省傣族史料编年》，云南人民出版社，1958，第 23 页。又见 N. Elias, "Introductory Sketch of the History of the Shans in Upper Burma and Western Yunnan", Calcutta, 1876, p. 13.

③ Martin Stuart-Fox, "The Lao Kingdom of Lan Xang: Rise and Decline", White Lotus Press, 1998, Bangkok, Thailand. pp. 24 – 25.

④ 〔泰〕集·蒲米萨：《暹泰佬孔各族名称考》，泰国 Duang Kamol 出版社，1976，〔泰〕黎道纲中译稿，打印稿（云南大学西南边疆少数民族研究中心资料室藏），第 105 页。

⑤ Sarassawadee Ongsakul, "History of Lan Na", Translated by Chitraporn Tanranakul (into English), Silkworm Books, 2005, p. 19.

上，从而取胜，于是定居当地。①

傣族和傣泰民族以及其他民族的文献和口传故事都提到，在傣族和傣泰民族其他支系的先民向他们今天分布的地区迁徙的时候，这些地区的居民主要是一些操孟高棉语的人。

例如，据老挝史籍《南掌纪年》记载：在老族首领坤博隆的长子坤罗率领民众自勐天（今越南北部奠边府一带）来到南掌国的时候，琅勃拉邦一带已有一个由当地土著建立的国家，叫做勐斯瓦（Muong Swa，又译勐爪哇、勐骚、勐兆等）。勐斯瓦一名，是根据这个王国的创始人坤斯瓦的名字得来的。在老族首领坤罗率众来到的时候，正是坤斯瓦王系的坤干哼统治之时。此时坤罗率领民众从勐天沿乌河而下，来到勐斯瓦北边的湄公河边，与坤干哼及其子孙大战，最后把坤干哼及其子孙逐走，建立了老族人的王系。②

另一部老挝史书讲述坤罗驱逐当地土著的历史时说："坤罗为王二十三年，建勐川东川铜，那时卡干哼老土王（披耶那迦）在南塔帕丁、戍乌，坤罗征服之，逐之勐蒲劳蒲卡，成为早期奴隶，成为卡干哼。"③

这两本史书一致提到，坤罗领导老人沿乌河（丰沙里省和琅勃拉邦省的重要河道）来到勐斯瓦的领土，和以坤干哼为王的土民作战，战场在帕丁和戍乌（戍乌——乌河流入湄公河的河口）。老人把土人逐入山区，到南塔（会孔）的蒲劳蒲卡一带去。土民打了败仗，成了战俘，被迫成为老族人的奴隶。于是变成了卡，国王坤干哼也被称为了卡干哼。老挝史籍在记载这些土著民时，把他们称为"卡考"。泰国学者集·蒲米萨认为，史书中提到的逃到勐蒲劳蒲卡一带的卡干哼及其子孙民众，就是在南塔和琅勃拉邦的人数极众的克木人及其支系。④

据泰北和老挝一带流传下来的年代较早的一部编年史《素旺空坎成

① 范宏贵：《泰族起源与迁徙再探》，载《东南亚研究》1991年第3期。
② 〔泰〕集·蒲米萨：《暹泰佬孔各族名称考》，泰国 Duang Kamol 出版社，1976，〔泰〕黎道纲中译稿，打印稿（云南大学西南边疆少数民族研究中心资料室藏），第105页。
③ 〔泰〕集·蒲米萨：《暹泰佬孔各族名称考》，泰国 Duang Kamol 出版社，1976，〔泰〕黎道纲中译稿，打印稿（云南大学西南边疆少数民族研究中心资料室藏），第105页。
④ 〔泰〕集·蒲米萨：《暹泰佬孔各族名称考》，泰国 Duang Kamol 出版社，1976，〔泰〕黎道纲中译稿，打印稿（云南大学西南边疆少数民族研究中心资料室藏），第105页。

的传说》记载，世界自洪水浩劫后进入了兴盛时代，洪水退去后出现了一片陆地，这个地方后来被称为庸那迦国。据传说，菩提散銮城的銮吉蔑人北上先建立了名叫素旺空坎城和乌蒙卡塞拉城的城邦，其疆界北到孟荣、景洪西双版纳，同塞銮城即现今中国的云南接壤。① 这说明当地最初是吉蔑人（即高棉人）居住的地方。

《哈里奔猜城的传说》和《章黛维氏的传说》则记述说，素瓦台和素探达两位修行者于小历 17 年或 22 年（公元 655 年或 660 年）建成哈里奔猜城并请罗斛国国王罗蜡之女娘章黛维公主来治理哈里奔猜城之事。② 也反映出当地早期居民是与高棉人同源的孟人。

另一部编年史《辛霍纳瓦的传说》则记载说，那空素贴城（即拉差卡勒哈城）国王特瓦甘之子辛霍纳瓦带领部属来到古代吉蔑人管辖的素旺空坎地区，于佛历前 132 年（？）建立了古代景线城（即清盛）。辛霍纳瓦在古景线城的王位传了 44 代，吉蔑人又征服了这一城邦，后来亡国君主的儿子拍龙率众起义，战胜了吉蔑人并追击到后来甘烹碧城所在之地，天帝派建造神建起甘烹碧城（意为金刚石墙之城），阻挡拍龙王子继续追击。拍龙王子领兵撤退到柴巴甘城（即清迈北面的范城）。后来一个名叫柴锡里的王子继承了柴巴甘城的王位，这时，素探玛瓦滴城（即孟族的直通城）出兵进攻柴巴甘城，柴锡里率领十万户百姓南下，在甘烹碧地区的贝城（又名德莱德楞城）建立政权。不久，庸那枷城陷落，变成了一个大湖。③ 这个故事反映了泰人先民在南迁的过程中同当地土著孟—高棉人争夺地盘的情形。

泰国还有的史籍则提到泰人到来之前今天泰国北部地区的居民是拉瓦人，泰人是在同拉瓦人作战并把他们打败后，才把他们赶到山上去的。④

---

① 〔泰〕巴差吉功扎：《庸那迦纪年》，王文达译、简佑嘉校，云南民族学院和云南省东南亚研究所，1990，第 9 页。

② 〔泰〕巴差吉功扎：《庸那迦纪年》，王文达译、简佑嘉校，云南民族学院和云南省东南亚研究所，1990，第 10 页。

③ 〔泰〕巴差吉功扎：《庸那迦纪年》，王文达译、简佑嘉校，云南民族学院和云南省东南亚研究所，1990，第 9～10 页。

④ 〔泰〕巴差吉功扎：《雍那迦纪年》，王文达译、简佑嘉校，云南民族学院和云南省东南亚研究所，1990，第 90～97 页。

另外，我国西双版纳傣族也认为，西双版纳最早的居民不是傣族，而是一些被称为"卡西先满马"的操孟高棉语和其他语言的克木人和插满人等民族。[1]

过去西双版纳的磨歇盐井虽然由傣族土司、国民党政府征收盐税，但汉族、傣族都不能当井神的主祭人，而必须由傣族土司、国民党官员买好祭品，请克木人主祭。祭品也由克木人享用。原因就是盐井是克木人发现并开采出来的，克木人主祭，井神才会领受，盐井就丰产。[2]

又如，勐棒全勐每逢祭祀"丢瓦拉勐"（勐神），或久旱不雨而举行求雨仪式时，都必须由克木人主持，因为代代相传克木人是最早的土著，只有他们具有祭神、求雨的资格。[3]

在老挝澜沧王国时期，每年都要举行一种由克木人把土地授予老族人的仪式。[4]

在泰国北部地区，早期的泰人似乎是在得到了拉瓦首领的同意和保护后才定居下来的，因此，直到1850年，泰北的藩王都还把某些特权和税收授给某些拉瓦村寨。1797年，在清迈王室因逃避缅甸人而南迁帕桑22年之后重返清迈时，在欢庆的游行队伍中，拉瓦人也被安排走在队伍的最前面。[5]

还有一份关于缅甸的傣泰民族掸族的文献提到说，在从前的景栋地区，每当新的"索巴"（Sawbwa，即傣族头人"召法"的掸语发音）即位加冕时，都要举行一个仪式：即从当地山区佤族山寨中请几位佤族老人来，让他们先坐在"王位"上吃东西。而当他们打开装食物的包准备吃的时候，一位被称为"叭莱"（Phya Lai，意位"驱赶"）的掸族官员便冲过来象征性地戏谑他们，并把他们从"王位"上赶走。这种仪式一

① 范宏贵：《同根生的民族——壮泰各族渊源与文化》，民族出版社，2007，第47页。
② 刘稚：《克木人源流考》，载《东南亚》1984年第3期。
③ 刘稚：《克木人源流考》，载《东南亚》1984年第3期。
④ Martin Stuart-Fox，"The Lao Kingdom of Lan Xang：Rise and Decline"，White Lotus Press，1998，Bangkok，Thailand．p. 51.
⑤ Hans Penth，"A Brief History of Lan Na：Civilizations of North Thailand"，second edition，Silkworm Books，Thailand，2000，pp. 38 - 39.

直延续到 19 世纪末景栋索巴召勐坎乔英塔冷时才被废除。①

虽然这些史书都没有提到事件发生的具体年代，这些仪式所反映的事的发生年代也不清楚，但人们相信，这些一定是傣族和其他傣泰民族各支在历史上曾经经历过的事，所以才被保留在整个民族的记忆中。

另外，中南半岛上著名的大河湄公河（Mekong River）是一个泰老语的名称，其完整的泰老语名称是 Menam Kong，应该译为"湄南公"，更准确的音译应该是"湄南空"。在这个名称中，"湄南"的意思是河，"公"或"空"是这条河的名称。"公"或"空"是什么意思呢？据泰国学者考证，这条河的名称"公"或"空"即 Kong 是由 Khom 一词演变而来的。Khom 即是"高棉"一词的泰老语发音，但这个词又不完全等同于今天的高棉人，而是泰语民族对古代孟高棉人的泛称，有人把它译为"孔"。因此，湄公河最初的名称是 Menam Khom，以后才讹变为 Menam Kong 或 Menam Khong，意思就是"高棉人的河"，或者更笼统一点，就是"孔人之河"即"孟高棉语民族的河"。② 说明这条大河流域原先都是高棉人或孟高棉语民族的地盘。

同样，泰国北部的孟河原先也是因孟人而得名的。孟河又叫拉敏河，拉敏即 Rmen，也是孟人的族称。③ 这个名称也反映出泰国北方原先是孟人居住的地方。

另外，泰国北部谷河流域上游的夜赛河在泰北的史籍里面叫做拉瓦纳提河。④"纳提"是巴利语"河"的意思，而"拉瓦"一词则是泰语民族对佤族的称呼，这也说明当地最早的居民是孟高棉语民族而不是傣泰民族。

---

① Sao Saimong Mangrai, "The Shan States and the British Annexation", Cornell University Printing, 1969, pp. 268 – 269.

② 〔泰〕巴差吉功扎：《雍那迦纪年》，王文达译、简佑嘉校，云南民族学院和云南省东南亚研究所，1990，第 9 页。

③ 〔泰〕巴差吉功扎：《雍那迦纪年》，王文达译、简佑嘉校，云南民族学院和云南省东南亚研究所，1990，第 9 页。

④ 〔泰〕集·蒲米萨：《暹泰佬孔各族名称考》，泰国 Duang Kamol 出版社，1976，〔泰〕黎道纲中译稿，打印稿（云南大学西南边疆少数民族研究中心资料室藏），第 17 页。

　　近年来，国内外许多学者的研究也都表明，傣泰民族并不是他们今天居住的这个地区的土著。例如，汉斯·本司在其《兰那简史》一书中利用国外对泰北地区的考古发掘的研究成果分析泰北的史前史时谈到，泰国北部南邦府和帕府的史前遗址表明，大约在100万年前，当地就有人类居住了。兰那地区也出土了大量的遗址，这些遗址表明，在公元前1万年左右，兰那也开始有人类居住；公元前6000年左右的遗址表明，这些人已经会驯养家禽和家畜；公元前3000左右的遗址表明他们已经会种植稻谷；公元前1000～前500年的遗址也表明，当地人已经使用金属器具。而所有考古材料均表明，这些当地史前人类的后裔很可能就是今天的"卡"（Kha）、"听"（Thin或Htin）、拉瓦（Lawa）等民族及其支系，他们均属孟高棉语民族。①

　　马丁·斯图亚特－福克斯在论述老挝史前史时认为，老挝北部查尔平原和周围一带地区以及湄公河中游地区的考古材料表明，古代老挝的居民有一些是说原始南岛语语言的民族，但更多的可能是说孟高棉语的民族。并认为老挝的老族关于他们到来之前当地曾经居住有叫做"卡"（Kha）或"孔"（Khom）的民族的传说也与考古材料反映的情况相符合。②

　　我国汉文史籍中有关滇南、滇西南地区民族变迁的记载也与这些传说基本相吻合。《元史·地理志》记载："威远州，其川有六，昔朴、和尼二蛮所居……其后为金齿百夷酋阿只步夺其地。"万历《云南通志》卷四记载："古西南极边地，濮、洛杂蛮所居，唐时南诏蒙氏为银生府之地，其后金齿百夷侵夺之。宋时大理段氏莫能复。"说明"金齿百夷"是后来迁到当地并夺了"昔朴""和尼"等民族的地方后才占有今天他们居住的这片地方的。

　　看来，傣泰民族迁徙的历史是可信的。

　　但是，上述各种傣族文献的记载，只说傣泰民族祖先是从北向南迁

---

① Hans Penth, "A Brief History of Nan Na: Civilization of North Thailand", Silkworm Books, Thailand, 2000, pp. 14－21.

② Martin Stuart-Fox, "The Lao Kingdom of Lan Xang: Rise and Decline", White Lotus Press, 1998, Bangkok, Thailand. p. 19.

徙，至于在北方何处，这些文献中都没有明确记载。曹成章先生在分析傣族文献《论傣族诗歌》中附录的《谈寨神勐神的由来》时，提到傣族先民从所谓的"冷森林"往今天的居住地迁徙的故事时说："作者根据傣族古书对祖先生活环境的描写认为，傣族的祖先是从寒冷的森林迁徙来的，即从现在所居地区的北方迁徙来的。所谓北方，就是指傣族现居地以北的长江以南地区。这与我国一些学者认为傣族的先民属于南方百越族群的结论是一致的。"①

如果国外对泰北地区和老挝的考古的研究结论是正确的，上面提到的这些记载和仪式以及这三条河流的名称也反映了早期历史的真实的话，那么说泰北兰那地区和老挝以及与之比邻且从古至今同属一个文化圈的西双版纳自古以来就是"越人"的分布区就有问题了。

傣泰民族的先民古越人最早到底分布在什么地方呢？

许多学者的研究表明，在今天泰国的泰族、老挝的老族、越南的泰族、缅甸的掸族、印度的阿洪姆人以及我国西双版纳和德宏的傣族等傣泰语民族的语言中，有许多词汇来自古汉语。这或许可以成为我们推断傣泰民族发祥地的一条线索。

例如，傣泰民族自古以来就信仰祖先崇拜，并且在佛教传入以后依然保持。他们认为祖先死后会化成幽灵，变成保护神保护他们。所以，泰语民族家里有家神，村寨（曼）有寨神，勐有勐神。现在，他们用巴利语称保护神为"丢瓦拉"（devata），但他们同时也用小乘佛教传入以前的古语称保护神为"披"（pi）或"社"（she），如他们称寨神和地方神为"社曼社勐"，即村寨和地方的"社"。

刻于公元 1292 年的"兰甘亨碑"是目前所知的最早的泰文文献，该碑的铭文中提到"祖先金子一般的社"，②指的就是已故祖先变成的保护神。

公元 1392 年的"爷孙誓词碑"中说："如果谁不忠诚，请包括普卡山、帕丹山—帕登山大社……一切保护神注视爷孙两人相亲相爱。如果谁不忠

---

① 曹成章：《傣族社会研究》，云南人民出版社，1988，第 5～6 页。
② 转引自谢远章《泰—傣古文化的华夏影响及其意义》，载云南省社科院东南亚研究所《东南亚》1989 年第 1 期。

诚，愿这群鬼魔折断其颈项。"① 铭文中的"大社"即地方勐的保护神。

公元 1358 年由泰国阿瑜陀耶时期制定的《宫廷法》第 173 条规定：王后怀孕要祭"社勐"七天。② 这里的"社勐"指的是 城邑或国家的保护神。

老挝史籍记载，公元 1527 年老挝南掌王国（澜沧王国）君主菩提沙罗阇古曼，曾一度废除祭祀社鬼、家鬼、氏族鬼等风俗，改为普遍兴建佛寺。③ 这里说的"社鬼"即"社神"。

老挝故都朗勃拉邦民间流传的《十四伦理》第 7 条说，七月祭守护神、国柱、社勐；十二月十三日赛船，以祭祀龙王、社勐、守护神、国柱。④

泰北史籍记载：公元 1405 年明朝出兵攻打兰那（八百媳妇），兰那八世王召叁访坚在战前祭祀社神及四方神位、天帝释等各守护神，以求保护。⑤

在缅甸，据掸邦木邦（兴威）史籍记载，公元 1410 年明朝出兵攻打麓川时，明朝和麓川土司都向木邦求援，木邦女首领帕洪勐下不了决心，只好举行祭社仪式，求社勐裁决。结果社勐示意她支持麓川。⑥

古代西双版纳也是如此，李拂一先生编译的《泐史》说，公元 1415 年，勐泐第十世王刀更孟在猛宽（现景洪县境）被缢死后成为"魏猛"，以后每年都要祭祀。⑦ 李先生所译的"魏猛"即是社勐。

上述各地泰语民族古代的"社"，实际上均是来源于我国古代华夏民族的社。社在先秦是指土地神，许慎《说文解字》给社下的定义是："地主也，从示土；春秋传曰共工之子句龙为社神。"此说出自《国语·鲁

---

① 转引自谢远章《泰—傣古文化的华夏影响及其意义》，载云南省社科院东南亚研究所《东南亚》1989 年第 1 期。

② 转引自谢远章《泰—傣古文化的华夏影响及其意义》，载云南省社科院东南亚研究所《东南亚》1989 年第 1 期。

③ 转引自谢远章《泰—傣古文化的华夏影响及其意义》，载云南省社科院东南亚研究所《东南亚》1989 年第 1 期。

④ 转引自谢远章《泰—傣古文化的华夏影响及其意义》，载云南省社科院东南亚研究所《东南亚》1989 年第 1 期。

⑤ 转引自谢远章《泰—傣古文化的华夏影响及其意义》，载云南省社科院东南亚研究所《东南亚》1989 年第 1 期。

⑥ 转引自谢远章《泰—傣古文化的华夏影响及其意义》，载云南省社科院东南亚研究所《东南亚》1989 年第 1 期。

⑦ 《泐史》，李拂一译，云南大学西南文化研究室，1947，第 8 页。

语》（上）："共工氏之霸九州，其子曰后土，能平九州，故祀以为社。"
这说明社在我国历史上存续已十分悠久，历代王朝都设有祭社的祭坛。

我国学者早就知道傣族的寨神勐神叫"社曼社勐"，但他们往往把
"社"音译为汉字"色"①、"蛇"②或"魏"③，从没有人将其译为"社"，
更没有人指出它从含义和发音都来自汉语的"社"。直到谢远章先生在其
论文中揭示了这一点后，我们才知道不仅傣泰民族的祭社习俗来源于华
夏民族，而且"社"这个词的发音也源于汉语。④

另外，在泰国北部和东北部、老挝及越南北部的傣泰民族中还流行
着一种称为"量太量天"的古老习俗，在傣泰语诸方言中，"量"的意思
是"供养"，指祭祀。"太"即是音译自汉语的"太"字，指太祖、太
尊，即始祖；"天"也是音译自汉语的"天"字，指天神。

记载老挝古代历史的《南掌纪年·坤波隆故事》说：南掌王国的创
始人坤波隆的父亲是天上的总天神"天法肯"，这个称号中，"天"即是
汉语的"天"，"法"则是傣语系语言的"天"的意思，"肯"是其名字。
总天神下还有"天登""天堪""天仓""天得"四大天神。

所以，上述地区的傣泰民族传说他们的祖先是"布天雅天"。"布"
是爷爷，雅是奶奶，"布天雅天"意即"天爷爷天奶奶"。"量太量天"
就是祭祀作为祖先的"太神天神"。

传统的"量太量天"即"祭太祭天"一般是在阴历一月和二月举行，
以至于有人把它称为"连将连义"意即"欢度一月二月节"。在这里，
"将"又是古汉语"正"字的谐音，即当地傣泰语民族把"一月"称为
"正月"；"义"即"二"的谐音。今天广东话读"正"和"二"这两个
字时依然发音为"将"和"义"。⑤

① 张元庆：《试论傣族的部落组织》，载云南省社科院民族学研究所《民族学与现代化》
1985 年第 2 期。
② 《论傣族诗歌》，岩温扁译，中国民间文学出版社，1981，第 89 页。
③ 《泐史》，李拂一译，云南大学西南文化研究室，1947，第 8 页。
④ 谢远章：《泰—傣古文化的华夏影响及其意义》，载云南省社科院东南亚研究所《东南
亚》1989 年第 1 期。
⑤ 谢远章：《再论泰——傣古文化的华夏影响及其意义》，载云南省社科院东南亚研究所
《东南亚》1990 年第 3 期。

"量太量天"即"祭太祭天"的典型仪式是在村寨中搭棚子设祭摆供品，指定一位男人或女人准备作为降神者，祭祀过后降神者会手舞足蹈，表示太神天神已经显灵附身于他（她），并作是否风调雨顺或者吉凶等预言。完毕后大家在一起聚餐，用祭祀过的棉线系于手腕以示祝福。如果村民有患病者，则可以一种叫做"双"（song）的仪式为患者求医。这里的"双"（song）又是汉语"送"字的谐音，意即送鬼消灾。[①]

在傣泰民族用来指传说的鬼的词汇中，有一个词叫 shang，这个词和 shie（老虎）结合可组成双音节词 shie shang（即 shang 虎），和 phi（鬼）结合组成双音节词 phi shang（即 shang 鬼）。据泰语词典解释，"shang 虎"是一种传说中的动物，形状似虎，"shang 鬼"则是一种凶恶的鬼魅。但是，这些解释十分模糊，到底这个 shang 是什么？"shang 鬼"的 shang 是什么模样？"shang 虎"的 shang 是什么形状？谁也说不清楚。其实，傣泰语中的 shang 就是中国古代传说中的"伥"。在中国古代的传说中，人被老虎咬死后，其鬼魂为老虎服役，这种鬼魂是叫做"伥"。虎行求食，伥必与俱，为虎前导。伥又叫"伥鬼"或"虎伥"，"为虎作伥"这个成语也是由此而来的。傣泰语言中的 shang 这个词，就是汉语中的"伥"这个字的音译。它与老虎 shie 一词结合组成的双音节词 shie shang（即 shang虎），与鬼 phi 结合组成双音节词 phi shang（即 shang 鬼），意思也与汉语的"虎伥"和"伥鬼"相同，只是用傣泰语的虎和鬼这两个词代替了汉语的虎和鬼这两个字。[②]

在傣、泰、老、掸等傣泰民族语言中，类似的例子还有很多。

例如，古傣泰人语言称国家或都邑为"勐"，但后来这些民族兴邦建国后，又出现了以"清"称呼的地名。由于方言的差异，泰国泰人发音为"清"，西双版纳傣族发音为"景"（也有人译写成"整"），缅甸掸邦掸人和我国德宏傣族发音为"遮"（也有人译写为"且"或"者"），老挝老族人发音为"香"（有人又译写为"川"或"上"）。这些"清"

---

① 谢远章：《再论泰——傣古文化的华夏影响及其意义》，载云南省社科院东南亚研究所《东南亚》1990 年第 3 期。

② 然荣·集拉那坤：《泰傣"shang 虎"、"shang 鬼"与中国的"虎伥"、"伥鬼"》，载云南省对外文化交流协会主办《湄公河》杂志（泰文版）2005 年第 9 期。

"景""遮""香"在傣泰语诸语言中均是"城市"的意思，历史上往往用来称呼有首领统治的行政中心。从公元12世纪末到14世纪初，傣泰语诸民族在云南南部、泰国北部、缅甸北部陆续建立了许多以"清""景""遮"为冠称的统治中心：1180年建景洪，1264年建景栋，1262年建清莱，1287年建清盛，1296年建清迈，1311年建遮海，1313年建遮兰。据考证，上述地名中的"清""景""遮""香"等均是汉语"城"字的音译。① 也就是说，在原来的勐的基础上发展起了更大的统治中心以后，便借助汉语中的"城"字来称呼他们新建的这些中心了。

在傣泰民族中，还有一种古老的行政区划，傣语发音为"gwuen"，泰、老语发音为"kwuen"。过去我国出版的一些书籍中将其译写为"圈"或"根"，其准确译音应当是"格温"。"格温"往往用来称呼一个国家的最高一级的地方行政区划或邦邑等古代封国。

据老挝史籍记载，公元1353年老挝建立"澜沧王国"后，其创立者法昂将全国划分为6个"格温"；② 据泰北史籍记载，公元1442年兰那国十世王蒂洛格腊调南邦太守闷洛那空到朝廷任职，闷洛那空提出的任职条件包括"属于哪个格温的纳贡人，就归该格温的长官管理"。③ 到了近代，泰北清迈的兰那王派一位王族重建勐芳，他将全勐分为了7个"格温"。④

在我国云南南部的傣族地区，历史上也有"格温"的区划。封建领主时期，这一地区将平坝各勐划分为12个"版纳"，称"西双版纳"。同时也将少数民族山区划分为12个"格温"，称"西双火格温"（有人又译写为"西双火圈"）。⑤

在傣泰语诸语言中，"火"（hua）是"头"的意思，这里作量词用。同时封各"格温"山区的少数民族首领为"召格温"（zhao gwuen），即

① 谢远章：《泰—傣古文化的华夏影响及其意义》，载云南省社科院东南亚研究所《东南亚》1989年第1期。
② 蔡文枞：《老挝的区划演化》，载云南省东南亚研究所《东南亚》1987年第1期。
③ 转引自谢远章《泰—傣古文化的华夏影响及其意义》，载云南省社科院东南亚研究所《东南亚》1989年第1期。
④ 转引自谢远章《泰—傣古文化的华夏影响及其意义》，载云南省社科院东南亚研究所《东南亚》1989年第1期。
⑤ 《傣族社会历史调查·西双版纳之二》，云南民族出版社，1983，第112页。

“格温长官”，直属车里宣尉使管辖。

西双版纳西边的孟连宣抚司，过去曾受傣族封建领主统治。据当地傣文史籍记载，公元1665年时，孟连的行政区划分为12个勐和9个格温；有的史籍则说，孟连宣抚司衙门的官职中设有8名“召格温”。[①] 孟连以北的耿马宣抚司，在封建领主统治时期，也号称辖九勐十三格温。[②]

“格温”一词在傣泰语诸民族语言中除了作为地区解释以外，在字面上没有别的解释和意义。李拂一先生20世纪40年代翻译的《泐史》将“格温”译写为“圈”并误解为“庄园”。后来我国出版的《中国少数民族社会历史调查资料丛书·傣族社会历史调查》也沿用这种解释。《孟连土司史》汉译本的译者又将其译写为“根”。[③] 另外，也有人提到老挝的“格温”时译写为“垦”；[④] 云南省澜沧县谦糯区的“谦”也是“格温”的又一种音译，因为谦糯区原是西双版纳的“西双火格温”或“西双火圈”之一。据孟连史籍记载，孟连宣抚使帮助西双版纳车里宣尉使抗击老挝入侵者有功，车里宣尉使就把谦糯割让给孟连作为报酬。[⑤]

傣泰语诸民族语言中对于最高地方行政区划的称呼之一“格温”或“圈”“根”“垦”“谦”等，实际上就是古代汉语中“郡”字的音译。[⑥] 据《说文解字》，徐铉以唐韵注郡反切为渠运切，而渠的唐韵为强鱼切。《广韵音系》说，渠“本声，即柜字”。柜字的汉语拼音为gui，因此渠运切就是gui yun，等于gun。保留有较多汉语古音的客家话，读郡为guen。因此，可以证明傣泰语民族语言中对行政区划之一“gwuen”或“kwuen”的称谓确实是古汉语中的“郡”字。

---

① 《孟连土司史》，载《思茅、玉溪、红河傣族社会历史调查》，云南民族出版社，1984，第2、3、9、27页。

② 《耿马古代九勐十三圈的门户钱和婚丧礼节习俗调查》，载《临沧地区傣族社会历史调查》，云南民族出版社，1985，第124页。

③ 《孟连土司史》，载《思茅、玉溪、红河傣族社会历史调查》，云南民族出版社，1984，第2、3、9、27页。

④ 蔡文枞：《老挝的行政区划演化》，载云南省东南亚研究所《东南亚》1987年第1期。

⑤ 《孟连土司史》，载《思茅、玉溪、红河傣族社会历史调查》，云南民族出版社，1984，第1页。

⑥ 谢远章：《泰—傣古文化的华夏影响及其意义》，载云南省社科院东南亚研究所《东南亚》1989年第1期。

傣泰民族的史籍在谈到传说时期的最高首领时，往往称呼他们为 kun，有时也拼为 khun，汉字多译写为"坤"。例如，老挝的《南掌纪年》说，老挝第一个王国朗勃拉邦的始祖是坤博隆；记载德宏傣族和缅甸北掸邦掸族传说和历史的《大泰史志》说，掸人第一个王国勐卯的始祖是坤鲁（Kun Lung，又译坤龙）和坤莱（Kun Lai）两兄弟；印度阿萨姆阿洪姆泰人的古籍《阿洪姆布兰吉》说，他们的始祖是坤銮和坤赖（即坤龙和坤莱的另一种译写）；缅甸掸邦兴威地区的《兴威编年史》说他们的始祖叫坤艾；公元 13 世纪泰国泰人王朝素可泰兴起以后，其早期的国王也称坤，如其创始人叫坤西英他拉惕，二世王叫坤班勐，三世王就是历史上极为著名的坤兰甘亨。

"坤"在较晚近的傣泰民族的语言中是指封建官僚和小贵族，但在古代，"坤"的含义是国王。《泰语大词典》解释说"khun luang"（坤銮）的定义为帝王，并举例"khun siem"即暹罗王。[①] 印度阿萨姆一带的阿洪姆人的古籍《布兰吉》中称国王登基为"黑召黑坤"，"黑"在傣语系语言中的意思是"做"，"黑召黑坤"即"做帝做王"（当帝当王）。[②] 这里的"坤"也是王的意思。

据研究，傣泰民族早期对王的称呼"坤"就是古汉语"君"字的音译。[③]"君"现代汉语读为"jun"，但如同"郡"字一样，"君"字在古汉语中也读"gun"，保留了许多汉语古音的客家话现在读"君"也是"guen"，粤语的发音则为"guan"，与"坤"音相近，证明傣泰民族早期对王的称呼"坤"确实就是汉语的"君"。

又如，泰国中部语言文化发展变化较大的泰人称伞为"弄"（rom），弄是泰语，本意是遮阴的阴。但是，在老挝、兰那（泰北）、西双版纳等保留着较多古老语言的地区，却都将伞称为"总"（zong），令人费解。"总"似乎原本不是傣泰语，也无人解释其本意是什么。

---

① 〔泰〕玛匿·玛匿乍仑：《泰语大词典》，班隆汕出版社，曼谷，1976，第 170 页。
② 转引自谢远章《再论泰——傣古文化的华夏影响及其意义》，载云南省社科院东南亚研究所《东南亚》1990 年第 3 期。
③ 谢远章：《再论泰——傣古文化的华夏影响及其意义》，载云南省社科院东南亚研究所《东南亚》1990 年第 3 期。

其实，"总"就是我国古代帝王和贵族仪仗之一的"幢"（现代汉语读音为 chuang）。

我国古代帝王和贵族出巡时，前后簇拥着手持各种仪仗的护卫，以显示其威仪和地位。仪仗有各种兵器和旌旗、幡、伞、扇、雁翎以及幢等。《汉书》提到"幢"是作为仪仗用的一种旗帜，呈圆筒状，也许正是由于其形状类似罩盖或伞，所以古代傣泰语民族便把后来的伞也称为了"幢"，由于音变的关系，便发音为"总"。①

此外，"总"在傣泰民族的宫廷礼仪中，也是仪仗的一种。如过去西双版纳和缅甸掸邦就有一种封建爵位称为"披耶总坎"，在傣泰语诸语言或方言中，"披耶"是一种爵位，类似侯爵，"坎"的意思是金，"总坎"的意思就是"金伞"。"披耶总坎"即"金伞侯"，指享有金伞仪仗礼仪的侯爵。②

"总"既是伞又是仪仗的说法，进一步印证了傣泰民族的"总"（伞）及其名称均源于我国古代的仪仗"幢"。

在泰国中部泰语中，广大这个词发音为 guang（广），骑马的骑发音为 ki（古代汉语"骑"字的发音），歌曲的曲发音为 chot，杯子发音为 chok（古代汉语"爵"字的发音），工匠发音为 chang（匠），序词第几的第这个词发音为 ti（第），失败一词发音为 phai（败），死亡一词发音为 mot（古代汉语"没"字的发音），租税的税发音为 suai（税），表示完成时态如"吃饭了没有？"和"吃了"的"了"这个语气助词发音为 laeo（了），声音一词发音为 sieng（声），讲话的讲发音为 klao（源自汉语"告"字），变化的变发音为 plian（变），新旧的旧发音为 kao（古代汉语"旧"字的发音），铜发音为 tong（铜），银发音为 nguen（古代汉语"银"字的发音），金发音为 kham（古代汉语"金"字的发音），弓发音为 kong，汤发音为 kaeng（汉语"羹"字的发音），儿子发音为 chai（汉语"崽"字的发音），娘发音为 nang，客人的客发音为 khaeek，（鱼）

① 谢远章：《再论泰——傣古文化的华夏影响及其意义》，载云南省社科院东南亚研究所《东南亚》1990 年第 3 期。
② 谢远章：《再论泰——傣古文化的华夏影响及其意义》，载云南省社科院东南亚研究所《东南亚》1990 年第 3 期。

糟发音为 chao，仓库发音为 chang，茶发音为 ming（汉语"茗"字的发音），凳子发音为 tang（凳），酒发音为 lao（古代汉语"醪"字的发音），牙发音为 nga，马鞍发音为 an，马发音为 ma，蛇发音为 ngiao（汉语"蛟"字的发音），鸡发音为 kai（古代汉语"鸡"字的发音），猫发音为 maeo，老鹰发音为 yiao（汉语"鹞"字的发音），燕子发音为 aen 等等。谢远章先生专门统计的泰语中直接使用汉字译音的这类词汇就多达98 个。①

根据泰国学者巴屏·玛努迈威汶博士的研究，现代泰语双音节词中一些丧失了含义已不单独使用的词，有一部分也是源自汉语。②

分布在从广西、云南、越北、老挝、泰北、缅北到印度阿萨姆长达1500 公里的地带的壮族和傣泰语民族还无一例外地都使用干支纪年，而且，人们还发现，从素可泰泰人、兰那国泰人、西双版纳傣族、德宏傣族到掸邦掸族、老挝老族、越南黑泰人及印度阿萨姆的阿洪姆人，对于干支的称呼，几乎也都借用古汉语词。

张公瑾先生等对我国傣族干支借词和古代汉语读音进行过系统的比较研究，发现傣泰民族使用的干支的 22 个读音中，子、寅、卯、辰、巳、未、申、戌、亥、甲、己、庚、癸等 13 个字的读音明显来自古汉语，其余 9 个字从语言发展的关系来看，和古汉语也有着密切的关系。③

谢远章先生在张公瑾先生研究的基础上，加上素可泰和兰那泰人、缅甸景栋和北掸邦掸人以及越南黑泰人和广西壮族的干支读音制成附表进行比较，结果发现，张先生所研究的西双版纳傣族干支和泰国素可泰泰人、兰那泰人以及老挝老族人的干支称呼一致，而德宏傣族对干支的称呼缅甸掸邦掸族及越北黑泰人的干支称呼相一致。上述两组干支称呼只有个别发音有些差异，例如前一组称未为 met，后一组称 mot；前一组称戌为 set，后一组称 met 等。张公瑾先生进而认为，对傣族干支称呼和古汉语进行的比较研究的结论完全适用于从素可泰泰人、兰那泰人到掸

① 谢远章：《泰傣学研究六十年》，云南民族出版社，2008，第 72~74 页。
② 谢远章：《泰傣学研究六十年》，云南民族出版社，2008，第 74~75 页。
③ 张公瑾、陈久金：《傣历中的干支及其与汉历的关系》，载《中央民族学院学报》1977年第 4 期。

邦掸人、老挝老族人对干支的称呼。①

傣泰民族语言中保留着大量古汉语词汇，并广泛使用直接来自中国汉族的干支纪年，这一现象表明，傣泰民族的先民在迁徙分布到他们的后裔今天居住的这一带地区并接受了以佛教为主的印度文化之前，一定居住在中国中原王朝统治的范围内并受到华夏文明长期的熏陶。如果说傣泰语民族自古以来就居住在他们今天居住的地区，是他们今天居住的这个地区的土著居民，那么，华夏文化怎么会在傣泰语民族的语言文化中打下如此深的烙印呢？

按一些学者的说法，史书中记载的"越裳""滇越"和"掸国"是傣泰语民族的先民建立的国家。但据史书记载，"越裳"只是在很早的时候派使者访问过中国，而且，在"越裳"访问中国期间，今天傣泰语中保留着的一些古汉语词汇在当时的中国还没有，例如郡县制时代的郡字。

又据《史记》的记载，司马迁当时只是听说"昆明"以西千余里的地方有个"乘象国"叫"滇越"，西汉王朝同"滇越"并不曾有过交往，也一直没有交往。因此，如果司马迁仅仅只是听说过的那个与西汉王朝并不曾发生过交往的"滇越"是傣泰语民族的国家的话，他们的后裔的语言中怎么会保留着如此多的古汉语词汇呢？

至于《后汉书》记载的东汉时期的"掸国"，也只是派过几次使节拜访过东汉王朝。如果"掸国"是傣掸民族的先民建立的国家，这几次朝贡难道就会使今天的傣泰语民族的语言文化中吸收了那么多的华夏文化因素吗？

因此，说泰语民族或傣泰语民族自古以来就居住在他们今天居住的这一带地区，是当地的土著，或者说他们很早就已经在当地生息繁衍的话，是无法说明他们的语言文化中至今仍保留着这么多的中国华夏古文化的因素的。

那么，傣泰民族的先民先前到底在什么地方呢？

由于缺乏文字记载，一些学者另辟蹊径，希望能够揭开傣泰民族的

---

① 谢远章：《从素可泰碑使用干支纪年看泰族族源》，载云南省社科院东南亚研究所《东南亚》1983 年创刊号。

起源之谜。早在20世纪30～40年代，徐松石先生便在其《粤江流域人民史》和《泰族僮族粤族考》这两部书中，通过对从两广到中南半岛泰族地区的地名和其他有关的一些词汇的分析，揭示了中南半岛傣泰民族与两广、特别是广西壮族地区的历史联系。①

近年来，一些学者又从语言学的角度对傣泰民族的起源和迁徙进行了进一步的研究，并取得了较大的突破。

例如，罗美珍教授在其《从语言上看傣、泰、壮的族源和迁徙问题》一文中，对傣语、泰语和壮语进行了比较和分析，认为傣语、泰语和壮语不仅语法相同，而且在二千多个常用词中，有500个最基本的词是相同的，"从以上三种语言比较的情况来看，有五百个最为基本的词根相同，语音和语法又基本一致，说明三种语言起源于共同的母语，应是来源于一个祖先"。但是，"在所比较的两千词中，傣、泰语相同的词有一千五百个之多，而壮语中借汉语的词较多，傣语和泰语借汉语词较少。往往壮语使用汉借词，傣语和泰语则保留本族语词或用本族语成分创制的词，或者共同使用巴利语借词……"②

范宏贵先生在一篇题为《壮族与傣族的历史渊源及迁徙》的论文中对壮语和傣语中的894个词进行了比较分析后，也认为壮语和傣语不仅语法相同，而且有相当多的词汇也是相同的。在壮语和傣语的词汇中，相同的词汇又主要是一些农业、饲养业、野兽、饮食、天体、气象以及其他一些生活方面的词汇，例如，壮语和傣语中相同的词汇主要有农业方面的田、水、稻、刀、犁、耙、牛、轭、水牛、种子等；饲养业方面的猪、鸡、鸭、鹅、马、黄牛、水牛、羊、狗、猫等；野兽如象、虎、熊、猴子、狼、穿山甲等；饮食方面的碗、筷、米、饭、菜、盐、肉、酒等；天体、气象方面的天、太阳、月亮、星、云、雷、风、雨、雾、霜等；生活其他方面的被子、席子、枕头、梳子、梯子等，这些词汇的相同，表明在农业、狩猎业、饲养业存在的时候，甚至已经出现了被、席、枕

---

① 见徐松石《粤江流域人民史》，香港东南亚研究所，1938年初版，1967年再版，第18～24章；又见徐松石《泰族僮族粤族考》，香港东南亚研究所，1946年初版，1967年再版。

② 罗美珍：《从语言上看傣、泰、壮的族源和迁徙问题》，载王懿之、杨世光编《贝叶文化论》，云南人民出版社，1990。

头、衣、梳、梯的时候，壮族和傣族的祖先还生活在一起，与农业和狩猎业关系密切的词汇自然也相同。①

因此，范宏贵先生认为："大量基本词汇的相同，不可能是壮语借傣语的，也不可能是傣语借壮语的……词汇和语法上的相同，只能理解为壮、傣民族同一起源，否则无法说明这一奇特现象。"②

潘其旭先生对壮族和泰族的地名比较研究后也认为，壮语地名和泰语地名具有同一性，如与山地有关的地名，壮语有"岜隆"（phia lung，意为"大山"）、"岜灵"（phia ling，意为"猴子山"）、"岜发"（phia fa，意为高入天的山）；泰国有"岜安"（phia gnan，意为"美丽的石崖"）、"岜内"（phia noi，意为"小石崖山"）等，"岜"均有石山、崖石之意。与水有关的地名如：壮族地区有念伦（nam lun，意为"有涡流的河"）、念溪（nam khai，意为"开掘出的河水"）、念沌（nam tum，意为"水淹"）；泰国有南敬（nam ken，意为"主干河道"）、南滂（nam phang，意为"水浅弧流的河"）等，这些地名中的"念"或"南"即 nam 的音译，均为水或河之意。与田有关的地名如：壮族地区有那晓（na heu，意为"种荸荠的田"）、那录（na lok，意为"水车灌溉的田"）、纳么（na bo，意为"泉水灌溉的田"）、那派（na pai，意为"水坝附近的田"）纳必（na pit，意为"便于养鸭子的田"）；泰国则有那哩（na dei，意为"水土好的田"）、那墩（na dung，意为"坡地上的田"）、那内（na noi，意为"小块田"）等等。

因此，潘其旭认为："壮语和泰语地名有很多共同的地方，如'齐头式'地名。因此，壮语地名和泰语地名的组成形式和命名规律基本一致。而从深层文化历史来看，这种同一现象说明，壮族与泰族的先民曾在一定的地域里共同生活，因而对环境地理实体的命名形成独自的规律和习惯，以至于两个民族在分化过程中，仍然按照原有的习惯和同样的模式为新居地的地理实体命名，并世代相传"。③

---

① 范宏贵：《壮族与傣族的历史渊源及迁徙》，载《思想战线》1989 年增刊。
② 范宏贵：《壮族与傣族的历史渊源及迁徙》，载《思想战线》1989 年增刊。
③ 潘其旭：《从地名比较看壮族与泰族由同源走向异流》，载《广西民族研究》2001 年第1 期。

　　既然语言学的资料证明壮族和傣泰语民族是同源的，而今天壮族和傣泰语民族又分布在不同的地区，那么，他们中必然有一个群体是从他们早先居住的地方迁徙出去的。而多年来学者们的研究表明，壮族是岭南地区的土著民族，他们的先民就是"百越"中最西边的一些支系如瓯越以及骆越等。同时，既然大量研究表明，过去认为是越人或傣泰民族先民建立的国家如"越裳""滇越""掸国"等古国与傣、泰、老、掸等民族历史均没有关系，考古材料也难有充分的、明确可靠的证据来证明云南特别是滇西南和滇西乃至中南半岛一带自古就是越人分布地，而今天主要居住在滇西南和滇西的傣族和境外中南半岛的西部和中部的掸族、老族和泰族等傣泰民族却又被绝大多数学者认为源于古代"百越"族群，那么，答案就只有一个：傣族、掸族、老族、泰族等傣泰语民族就是从中国古籍中明确提到的那些越人的最西部地区，即当时的瓯越也即后来我们见到的壮族及相关的群体壮侗语民族先民的分布区迁徙过去的。

　　罗美珍在对壮族和泰族的语言进行了比较分析后，针对近年来一些学者新提出来的"泰族起源于泰国本土"的论断指出："这种语言上的亲疏关系说明壮族和傣、泰两族较早分化，傣族和泰族较晚分化。这种情况又恰与'南迁之说'相吻合……"[1] 进而认为，傣族和泰族是从今天壮族聚居的地区迁徙出去的。并认为，"这点就语言上看，在地名上是留下一定踪迹的。从两广沿着川、黔、滇直到老挝、越南、泰国都有傣、泰、壮语式的地名。据徐松石先生考证，两广有许多以'那'、'板'、'百'、'博'等字起首的地名。如广东台山有'那扶墟'；中山有'那州村'；防城有'板典'、'板兴汛'；钦县有'板暮'、'板'；东莞有'博夏'；来宾有'那研'；宜山有'板江'、'板莫'；邑州有'板定'、'板良'；百色有'百甲墟'；龙州有'百康'、'百农'等等。'那'在三种语言里是'水田'的意思；'板'是'村庄'之意；'百'或'博'是'口'的意思（即河口、水口）。这些地名留下了傣、泰族迁徙路线的痕迹。"[2]

---

①　罗美珍：《从语言上看傣、泰、壮的族源和迁徙问题》，载王懿之、杨世光编《贝叶文化论》，云南人民出版社，1990。

②　罗美珍：《从语言上看傣、泰、壮的族源和迁徙问题》，载王懿之、杨世光编《贝叶文化论》，云南人民出版社，1990。

范宏贵先生也认为，傣泰民族是从广西地区迁徙过去的。其提供的一些调查材料谈到，新平县位于元江河畔漠沙乡的花腰傣就传说他们的祖先是从广西迁到新平的。因此，西双版纳的傣族称新平、元江一带的傣族为"傣雅泐"或"傣裸该"，意为"停留下来的傣人"或"漏下来的傣人"。德宏瑞丽县的傣族也传说他们的祖先是从广西迁去的。①

国外一些学者在对傣泰语民族的起源进行研究时，也得出了相似的结论。A. G. 豪德里克特（Haudricourt）认为，公元前3世纪时，中南半岛是说南亚语系语言的民族的故乡，而今天的中越边境地区一带则是卡岱人的分布区。②豪德里克特所说的卡岱语，就是广义的泰语，或包括傣语和中南半岛泰语诸民族语言的今天的壮侗语族诸语言。

老挝的《南掌纪年》说老族首领坤博隆的长子坤罗率领民众自勐天（今越南北部奠边府一带）来到今天的老挝，与上述结论也是一致的。

专门研究泰国史的美国学者维亚特在其《泰国简史》一书中谈到傣泰语民族起源时，也认为，傣泰语民族的故土就在今天的广西和越南的红河三角洲一带。③

专门研究老挝史的美国学者福克斯在其《老挝澜沧王国的兴衰》一书中谈到泰老民族的起源时，也认为傣泰语民族起源于广西和越南北方一带。④

澳大利亚学者戴维也认为，早期泰人的故乡在越南北部和中国交界地区。⑤

但赛登法登则认为，泰人源于云南某地。⑥

泰北史籍《清盛纪年》说，率领傣泰民族先民的一支来到当地并建

---

① 转引自范宏贵《壮族与傣族的历史渊源及迁徙》，载《思想战线》1989年增刊。
② Emmanual Guillon，"The Mons: A Civilization of Southeast Asia"，The Siam Society，1999，p. 64.
③ D. K. Wyatt，"Thailand: A Short History"，New Haven，1984，pp. 5-6.
④ Martin Stuart-Fox，"The Lao Kingdom of Lan Xang: Rise and Decline"，White Lotus Press，Thailand，1998，p. 23.
⑤ B. J. 戴维：《泰人起源问题的再思考》，申旭译，载《民族译丛》1989年第4期。
⑥ 见 B. J. 戴维《泰人起源问题的再思考》，申旭译，载《民族译丛》1989年第4期。

立了清盛城邦的辛霍纳瓦王子是"贺人"（Ho）的儿子。① 傣泰民族语言中，"贺人"主要是指云南人。说辛霍纳瓦王子是"贺人"的儿子，可能也是指他和他率领的傣泰民族先民是从云南来的。

另外一位西方学者施莱辛格则说，语言学的证据表明，泰语民族起源于中国广西，后来，其中一些人从广西迁到了越南北部和云南，以后又从越南北部和云南迁到老挝、泰国、缅甸乃至印度东北部地区。②

因此，笔者的看法是，傣泰民族显然不是从什么西亚或中国北方迁徙而来的，南诏王国也不是"泰族"或傣泰民族建立的，但这个民族也不是自古以来就居住在他们今天居住的这一带地区的土著。他们的发祥地就在今天的壮族及其各支系的先民分布的地区，具体来说，最有可能的地方就是中国的广西西部和云南东部及其与越南交界的这一带地区。这一带地区也正是今天狭义的壮侗语民族与傣泰民族的交汇区。

---

① Sarassawadee Ongsakul，"History of Lan Na"，Translated by Chitraporn Tanranakul（into English），Silkworm Books，2005，p. 19.

② Joachim Schiliesinger，"Tai Groups of Thailand"，Volume 1，White Lotus Press，Thailand，2001，p. 22.

第七章

傣泰先民的迁徙及中国与东南亚现代傣泰诸民族的形成和演变

如果说傣泰民族的故土是在中国广西、云南与越南交界一带地区的话，那么，他们的先民是在什么时候离开他们的故土，迁到他们的后裔今天居住的地方，进而形成现在我们见到的中国的傣族和东南亚的泰、老、掸等民族及其诸多支系的呢？由于没有直接的文献资料，要回答这个问题，我们只能从别的方面入手，来推断出傣泰民族迁徙的时间和路线。

范宏贵先生在《壮族与傣族的历史渊源及迁徙》一文中，根据一些词汇所具有的时代特征，并参阅一些其他方面的资料，认为："在春秋时代以前，即距今 2700 年以前，壮族与傣族同一起源，共同生活在岭南一带。春秋到汉代以前，即距今 2700～2100 年前，已进入农业为主的社会，傣族的祖先从岭南向南迁徙，定居在现在的居住地。"① "傣族先民的民族大迁徙时间，大约是在春秋至汉代以前，即公元前八世纪至公元前二世纪的六百年间进行的"。②

在另一篇题为《泰族起源与迁徙再探》的论文中，范宏贵先生通过进一步对壮、傣、泰语言进行比较和对傣泰民族自己的一些文献进行分析后认为，与中国傣族同源的今天泰国的泰族的先民也是在同一时期从广西一带迁出的。范宏贵先生认为："在公元前 2 世纪以前，壮、泰、傣

---

① 范宏贵：《壮族与傣族的历史渊源及迁徙》，载《思想战线》1989 年增刊。
② 范宏贵：《壮族与傣族的历史渊源及迁徙》，载《思想战线》1989 年增刊。

等族还是一个人们共同体，尚未分化成不同的民族。他们于不同时期、不同路线、分多批次地由北向南迁移。……在漫长的迁徙过程中，广西右江以南地区，云南的文山地区、西双版纳地区成为中继站，在此歇脚，然后再继续向南行走。"①

　　然而，在论证泰语民族从华南向外迁徙的时间时，范宏贵先生谈道："现今出版的傣族历史著作，如集体编写的《傣族简史》，江应梁的《傣族史》，曹成章、张元庆的《傣族》，从历史文献中追溯傣族的最早记载是汉代，江先生讲得很清楚，'《史记·大宛列传》载：昆明之属无君长，善盗寇，辄略杀汉使。然闻其西千余里，有乘象国，曰滇越'。这是历史文献中论述傣族先民最早的记载。"②

　　笔者认为，范宏贵先生从语言学的角度对壮语、傣语和泰语进行比较分析提出的关于泰语民族与壮族同源以及泰语诸民族均是从岭南一带迁徙到云南乃至中南半岛的论断是极有道理的，但是，说公元前 8 世纪至公元前 2 世纪这一时期就已"定居在现在的居住地"，所举的例子却是"滇越"，显然又是沿袭了我国傣泰民族史研究领域的讹误。

　　潘其旭先生在其《从地名比较看壮族与泰族由同源走向异流》一文中也认为："我们对泰国北部的泰语方言称为'交趾语'和操'交老语'的缘由，就有可能找到较为合理的线索和答案：他们同属古代百越族群某支的后裔，可能是迟至秦汉时期由中国岭南先后向中南半岛迁移。迁移的路线，可能是一路朝西北线溯江而上，沿柳江、南盘江至贵州转云南，经老挝进入泰北；一路是沿西线郁江、邕江、左江，经越南、老挝移入泰北。三国时治今云南曲靖市的交州（今壮族居住地之一），唐代治今云南西畴县的交趾城（今壮族居住区之一），也许就是其迁徙和与壮族和布依族分化过程中留下的地名踪迹。泰北方言又称'交老语'，亦反映了这部分泰北的泰人先民由越南经老挝的中转历程。而在他们迁移之前，50 万秦兵南下，与越人交战八年之久，秦才统一岭南设桂林、南海、象郡。当时秦国和秦人在越人心目中是极为深刻的。至汉代之际，汉族尚

---

　　①　范宏贵：《泰族起源与迁徙再探》，载云南省社科院东南亚研究所《东南亚》1991 年第 3 期。

　　②　范宏贵：《壮族与傣族的历史渊源及迁徙》，载《思想战线》1989 年增刊。

在形成当中，尚鲜有'汉人'之称，岭南越人便将南下的中原人仍视为秦国之人。故早先迁徙分化的南越人知秦而不知有汉，后随国界划定，又隔绝千山万水，其后裔（如泰、老、掸族系）也就习称中国为 mueng chin 即'秦国'，称汉人为 khon chin 即'秦人'，称汉语为 pasa chin 即'秦语'。喜欢与一些外国人称中国为'唐'，中国人为'唐人'的情况相似。这些称谓，在一定程度上反映了其先民在历史上最迟迁徙和开始分化的时代的印迹。"①

笔者的看法则是，即使是那个时候真的就发生了傣泰民族先民的迁徙，也只是刚刚开始，而这个民族群体的主体的迁徙肯定是在更后来的时期。

从现在保留在泰语诸民族的语言中的一些古汉语词汇来分析，很难说泰语民族先民的主体那么早就从其故土迁到了今天的居住地。例如，后来泰语诸民族普遍实行的"格温"制，即把他们统治下的少数民族山区分为若干"格温"或"圈"或"根"，前面已经指出，所谓"格温"或"圈"或"根"实际上就是古汉语"郡"字的谐音。我们知道，"郡"是秦朝统一中国并实行郡县制后设置的最高一级地方行政单位，汉代沿袭了秦代的郡县制，一直到唐代才废除了郡的设置。傣泰语民族古代政治制度中的"格温"制即"郡"制表明，这个民族群体至少在秦汉时期仍然还在中国中原王朝的统治范围以内。

又如，今天的傣泰语诸民族都使用干支纪年，据研究，干支在我国虽然已有着悠久的历史，但早期的干支只是用来纪日，并不用来纪年。一般认为，用干支来纪年是西汉后期才开始的。② 因此，傣泰语民族接受华夏民族的干支纪年应当是在西汉后期以后乃至东汉以后的一段时期了。

而且，除了特殊的由于战争引起的迁徙以外，一般来讲，这种迁徙是相对缓慢的，正如潘其旭在分析了壮族地区的壮语地名和泰国的泰语地名后所说的那样："现代的壮族和泰族的聚居地域相距上千里，壮语地名和泰语地名仍保持着很大的一致性，其主要原因，一是在其分化之前，大的共同语的语言系统、基本词汇和语法结构的模式已趋向定势；二是

---

① 潘其旭：《从地名比较看壮族与泰族由同源走向异流》，载《广西民族研究》2001 年第 1 期。

② 刘乃和：《中国历史上的纪年》（上），载《文献》第 17 期，1983 年 9 月号。

由于壮族和泰族自古为稻作民族，即使迁徙也是渐进性环链式的，而不是背乡弃田的长驱或跳跃式。这当中曾经与壮族保持着相近的活动地域，然后才逐步向远地推移。从历史和语言来观察，到宋代尚有一部分壮族分化向东南亚移动，同一模式的地名也就连成一片，可以说，这些'齐头式'的地名留下了泰族迁徙路线的足迹。"① 笔者认为，只是，这种迁徙，特别是泰语民族先民的主体的迁徙发生的年代要比作者推断的更晚。

由于没有明确可靠的记载，一些学者试图用新的方法对傣泰民族的先民从今天壮族居住区迁徙出去的时间进行探讨。例如，黄兴球博士在其《壮泰族群分化考》一书中，就利用了大量的语言学资料，在前人研究的基础上，运用新的理论和方法对壮泰族群分化的时间进行了更为系统的考证。

黄兴球博士通过对"数词语音的时代特征""语言分化的年代测算""使用桌子和椅子""外来作物的传播""用瓦盖房的时间""板—勐结构的出现"等六个历史事件发生的时间进行了考察后，得出了壮泰族群最早开始分化的时间是公元 6 世纪的结论。作者认为，6 世纪时，中国中原地区的桌椅文化传向岭南地区，壮泰族群中的泰族、佬族、掸族已不受其影响，他们直到现在还没有使用桌椅的习惯，说明他们当时已经离开岭南地区。芥菜与白菜在泰族和佬族语言中同名，说明他们没有将这两种植物区别开来，亦即 6 世纪大白菜在中国北方被培育出来，还没有传播到岭南地区时，泰族、佬族和掸族已经离开那里。8 世纪时，中国的地方官努力"教民陶瓦"的时候，泰族、佬族和掸族也已经离开岭南，所以他们一直用茅草、木板和树叶来盖自己的干栏房。另外，作者认为，从壮泰族群借自汉语的整套具有中古汉语语音特征的数词来看，他们的分化只能发生在唐末（9 世纪）以前。"勐"体制出现于壮泰族群社会的时间是 9~10 世纪。用壮语和岱侬语、壮语和老挝语、岱侬语和泰语的斯瓦迪思一百词、二百词的分化年代测算，它们的分化都发生在唐朝末年的 9 世纪。所以，作者的结论是：从 6 世纪开始，壮泰族群就开始分化

① 潘其旭：《从地名比较看壮族与泰族由同源走向异流》，载《广西民族研究》2001 年第 1 期。

了，这种分化行为一直向后延续到8、9世纪甚至更晚的时间。①

黄兴球的结论进一步否定了傣泰民族是土著居民和他们的先民在公元前或公元初就已经居住在今天傣泰民族分布的地区并在当地建立了国家的观点。此前，我国一些学者为了证明傣泰民族是土著以及证明今天的傣、泰、老、掸、阿洪姆人等民族就是在今天他们居住的这片地区发展形成的，常常把中国史籍中提到的西汉时期在"昆明以西千余里"的"滇越"和东汉时期几次到中国来朝贡的"掸国"，说成是傣泰民族在今天德宏和缅甸北部一带建立的国家。作者在其《壮泰族群分化时间考》这部书中，根据其对所掌握的资料和对语言学和历史学等其他学科资料的深入分析，认为，中国古籍中记载的"交趾"西边的那些包括"滇越"在内的"西南夷"应该被排除在"百越"的范围之外。② 公元初前往中国朝贡的"掸国"也与今天缅甸境内的掸族没有关系。③ 这些看法虽然此前就有学者提出过，但是，由于作者具有较高的语言学功力，因此，其在这部书中用令人信服的新方法和新资料对之进行了进一步的证实，显得更加具有说服力。

克里斯·贝克尔在对泰语民族从越人中分化出来并向西迁徙的过程进行探讨时也认为："这种散布（即迁徙——引者）不是一个简单的、线性的过程，（傣泰民族今天这种分布状况）是由一批一批的小群体经过数千次短距离的迁徙后才形成的。这些民族的传说（在讲到他们的祖先迁徙的时候）一般提到的就是首领率领几千人的迁徙。"④

也就是说，即使是泰语民族的先民中有一部分人很早就离开了他们的发源地，这个民族的主体到达他们今天的居住地并形成今天的傣泰语诸民族也是若干世纪以后的事了。

傣泰民族的先民在向中国云南西南边地和中南半岛迁徙的过程中，逐渐分化，并在分化的过程中，不断与当地其他民族融合，逐渐形成了一些新的支系，最终形成了我们今天见到的这些虽然关系密切却又有差

---

① 黄兴球：《壮泰族群分化时间考》，民族出版社，2008，第49～246页。
② 黄兴球：《壮泰族群分化时间考》，民族出版社，2008，第237页。
③ 黄兴球：《壮泰族群分化时间考》，民族出版社，2008，第241～243页。
④ Chris Baker, "From Yue To Tai", in Journal of the Siam Society, 90.1 & 2 (2002), p. 9.

别的新的民族。

越南学者认为,在泰语民族的迁徙分化过程中,其东部支系形成的时间最早。① 所谓的东部支系指的就是今天分布在越南西北部及其周围一些地区的泰语族群。这些民族有的自称为 Tai,也有的自称为 Dai,过去我国学者在论及越南西北部地区的这些泰语民族时,多将其译写为"岱",其支系有"岱稿""岱浪""岱良""岱藤""岱美""岱康"等等,但越南民主共和国成立以后,正式将这些民族定名为 Tai,故现又多将其译写为"泰"。施莱辛格也认为,今天居住在越南北部的泰语民族是最早从原始泰语族群中分出来的几支。②

关于越南西北地区的这些岱泰民族及其支系出现或形成的时间,学术界的看法并不一致。越南有学者认为,早在公元前 3~4 世纪的时候,就有一部分被称为"虑"的古泰人在今天越南西北地区的孟清(奠边)及其周围地区建立了"国家"。据说今天莱州奠边县、巡教县和山萝省的马江县一带仍留有"虑人"的许多地名,如三门城(三万城)、纳虑田、孟虑乡等等。③

也有学者认为,直到公元 10~14 世纪这一时期,越南岱泰民族中的白泰、黑泰、红泰支系的先民才先后迁到越南西北地区。④

越南学者邓严万认为,今天越南的岱泰民族的先民可以追溯到古代的骆越人和与之有关的一些当时分布在今天中国广西、云南和越南北部的民族群体,邓严万谈道:"在找到的泰人、佬人和越南西北、老挝的卢人的各种传说和手抄材料,都统一记载说:泰人、佬人和卢人在进入印度支那以前的故乡是在'九条河汇合'的地方,即红河(南刀)、沱江(南德)、马江(南那)、湄公河(南空)、南乌河、南那河,还有两条在中国的不知名的河流。上述材料还记载他们的祖先居住的各勐(即区域、'国家'),如勐翁、勐埃、勐洛、勐贺、勐波德、勐俄、勐阿、勐敦黄。

① 〔越〕邓严万:《越南岱—泰各民族集团的形成时间及其过程》,范宏贵译,载云南省历史研究所《东南亚资料》1983 年第 1 期。

② Joachim Schiliesinger, "Tai Groups of Thailand", Volume 1, White Lotus Press, Thailand, 2001, p. 22.

③ 陈科寿:《越南泰族的社会及文化》,载云南省历史研究所《东南亚资料》1982 年第 3 期。

④ 陈科寿:《越南泰族的社会及文化》,载云南省历史研究所《东南亚资料》1982 年第 3 期。

现今已确定这些地名都在现在的云南南部。特别值得注意的是，勐天或勐腾即现今的奠边府一带。过去的勐天可能较宽，包括勐德、越南西北马江一带和老挝的丰沙里地方。勐天的意思，可能是天的勐。在越南的西北、老挝，甚至泰国的泰族几乎都认为勐天是他们祖籍的地方。"①

施莱辛格在论述中越边境地区古代壮族和傣泰民族的先民分离以及中国云南南部傣族和越南北部的岱泰民族的形成时也认为："在公元初的几个世纪里，当中国和越南都加强了对当地的行政和军事控制并沿着红河流域向北方深入的时候，当地的泰人被分为了两个群体。第一个群体包括了中国南部的云南省的（傣）泐人和今天老挝东北部和越南西北部的泰丹（黑泰）和泰皓（白泰）。生活在今天奠边府一带勐天地区黑水河以西的泰丹人在当时是定居在最南端的泰语民族。一些资料表明，这些人是今天居住在老挝、泰国和缅甸的所有泰语民族的祖先。在新的地理、政治和文化环境下，由于与他们北方的亲族同胞隔离，他们的习俗和文化沿着另外的方向发展了。被语言学家判定为说原始泰语的第二个群体居住在东南亚的东边一隅和红河流域北边和东北边，他们受到了中国文化的强烈影响。这一个群体包括好几个支系，名称也各不相同，中国的官方文献中把他们统称为壮族，包括了当地一部分土人和侬人。中国广西和贵州以及越南西北部地区的这些泰人后来在语言和文化方面发生了分化，朝着不同的方向发展了。"

"在公元 5~8 世纪这一时期，一些主要的泰族支系已经在越南北方的黑水河流域和老挝最东北边和邻近的中国的一些地区定居下来了。1990 年在越南北方的奠边府也就是主要由泰丹（黑泰）人居住的泰人的勐天城发现了 5 个铜鼓，据研究，这些铜鼓就是属于泰人的，其年代距今已有 2000 多年了。过去一些历史学家和考古学家认为，勐天曾经是泰人的中心和西双楚泰的王城所在地，有关铜鼓的考古发掘支持了这种理论"。

"根据泰丹人的口传史，他们传说中的故土勐天是一个分布于黑水河

---

① 〔越〕邓严万：《越南岱—泰各民族集团的形成时间及其过程》，范宏贵译，载云南省历史研究所《东南亚资料》1983 年第 1 期。

流域的由 12 个封建邦国结盟而成的统一的政治组织的都城,他们把这个政治组织叫做'西双楚泰',意为'十二泰邦'。"①

　　但关于岱泰民族的最后形成,邓严万认为是公元 11 世纪占据今天中越边境一带地区的侬志高起兵失败以后的事了。邓严万说:"侬志高起兵之后,中国和越南的两个朝廷更加严密地控制了这个地区。两国的边界逐渐得以清楚划定,各国极力将自己的文化同化这个地方的各个民族。自此,结束了这个东支岱—泰民族集团的共同祖先的历史。在中国的部分形成壮部族,包括壮、侬、沙、水、高栏等各集团。在越南的部分形成岱部族,与越族的关系日益密切。后来,岱集团与在中国的部分壮人小集团,经过一段历史时期后,和从平原地区上来的越人各集团混合,形成现今在越南操岱泰语言的民族集团。"②

　　越南学者收集到一份很有意思也很有价值的关于和平省枚州县白泰人用当地泰文书写的族谱《何公宗族来历》,书中开头写道:"我们祖先此前的根基在广西。"③《何公宗族来历》中提到了广西。查广西政区的记载,我们得知,宋代广西为广南西路,元代设广西道,明代设广西行中书省,此后广西一名一直沿用。那么,何姓进入今天越南并演化为泰人应该是在元代以后的事。该族谱记载了 27 代人的历史,至 19 世纪 70 年代止。若以一代人 25 年计算,共 675 年。若算到今天,约 800 多年,与广西地名出现的时间相一致。④

　　越南西北地区流传下来的另外一部泰文手稿《版勐纪事》也有当地的黑泰人迁徙的记载。有学者研究认为,该手稿中记载的那些黑泰人的故乡在中国的西双版纳,他们是在大约 10 世纪中叶的时候进入到今天越南西北地区的。也有人认为,黑泰人的故乡不是西双版纳,而是云南的红河州境内。⑤

---

① Joachim Schliesinger, "Tai Groups of Thailand", Vol. I, White Lotus Press, 2001, Bangkok, pp. 31 - 32.

② 〔越〕邓严万:《越南岱—泰各民族集团的形成时间及其过程》,范宏贵译,载云南省历史研究所《东南亚资料》1983 年第 1 期。

③ 转引自范宏贵《同根生的民族——壮泰各族渊源与文化》,民族出版社,2007,第 163 页。

④ 范宏贵:《同根生的民族——壮泰各族渊源与文化》,民族出版社,2007,第 164 页。

⑤ 范宏贵:《同根生的民族——壮泰各族渊源与文化》,民族出版社,2007,第 173~175 页。

克里斯·贝克尔在分析今天越南西北地区的泰族群体的形成过程时也认为，这个群体是从公元初到 13 世纪这一时期从红河流域不断进入今天越南西北山区的骆越人逐渐混合形成的。[①] 说明中国元代时期仍然不断有人迁徙到今天越南西北部地区并汇入当地泰人的群体中。

综合目前所能接触到的资料，笔者认为，今天越南西北地区的岱泰民族的形成实际上经历了一个漫长的过程，很可能的情况是：古代的骆越人和与之有关的一些当时分布在今天中国广西、云南和越南北部的民族群体中的一些支系，包括那一部分被称为"虑"的群体，大概在公元前 3 ~ 4 世纪的时候开始进入今天越南西北地区的孟清（奠边府）及其周围地区，形成了一个从广西西部、云南南部到越南北部的早期傣泰民族分布带。后来，不断有些操原始泰语的民族群体从他们共同的发源地迁出，进入今天越南的西北以及周围一些地区，特别是在公元 10 ~ 14 世纪这一时期，越南岱泰民族中后来被称为白泰、黑泰、红泰等支系的先民先后迁到越南西北地区，经过融合后，最终才形成了今天我们见到的越南西北部及其周围地区的泰语民族。

在原始侗泰语民族分化和傣泰民族的先民从他们的故土迁出的过程中，留在今天中国境内的那一部分人中的大部分人，后来逐渐"汉化"而形成了今天我们所见到的壮族等民族；分布在今天越南北方的骆越群体也被"汉化"而演变成了今天越南的主体民族现代越族或京族，另外一些群体则在后来的"汉化"或"汉越化"的过程中形成了今天越南北部地区的侬、沙等民族或他们的支系；向西或西南方向迁徙到中国云南西南部和西部即今天的西双版纳和德宏等地和中南半岛中部和西部地区的这个民族群体中的大部分人，在后来的历史发展过程中逐渐与当地其他民族融合并接受了印度的文化，演变成了今天我们所见到的傣、老、泰、掸诸民族及其支系；而迁入今天越南西北及其周围一些地区的那些民族群体，在后来的历史发展过程中，既没有像他们东边的亲缘群体一样被"汉化"或"汉越化"，从而变成了新的民族，也没有像他们西边的那些同胞那样被"印度化"，而是更多地保留了原始泰语民族或原始侗泰

---

① Chris Baker, "From Yue To Tai", in Journal of the Siam Society, 90. 1 & 2 (2002), p. 7.

语民族的文化特征，其最明显的一个特征就是，这些泰语民族群体在文化方面受中国汉族文化或后来越南北部地区越人的"汉越文化"影响的程度，不像他们东部的壮族和侬族等亲缘民族那样深，也不像他们西部的那些"印度化"的同胞一样信奉小乘佛教，而是保留着泰语民族的原始宗教。

这个民族群体应当还包括分布在今天中国云南元江、玉溪等地的傣族即"傣亚"这一支，也即所谓的"花腰傣"。据西双版纳的传说，从前佛主云游到傣族地区，傣那、傣泐、傣绷、傣艮等都赶去赕佛，聆听佛主讲经说道，惟有傣亚来迟了。傣亚人来的时候，佛主已走，佛事已散，所以这一支就被称为"傣亚"，不信佛教。又据傣亚人的传说，在古老的年代，在傣族大迁徙中，大队伍已经往南走远了，看他们披荆斩棘，砍倒的芭蕉树都抽心发芽长大长高了，自认追不上，是"散落"在后面的一支，故称"傣亚"。①

在一部分傣泰民族的先民向今天越南西北部及其周边地区迁徙和发展的同时，还有一些群体则向更远的西部或西南部迁徙，这些群体最后定居在今天云南西南部的西双版纳和西部的德宏以及中南半岛的老、泰、缅等国，并逐渐接受了印度文化，形成了今天我们所见到的泰语民族这个群体的主体，也就是今天中国云南西双版纳和德宏的傣族以及今天老挝的老族、泰国的泰族、缅甸的掸族及这些民族的各个支系。

至于今天居住在金沙江流域的少部分傣族，则是傣泰民族先民迁徙中向西北方向走的支流，而且当地的傣族可能已经有很大一部分被其他民族融合同化了。②

西双版纳傣族的先民是什么时候开始进入当地并形成今天我们见到的当地傣族的呢？当地傣族的文献中虽然有许多关于他们祖先迁徙的故事和传说，但都没有明确可靠的时间。许多学者认为，中国古籍中提到的我国宋朝时期分布在南诏、大理国统治范围内的一些民族就是傣族的先民。例如，《蛮书》卷4记载说："茫蛮部落，并是开南杂种也。"卷6

---

① 高立士：《傣族支系研究》，载《中央民族大学学报》1998年第6期。
② 范宏贵：《同根生的民族——壮泰各族渊源与文化》，民族出版社，2007，第69～71页。

又说："开南城在龙尾城南十一日程……茫乃道并黑齿等类十部落皆属焉。"开南城在今景东地区，为开南节度治所，其下茫乃道即今西双版纳景洪地区。一些学者认为，这里的茫蛮部落中有一部分可能就是当时分布在今天西双版纳一带的傣族先民。[1]

到了公元 11 世纪以后，傣族先民在今天西双版纳一带的势力进一步壮大。许多学者认为，据西双版纳傣族史籍《泐史》记载，大概到了1180 年时，今西双版纳一带的傣族便在当地建立了一个勐叻或"景龙金殿国"的国家。[2]

关于傣族先民在西双版纳一带建立勐泐国或景龙金殿国的一些具体细节还存在诸多需要进一步探讨的问题，比如说，根据《泐史》的记载，这个国家是一位叫做叭真的首领建立的。但是，据笔者研究，这个建立勐泐的叭真其实就是泰北一带传说的坤真，所谓叭真，只是随着佛教传入西双版纳以后而传进来的泰北的首领坤真这个名字佛教化了的名字而已。他本人并没有到过西双版纳，因而也就不可能在当地建立政权。[3] 然而，从这个时期整个西南边疆和境外中南半岛一带的民族更替、消长的历史形势来看，虽然叭真并非西双版纳历史上的一个真实的人物，但当地傣族的先民在这一时期崛起并建立政权的事却应该是有可能的。

勐泐政权的建立，标志着西双版纳傣族的主体傣泐人的正式形成，傣泐即勐泐的傣人。此后，傣泐这一支一直统治着西双版纳一带。后来，随着不时与周边一些国家的战争以及近代西双版纳一部分被法国殖民者强行占去，才有一部分傣泐人流散到国外。

在谈这些向西迁徙的早期傣泰民族的先民的历史时，不能不提到哀牢。美国传教士杜德在其《泰族——中国人的兄长》一书中论述泰语民族的起源和早期历史时，曾说泰语民族起源于西亚，以后才迁徙到中国，而且，到中国后，他们最初是居住在北方，后来才因中国人的压迫迁往

---

① 江应樑:《傣族史》, 四川民族出版社, 1983, 第 102 ~ 103 页。又见《傣族简史》编写组《傣族简史》, 云南人民出版社, 1986, 第 44 页。

② 江应樑:《傣族史》, 四川民族出版社, 1983, 第 176 ~ 177 页。又见《傣族简史》编写组《傣族简史》, 云南人民出版社, 1986, 第 53 ~ 57 页。

③ 何平:《叭真不是西双版纳第一代召片领——叭真真相再考》, 载《思想战线》2011 年第 1 期。

南方的。为证明其观点，杜德还把拉古伯里提到的中国史书中记载的“大蒙”“巴人”“哀牢”“南诏”和“摆夷”等串起来，弄出了一个关于泰语民族起源和七次大规模迁徙的理论。杜德说，第一次迁徙是公元前6世纪一部分泰族从中国中部迁往缅甸东北部地区；第二次为公元前338年秦灭巴国使一部分泰族迁入云南；第三次迁徙就是被称为哀牢的一支泰族在公元78年从云南向缅甸东北部地区的迁徙；第四次是公元345年，由于“中国人（实即汉族——引者）……在极西的九隆地区征服了僚，使泰族（僚）从中国‘九隆地区’越过整个华南进入印度支那”；第五次发生在公元7~8世纪，由于中国人在安徽、江西的“大征服”，使另外一些泰族在公元10世纪时从安徽、江西迁入湖南、贵州、广西，再迁到中南半岛；第六次，1053年以后，由于中国人的又一次征服战争，又有一支泰族从珠江支流西江流域南迁到越南北部和泰国东部；第七次发生在公元1234年，即元灭南诏后，当地的泰族从云南迁入了中南半岛。他还特别说明，在中国境外的哀牢现为泰族，在这一时期，由于七次迁徙，再加上这次迁徙之间，哀牢族不断地渗入印度支那，遍布于现在的东京（指越南北部地区）和法属老挝诸邦的朗勃拉邦和万象以及暹罗的北部。①

事实证明，杜德的这种观点是错误的，尤其是说傣泰民族起源于西亚并一度居住在中国北方以及后来在云南西部建立了南诏王国等等，均被证明是站不住脚的。

但是，杜德提到的中国史籍中记载的有些古代民族或部落，比如“哀牢”，到底与傣泰民族有没有关系？却仍然值得深入研究。

哀牢是中国古籍中提到的一个民族群体的名称。最早的是东汉杨终的《哀牢传》，惜已失传。之后，常璩的《华阳国志》、范晔的《后汉书》当为现存记录哀牢历史的最早记载。此后，郦道元的《水经注》，杜佑的《通典》，李昉等撰的《太平御览》，马端临的《文献通考》，田汝成的《炎徼纪闻》，杨鼎的《南诏通纪》等均有哀牢的记载。

---

① William Clifton Dodd, “The Tai Race: Elder Brother of the Chinese”, White Lotus Press, Thailand, 1996 (reprinted), pp. 1 - 19.

由于杜德把哀牢的历史同南诏的历史搅在一起，而事实证明南诏并不是泰族建立的国家，所以，我国一些学者在批判杜德的观点时，也否定哀牢与泰语民族有关系。例如，有学者就认为哀牢属于氐羌民族族系的"昆明人"。① 但是，说哀牢人是氐羌族系似乎有些牵强，对此，笔者已在相关论著中作过分析。② 这里想要补充的一点是，属于氐羌族系的许多民族在早期都有父子连名的习俗。南诏早期的父子连名制在学术界早已众所周知。另外一个从氐羌族系中分化出来的民族缅甸的主体民族缅族在早期历史上也实行过父子连名制。如蒲甘王朝早期几代王的名字按顺序是骠苴低、低蒙苴、苴蒙伯、伯梯利、梯利干、干兜立等。③ 而哀牢早期几代王的名字，《后汉书·哀牢传》唐章怀太子李贤注引《哀牢传》说："九隆代代相传，名号不可得而数，至于禁高乃可记知。禁高死，子吸代；吸死，子建非代；建非死，子哀牢代；哀牢死，子桑藕代；桑藕死，子柳承代；柳承死，自柳貌代；柳貌死，子扈栗代。"并没有父子连名制的痕迹。

明董难《百濮考》还曾认为："哀牢即永昌濮人。"因此，也有学者据此认为，哀牢人即是"濮人"。④ 但是，这也并没有足够的根据。杜佑《通典》卷187提到："诸濮与哀牢地相接。"似乎已经说明了"濮人"与"哀牢"的区别，不应将他们相混淆。

近来还有学者提出哀牢是今天缅甸的克伦族的祖先的观点。⑤ 但作者只是从史书中记载的一些哀牢的习俗与克伦人的习俗方面来考察，证据似乎也不是很充足。

还有一些学者则认为，哀牢可能就是早期的傣泰民族之一。

中国史籍在提到哀牢的时候，哀牢的主体似乎是居住在今天云南西

---

① 马耀：《云南二十几个少数民族的源和流》，载《云南社会科学》1981年第1期。黄惠焜：《哀牢夷的族属及其与南诏的渊源》，载《思想战线》1979年第6期；又收入黄惠焜《从越人到泰人》一书，云南民族出版社，1992；黄惠焜：《略论哀牢夷族属非濮——关于"哀牢夷源出濮人"的商榷》，见黄惠焜《从越人到泰人》。

② 见何平《从云南到阿萨姆：傣—泰民族历史再考与重构》，云南大学出版社，2001，第5章。

③ 戈·埃·哈威：《缅甸史》，姚梓良译，商务印书馆，1973，第597~598页。

④ 转引自方国瑜《中国西南历史地理考释》，中华书局，1987，上册，第22页。

⑤ 范宏贵：《克伦人乃哀牢的后裔》，载首届中国与东南亚民族论坛编委会编《中国与东南亚民族论坛论文集》，民族出版社，2005。

部的地区。《后汉书·西南夷传》说："永平十二年（公元 69 年），哀牢王柳貌，遣子率种人内属，其称邑王者七十七人，户五万一千八百九十。口五十五万三千七百一十一。西南去洛阳七千里，显宗以其地置哀牢、博南二县，割益州郡西部都尉所领六县合为永昌郡……"

但是，《华阳国志·南中志》在追溯哀牢的历史时是这样说的："永昌郡古哀牢国，哀牢山名也，其先有一妇人名沙壹，依哀牢山下居。"《后汉书·西南夷列传》也记载说："哀牢夷者，其先有妇人名沙壹，居于牢山。"

从史书的这些记载中，我们可以看出，东汉时期的永昌虽然是"古哀牢国"的地方，但是，这个名称是因为哀牢山（牢山）得来的，而哀牢人的祖先原先是居住在哀牢山一带的。笔者认为，这里所说的哀牢山或牢山，指的应该就是今天云南南部元江流域的哀牢山一带。这一带地区正好与今天的越南和广西相近，是早期傣泰民族先民活动区域之一。按照史书的记载，哀牢人最初就生活在这一带地区，后来，一些哀牢人向西边迁走了，那就是中国早期史书中提到的哀牢。

按照《后汉书·西南夷传》的记载，哀牢是在永平十二年（公元 69 年）才归顺东汉王朝的。

后来，哀牢时有反叛，不断遭到中央王朝的讨伐，许多人被迫迁走，永昌郡人口大减，所以，《南齐书·州郡下》便有"永昌郡，有名无民，曰空荒不立"的记载。以至到东晋成帝时（公元 325 ~ 342 年）不得不最终废除了永昌郡和哀牢县。

此后，史书中就不再见有关于哀牢人的记载，代之而起的就是"僚"。据戴裔煊先生研究，"僚"就是早先的"哀牢"，这两个词又来源于"骆越"的"骆"，他们"整个民族之老家为骆越地"。[①]

先期西迁的哀牢后来不再见史书有记载，很可能是融合到当地别的民族群体中去了。而还有一些哀牢人可能后来向南或西南迁徙，迁到今天的老挝和越南西北一些地区去了。

例如，越南和中国的一些史籍后来把今天越南西北地区和老挝一些

---

① 戴裔煊：《僚族研究》，载中南民族学院民族研究所资料室编《南方民族史论文选》，1982 年 10 月印，见 223 页。

地区也叫做哀牢，如《大越史记》外记卷四《赵越纪》说："赵越王庚午三年（梁大宝元年，公元 550 年），（李）天宝兵败，乃收余众万人，奔哀牢境夷獠中。"

《大南一统志》清化省山川条云："马江……自云南九龙江发源，经哀牢入兴化枚州。"

《越史通鉴纲目》前编卷四引黎阮荐《舆地志注》云："哀牢部落甚繁，在在有之，皆号曰牢。今考诸书，则哀牢今属云南，唯族类甚繁，散居山谷，故我国（指越南——引者）沿边、老挝万象以至镇宁、镇蛮、乐边诸蛮，俗皆以为牢。"

《皇明象胥录》卷三也载，嘉靖九年（公元 1530 年），"（莫）登庸立子方瀛为国大王，而僭称太上皇，率兵攻蟃清化，蟃败走义安及蔡州，复穷追，走入哀牢国，哀牢即老挝也"。

又徐延旭《越南山川略》云："越南有大横山……山西北接隅为万象国，古之哀牢国也。"

并且，越南人在历史上还多次入侵老挝的哀牢国，如《越南历代疆域》的作者陶维颖即根据其所掌握的资料论述说："公元 1290 年，陈仁宗战败元军之后，计划征哀牢国，因为它经常和牛吼入犯沱江方面的我国边界。公元 1294 年，上皇陈仁宗亲征哀牢，生擒人畜甚众。公元 1297 和 1302 年，范五老受命击哀牢。到公元 1330 年，上皇明宗又事亲征。""上皇因见牛吼常依靠哀牢而不肯臣服，认为要平定牛吼，必须先给哀牢以沉重的打击。因此，于开佑六年（1334 年），上皇打算由义安道进兵，直攻哀牢国（其时，哀牢有两个国家：万象即永珍和老挝琅勃拉邦）。……上皇命军队追击哀牢人，但哀牢仍不肯降服"。[①]

因此，我认为，中国早期史籍《后汉书》中所说的活动在今天云南西部地区的哀牢，很有可能就是哀牢这个群体中西迁的一支，而后来被越南和中国史籍提到的哀牢则是迁到今天老挝和越南西北部地区的另外一些哀牢人。

据前引《大越史记》外纪卷四《赵越纪》记载，赵越王庚午三年

---

① 〔越〕陶维英：《越南历代疆域》，钟民岩译，商务印书馆，1973，第 320～321 页。

（梁大宝元年，公元 550 年），李天宝兵败，率余众万人"奔哀牢境夷獠中"。这里说的哀牢，应该是指今天的老挝。

《越史要》卷一说得更清楚："国史梁简文帝大宝元年，李天宝与族李佛子起兵抗梁，为陈伯先所败，入九真，走哀牢，筑城自居，号桃郎王。按九真今为清（清化）义（义安）静（河静），桃郎所居地，盖即邻清义之哀牢，而非隶云南之哀牢也，明甚。"

有学者指出："西方学者关于哀牢问题的观点和我国（一些）学者的观点不能相提并论。在哀牢问题上，我们既要批判西方学者对于中国历史和东南亚历史的杜撰和歪曲，又要敢于去研究这个问题，提出我们自己的见解。"[1] 这个看法是很有道理的。

从史书的记载来看，中国境内的哀牢后来从记载中消失了。哀牢消失以后，出现了"僚"这个名称。而今天云南境外的老挝和越南西北部地区，主要是老挝北部地区以及居住在当地的民族，后来则一直被称为哀牢，所以，许多学者都认为，哀牢就是今天泰老民族的先民。如戴裔煊先生就认为："僚人之'僚'，哀牢之'牢'，俱为'骆'之异写，亦即 Lao 之对音。"[2] 陈序经先生也认为："越南人还叫老人为哀牢，这是沿用这个种族的原来的名称。"[3] 而"哀"则只是一个语气助词，没有特定的含义。[4]

"牢"或"僚"或"老"（有时也写做佬）是广义的傣泰民族中一个古老的族称，除了中国和今天的老挝以外，今天泰国的中部以北地区的泰人、特别是泰国东北部地区的那些说泰语的人，在古代也一度统统称为"老"。而"牢"或"老"这个词的最初含义是人。泰国学者集·蒲米萨认为，牢或佬一词还不是指一般的与兽不同的人，而是指文明的人，指统治阶级，相当于印度的雅利安人，以文化民族自居。与"老"相对应的是"卡"，指那些说孟高棉语的民族和其他山区民族。[5]

---

① 景振国主编《中国古籍中有关老挝资料汇编》，中州古籍出版社，1985，第 283 页。

② 戴裔煊：《僚族研究》，载中南民族学院民族研究所资料室编《南方民族史论文选》，1982 年 10 月印，见 223 页。

③ 陈序经：《掸泰古史初探》，1962 年自印本，第 9 页。

④ 段立生：《哀牢是傣系民族的先民》，载《中山大学研究生学刊》1982 年第 1 期。

⑤ 〔泰〕集·蒲米萨：《暹泰佬孔各族名称考》，泰国 Duang Kamol 出版社，1976，〔泰〕黎道纲中译稿，打印稿（云南大学西南边疆少数民族研究中心资料室藏），第 137 页。

后来，"老"这个词又一度演变成了带有高贵社会地位的称号，在泰国北部和老挝的史籍里，记载坤真以前的"银扬王国"（又译恩央王国）国王的称号大部分都以"老"字开头。①

在流传于泰国北方的《屏卡氏的传说》《清迈纪年》和《锡浪那空景线的传说》等文献中，都有这样一个传说：说是天帝降旨派天府的仙子老蜀下凡为兰那泰国王，宏扬佛教。老蜀仙子、娘蜀仙女及1000侍从从天国降临人间变成凡人。老蜀变成一个16岁的王子模样的人物，从堆格山（东山）山顶沿银梯走来，来到柴瓦腊那空清劳地区夜赛河附近的大枣树下，站在银坛上，人们集会拥戴老蜀为柴瓦腊那空清劳王，管辖兰那泰国57城。后来老蜀王有三个儿子，长子名老柯，次子名老昌，幼子名老告缴麻孟。老告缴麻孟命运亨通，出生前其母梦见得到从天上降落下来一块玉石。老告缴麻孟生下来以后，星象家预言这位王子将来要执掌大权。王子长大后，老蜀王建起房屋让他们分开居住。老柯住班柯，老昌住班卡，老告缴麻孟住班拍劳。老蜀王死后，老告缴麻孟即位为柴瓦腊那空清劳王统治兰那泰国。老告缴麻孟传9代到老祥王。《拍耀城的传说》说传到29代才到老祥王。《清迈城的传说》说老祥王在央肖建立银扬城（又译为恩央城），但《锡浪那空景线的传说》说此城因为是老蜀王借助银梯和银坛下凡之后建造的城，所以叫做银扬城（意为还可以看到银梯之城），从此以后，孟阮和南掌才称为孟老。

老祥王王位由嫡系后代传到了清莱城的建城者芒莱。芒莱攻占了南奔城，建立清迈城。老祥王的支系后代传到了拍耀城的建城者坤宗汤和南掌、孟交的征服者坤真，坤真之子在南掌和难城执掌政权并有了子孙后代。②

从银扬王国一开始的国王名字可以看出，自佛历1181年以后，银扬王国每个国王的名字都是以老字开头的，如老祝（又译为老蜀）、老考缴、老牢、老舟，一直有30余位都是老什么的，到了后来，才改称坤，

① "The Chiang Mai Chronicle", translated by David K. Wyatt and Aroonrut Wichienkeeo, Silkworm Books, Chinag Mai, 1995, p. 9.
② 〔泰〕巴差吉功扎：《庸那迦纪年》，王文达译、简佑嘉校，云南民族学院和云南省东南亚研究所，1990，第56～58页。

作为国王的称呼。《南掌纪年》提到坤博隆故事时也解释说，坤博隆的儿子坤罗在南掌土地上建国之初，称呼拉差或社区头人为坤，不同的社区有不同的坤，在所有的坤中有一个领袖为大坤，叫做坤老，这样称呼国王为坤计15世，以后才改称为陶（刀），计6世，以后又再改称为披耶。

老、坤、陶、披耶都是表示社会地位的称谓，尤其是指其统治地位，把坤中之大者，称为坤老，可见，这里的"老"一词指的是拥有最高权力的人或大人物。①

泰老语中的"坤"，意思就是君主，笔者在前面一章里已经提到，这个词其实就是古汉语的"君"字的直接译音。老族国王的称号由"老"变成了"坤"，表明受到了汉文化的影响。更有可能的情况是，称为"坤"的老族首领是更晚一些时候从中国统治的地区迁来的一群新的泰老语民族的首领，这支新来的移民群体进入之后，当地的泰老族首领便多改用"坤"作为称号，而原来的"老"或"牢"这个首领的称号又逐渐还原成了"人"的含义，从而成了傣泰民族中的一支即今天老挝的主体民族老族乃至泰国东北部地区的老族整个民族群体的名称。

戴裔煊先生在论述"哀牢"或"僚"的起源和发展的情况时认为："其中心区域在广东西南部，广西西南部（原文如此，似应为南部，因为后面又提到了西南部——引者）、西南部至整个老挝之地。由此向四方辐射。除向印度支那半岛分布外，在中国本国者可以分为三支，西支溯西江支流向西北斜上，散布于四川、贵州以至于湖北、湖南间，东支则沿东南沿海向东北斜上至于长江口。"②

在中国境内发展的大部分"僚"，后来恐怕都融合到汉民族和其他民族群体中去了。只有分布在今天云南西南和西部边陲的一些支系，后来成了当地傣族的一部分。唐代人樊绰在其《蛮书》卷4《名类》中记载

---

① 〔泰〕集·蒲米萨：《暹泰佬孔各族名称考》，泰国 Duang Kamol 出版社，1976，〔泰〕黎道纲中译稿，打印稿（云南大学西南边疆少数民族研究中心资料室藏），第137页。

② 戴裔煊：《僚族研究》，载中南民族学院民族研究所资料室编《南方民族史论文选》，1982年10月印，见223页。

说："黑齿蛮、金齿蛮、银齿蛮、绣脚蛮、锈面蛮，并在永昌、开南，杂种类也。"永昌、开南即今天云南的西部和西南部地区。许多学者都认为，《蛮书》提到的这些"蛮"，都是傣族的先民。[①]

如果说哀牢就是傣泰民族中的泰老民族这一支的先民的话，那么，按照这些史籍的记载，这一支以哀牢或老为族称的泰老民族最早出现在今天老挝北部地区的时间是公元 6 世纪。或者说，在公元 6 世纪的时候，已经有一支叫做哀牢或老的泰老族生活在今天的老挝北部地区了。

越南西北地区的岱泰族和中国云南的花腰傣等傣泰民族的先民中，有一些应该就是中国和越南史籍中提到的后来分布在当地的"哀牢"。专门研究老挝历史的美国学者斯图亚特·福克斯就认为，哀牢就是后来进入到今天老挝东北部和越南西北部"西双楚泰"（即今天奠边府一带）的泰老民族的先民。[②]

如果是这样的话，今天西双版纳一带的傣泐人乃至德宏一带的傣族先民中应该也在不同的历史时期融合了一部分被称为哀牢的人。

应当注意的是，后来的哀牢或老一直指的是今天老挝的北部地区。据学者研究，老挝的《南掌纪年》（《澜沧纪年》）中说老挝人的始祖坤罗率领老挝老族的先民进入今天老挝并战胜当地"卡人"的故事主要发生在今天老挝的北部地区。在坤罗之后约 20 代国王即到了澜沧王国的创建者法昂的时候，老族人的势力才扩展到今天老挝的南部地区。[③]

汉斯在其《兰那简史》一书中根据其所掌握的资料论述泰语民族的先民向今天中国的云南南部和中南半岛地区乃至印度东北部地区的迁徙时认为："许多证据表明，一些群体就是在公元 500 年至 800 年及 800 年到 1050 年这个时期从那里（指红河流域——引者）迁徙到老挝北部和中国南部的，后来又进入了老挝、泰国（于 1225 ~ 1250 年期间占领了高棉

---

① 江应樑：《傣族史》，四川民族出版社，1983，第 96 ~ 108 页。

② Martin Stuart-Fox, "The Lao Kingdom of Lan Xang: Rise and Decline", White Lotus Press, 1998, Bangkok, Thailand. p. 36.

③ 〔泰〕集·蒲米萨：《暹泰佬孔各族名称考》，泰国 Duang Kamol 出版社，1976，〔泰〕黎道纲中译稿，打印稿（云南大学西南边疆少数民族研究中心资料室藏），第 112 页。

化的孟人城市素可泰)、缅甸北部、云南和阿萨姆。"[1] 其提到的这个民族群体进入今天老挝的时间与后来的中、越史籍提到的南迁的哀牢出现在今天老挝一带的时间相吻合。

专门研究老挝民族史的学者劳伦特·查西(Laurent Chazee)则认为"泰人"是从公元9世纪以后开始向老挝迁徙的。接着,"11世纪,当高棉人在南方还有很大影响的时候,泰人从云南、广西和越南北部地区来的移民开始影响了老挝……在11到13世纪,泰族共同体在整个泰人半岛确立了统治地位,建立起了琅勃拉邦和万象这两个政治上独立的邦国"。[2]

总之,有可能的情况是,早先的"哀牢"可能是最早的一支泰老族先民,他们当中有一部分人后来进入了今天的老挝北部和泰国东北部地区,并且一直把"牢"或"老"作为他们的族称。以至于越南人一直把老挝叫做哀牢。后来,在不同的历史时期,又有一些不同程度地受到中国文化影响的说"原始泰语"的人不断迁徙到今天的老挝和泰国东北部一带,他们逐渐融入了早先居住在这一带地区的叫做"老"的群体。大约在公元10~13世纪的时候,随着这些操原始泰老语的民族群体的融合与发展,以及他们同更早的时候就生活在当地的那些说孟高棉语的民族相融合,初步形成了今天老挝的主体民族现代老族。

斯图亚特·福克斯在论述老挝的民族关系和现代老族的形成时特别强调了这一点,他说:"今天老挝最早的居民是老听人,他们居住在低地的表兄包括孟人和高棉人,他们说相同的南亚语系语言……到公元第一千年代末,一些说泰语的人使湄公河中游和湄南河流域汇入了新的民族成分,虽然他们在文化方面从孟人和高棉人那里借鉴了很多东西,但最终在政治上占据了主导地位的他们使泰(老)语成了当地的语言,并使他们取代了那些拒绝同化的老听人部落,迫使他们退到高纬度地区。他们还特别与低地的孟高棉民族通婚,所以,就像其他民族一样,今天的

① Hans Penth,"A Brief History of Nan Na: Civilization of North Thailand",Silkworm Books, Thailand, 2000, p. 38.
② Laurent Chazee,"The Peoples of Laos: Rural and Ethnic Diversities",White Lotus Press, 1999, p. 14.

老龙人是一个混血民族。"①

这个群体向老挝发展的支系后来与先前居住在当地的孟高棉语民族和后来不断汇入当地的其他傣泰民族的支系融合以后，形成了今天老挝的主体民族老族及其支系。14世纪出现在老挝的澜沧王国（南掌王国）应该是老挝和泰国东北部地区现代老族形成的结果和标志。以后，老族或泰老族这一支一直是老挝这个国家的主体民族，他们的语言成了老挝的国语，文化也成了老挝的主体文化。

值得强调的是，今天泰国东北部地区的大多数居民是老族，与老挝的主体民族是同一民族。据统计，中南半岛的老族一共有2600万人，其中有1万人左右（1989年数字）生活在越南，240万老族人生活在老挝，而生活在泰国东北部地区的老族则有2350万（1995年数字），② 占当地人口的80%。③ 因此，今天泰国的东北部地区是东南亚老族人最多的地区。

老挝澜沧王国时期，万象的统治者和泰国中部的泰暹人统治者都想控制这部分老族人。后来，19世纪初，在对这些老族人的争夺过程中，中部泰人最终打败了以召阿努为首的老挝挑战者，控制了今天泰国东北部地区的这些老族人。后来，这些老族的统治者都接受了泰国国王的册封，拥有中部泰人贵族的召披耶、披耶和叭等头衔。例如，勐那空叻差信玛（今天的呵叻府）的召勐就被泰国国王授予召披耶的

① Martin Stuart-Fox，"The Lao Kingdom of Lan Xang: Rise and Decline"，White Lotus Press，1998，Bangkok，Thailand. p. 2. 又：作者这里用的"老听人""老龙人"等名称，用的是过去老挝政府对老挝民族进行划分时用的名称。老挝政府曾经把全国的民族划分为三类，一类叫做"老龙人"，意思是"居住在平坝地区的老族人"，即今天老挝的主体民族老族以及其他一些说泰老语言的民族或民族支系；第二类叫做"老听人"，意思是"居住在山坡上的老族人"，实际上，"老听人"主要是说孟高棉语的民族；第三类称为"老松人"，意思是"居住在山顶上的老族人"。主要是比较晚近才迁入老挝的说藏缅语的苗族、瑶族等民族。老挝政府把所有民族的名称前都加上一个"老"字，目的是想以模糊民族差别的方式实现多民族国家的统一和最终实现民族融合。但这不是一种科学的民族划分标准，所以现在已经放弃了这种划分法。

② Joachim Schliesinger，"Ethnic Groups of Laos"，Vol. 3，Profile of Austro-Thai-Speaking Peoples，White Lotus Press，Thailand，2003，p. 26.

③ Volker Grabowsky（ed.），"Regions and National Integration in Thailand: 1892 - 1992"，Harrassowitz Verlag. Wiesbaden，Germany，1995，p. 108.

头衔，这个头衔是泰国中部泰人第一等贵族的头衔。素林、讪卡、库刊和四剎吉（今天的四剎吉府）等几个勐的召猛则被泰国国王授予披耶头衔，这是泰国中部泰人的第二等贵族的头衔。附属于这些勐的其他一些小勐的召勐则被授予了叭这个头衔，这是泰国中部泰人的第三等贵族的头衔。①

1893 年 10 月，泰国在法国的威胁下与法国签订了一个条约，把曾经控制的湄公河东岸的老挝割让给了法国，泰国曼谷王朝依然控制了湄公河西岸今天泰国东北部的大片老族人居住的地区。

为了加强对这些老族地区的控制，曼谷王朝开始在这些地区进一步推行行政体制改革，把原先老族的各个勐按照这一时期正在泰国本部推行的行政区划改革重新进行了划分，在今天泰国东北部地区设置了乌隆（Udon）和伊山（Isan）两个专区（monthon），并参照泰国本部的设置，在当地设置的专区下面又设置了府（cangwat）、地区（amphoe）、乡（tambon）和村（muban）四个级别的行政单位。②

同时，曼谷王朝又在当地推行司法和金融方面的改革，这些改革由丹隆亲王亲自负责。1908 年，丹隆亲王和司法部分别向东北地区派出了官员去接管了当地的法律事务。同年，又与财政部合作，向当地派出了精通财政和税收的官员，去管理当地的财政和税收。当地老族首领在司法和财政等方面的权力也逐渐被曼谷中央王朝派来的官员所剥夺。③

同时，曼谷王朝开始在东北部地区修建公路和铁路，架设电报线路，加强这个地区与泰国中部地区的联系。

从 1899 年开始，曼谷王朝又开始在各地推行教育改革。中央政府从本部派了许多僧侣到东北部地区充当教师，在当地推行中部泰语和泰族文化，包括中部泰人使用的用中部泰文抄写或印刷的佛经，并灌输效忠

---

① Volker Grabowsky（ed.），"Regions and National Integration in Thailand：1892 – 1992"，Harrassowitz Verlag. Wiesbaden，Germany，1995，p. 146.

② Tej Bunnag，"The Provincial Administration of Siam，1892 – 1915"，Oxford University Press/Duang Kamol Book House，1977，pp. 146 – 159．

③ Tej Bunnag，"The Provincial Administration of Siam，1892 – 1915"，Oxford University Press/Duang Kamol Book House，1977，pp. 159 – 160．

泰国国王、泰人国家等意识。①

过去，中部泰人多把老挝和今天泰国东北部地区的老族人称为"老"，甚至把今天泰国北部地区的泰庸人（Yuan，又译为"阮"）也称为"老"，他们居住的地区也多被冠以"老"这个词，如今天泰国东北部地区就被中部泰人称为老告（Lao Kao）、老潘（Lao Puan）、老康（Lao Klang）等等。后来，为了强化他们的"泰人意识"，这些老族人的地名逐渐被曼谷王朝更换，例如，原先的老告专区被改为了东北专区，原先的老潘专区被改为了乌隆（Udon）专区，原先的老康专区被改为了那空拉差信玛（Nakhon Rarchasima）专区。同时，居住在这些地区的老族人也被官方称为了"北方泰族"。②

1926年，一位叫做帕西披猜博里曼的官员在视察了泰国东北部地区以后，给泰国政府写了一个报告，他在这份报告中说，泰国东北部地区的许多居民已经认识到自己是"泰族"。③

但是，由于这一带地区的主要居民的历史和文化与今天老挝的主体民族老族有着十分密切的联系，而且，现在国际学术界也仍然把这些居民称为老族人，所以，现在老挝出版的一些历史教科书仍然把今天泰国东北部地区称为"沦丧的老挝领土"。④

在傣泰民族先民的迁徙过程中，还有一些向更远的西南方向迁徙，进入了今天的泰国一带。傣泰民族的先民是在什么时候迁到今天泰国这一带地区的呢？目前我们确实还没有直接的证据。因此，对这个问题，我们只能根据一些文献或其他资料来推断。

据泰北和老挝一带流传下来的年代较早的一部编年史《素旺空坎成

---

① Volker Grabowsky (ed.), "Regions and National Integration in Thailand: 1892 - 1992", Harrassowitz Verlag. Wiesbaden, Germany, 1995, pp. 151 - 152.

② Volker Grabowsky (ed.), "Regions and National Integration in Thailand: 1892 - 1992", Harrassowitz Verlag. Wiesbaden, Germany, 1995, pp. 155 - 156.

③ Paitoon Mikusol, "Education and Sociocutural Assimilation in Northeastern Thailand", Proceedings of the 4th International Conference on Thai Studies, Vol. II, 11 - 13 May, 1990, Kunming, China.

④ Volker Grabowsky (ed.), "Regions and National Integration in Thailand: 1892 - 1992", Harrassowitz Verlag. Wiesbaden, Germany, 1995, p. 126.

傣泰民族的起源与演变新探

的传说》记载，世界自洪水浩劫后进入了兴盛时代，洪水退去后出现了一片陆地，这个地方后来被称为庸那迦国。据传说，菩提散銮城的銮吉蔑人北上先建立了名叫素旺空坎成和乌蒙卡塞拉城的城邦，其疆界北到孟荣、景洪西双版纳，同塞銮城即现今中国的云南接壤。[①] 说明当地最初是吉蔑人（即高棉人）居住的地方。

《哈里奔猜城的传说》和《章黛维氏的传说》则记述说，素瓦台和素探达两位修行者于小历 17 年或 22 年（公元 655 年或 660 年）建成哈里奔猜城并请罗斛国国王罗蜡之女娘章黛维公主来治理哈里奔猜城之事。[②] 也反映出当地早期居民是与高棉人同源的孟人。

另一部编年史《辛霍纳瓦的传说》则记载说，那空素贴城（即拉差卡勒哈城）国王特瓦甘之子辛霍纳瓦带领部属来到古代吉蔑人管辖的素旺空坎地区，于佛历前 132 年（？）建立了古代景线城。辛霍纳瓦在古景线城的王位传了 44 代，吉蔑人又征服了这一城邦，后来亡国君主的儿子拍龙率众起义，战胜了吉蔑人并追击到后来的甘烹碧城所在之地，天帝派建造神建起甘烹碧城（意为金刚石墙之城），阻挡拍龙王子继续追击。拍龙王子领兵撤退到柴巴甘城（即清迈北面的范城）。后来一个名叫柴锡里的王子继承了柴巴甘城的王位，这时，素探玛瓦滴城（即孟族的直通城）出兵进攻柴巴甘城，柴锡里率领十万户百姓南下，在甘烹碧地区的贝城（又名德莱德楞城）建立政权。不久，庸那枷城陷落，变成了一个大湖。[③] 这个故事反映了泰人先民在南迁的过程中同当地土著孟—高棉人争夺地盘的情形。

那么，傣泰民族先民向今天泰国境内迁徙是从什么时候开始的呢？在泰北和老挝的《锡浪那空景线的传说》《屏卡氏的传说》《清甘玛里匿》（《清迈城纪年》）、《拍耀城的传说》《清莱城的传说》《难城的传说》《堆东佛塔的传说》《素贴佛塔的传说》《南邦佛塔的传说》《玉佛的

① 〔泰〕巴差吉功扎：《庸那迦纪年》，王文达译、简佑嘉校，云南民族学院和云南省东南亚研究所，1990，第 9 页。
② 〔泰〕巴差吉功扎：《庸那迦纪年》，王文达译、简佑嘉校，云南民族学院和云南省东南亚研究所，1990，第 10 页。
③ 〔泰〕巴差吉功扎：《庸那迦纪年》，王文达译、简佑嘉校，云南民族学院和云南省东南亚研究所，1990，第 9～10 页。

— 156 —

传说》《拍信佛的传说》《檀木佛的传说》《锡兴佛的传说》《拍耀城銮通央王的传说》等史籍和传说中，都从布昭老蜀王在散扫山（即堆东山）兴起说起，说是蒲甘王阿努鲁（即阿奴律陀）王请邻近诸邦君主聚会创制小历，而庸那迦兰那泰人君主未去参加。天帝让仙子老蜀下凡，老蜀从堆东山顶沿银梯下山，前来站立在大枣树下的银坛之上，众百姓拥戴老蜀为恩央清劳城王，王位后来传了九或十一代到披耶老祥时，在夜赛河近旁的堆东山尾另建京城，起名柴武里景线城，此城王位传十一代到坤恩，坤恩有两子名坤清和坤宗汤，坤恩派坤宗汤到堆端山尾建一城，称普甘耀即拍耀城，由坤宗汤统治此城。坤清则继承柴武里景线之王位。坤宗汤有子名坤真，为十九世王，坤真具有雄才大略，他征服了南掌及安南，中国宋朝皇帝封坤真为交巴干城王。[1]

上述记载虽然带有一些神秘色彩，年代也有许多错乱之处，但是，我们从中还是可以看出，泰人的先民迁去之前，当地的土著是孟高棉人，泰人的先民是后来才陆续迁到当地的，而且时间并不是很早。比如，一些史籍在说泰北传说中的泰老人的银扬王国的建立时，提到了缅甸蒲甘王朝的阿奴律陀国王，阿奴律陀在位的时间是公元 1044～1077 年。在谈到坤真的传说时，又提到他被中国宋朝皇帝封为交巴干城王。如果这些故事所说的时间是真实的话，那么，它们所说的似乎都是公元 11 世纪时的事。

另外，有学者认为，传说中建于今天泰国北部地区的"庸那伽国"建国的时间应该是在公元 10 世纪前后。[2] 即使是这个时期，傣泰民族的先民在今天泰国北部地区建国的年代也不是很早。

谢远章先生通过对古泰语中保留的大量古汉语词汇的分析后也认为，东南亚和云南的傣泰语民族大概是在一千多年前才从我国南方迁徙过去的。[3]

---

① 〔泰〕巴差吉功扎：《庸那迦纪年》，王文达译、简佑嘉校，云南民族学院和云南省东南亚研究所，1990，第 10～11 页。
② 江应樑：《傣族史》，四川民族出版社，1983，第 174 页。
③ 谢远章：《再论泰—傣古文化的华夏影响及其意义》，载云南省社科院东南亚研究所《东南亚》1990 年第 3 期。

张伯伦则通过对泰语进化史的研究后认为，从泰语进化史来看，泰语民族进入中南半岛的时间是比较晚的，大概是在公元 10 ~ 12 世纪。①

　　查尔斯·海安姆也认为，泰语出现在今天泰国这片土地上的时间还不到 1000 年。②

　　汉斯在其《兰那简史》一书中对泰语民族进入今天泰国北部地区的时间进行论述时认为："第一批泰人大概是在 1050 年疟疾大流行后不久来到的。有一份编年史提到说，1150 年时，在南奔附近的湄滨河河畔，有一个泰人的村寨。大约一个世纪以后，即 1260 年，孟人城市南邦有一位为孟人服务的泰人官员反叛，并短期占领了南邦城。"③

　　这些学者的论述都认为泰语民族的先民进入今天泰国并在当地建国的时间是在公元 10 世纪前后。

　　最近又有学者通过对一块古代石碑铭文的研究，把泰族的先民进入今天泰国这片土地的时间稍微提前了一些。在 12 世纪下半叶以前，泰国素可泰以南地区的碑铭都是用孟文或巴利文刻写的，而以北地区的碑铭则都是用巴利文和高棉文写的。后来，在那块年代为 1292 年的著名的兰甘亨石碑上，才出现了最早的泰文。再后来，人们又在从素可泰沿永河北上 100 公里的帕府的邦萨努寺（Wat Bang Sanuk）发现了一块泰文石碑，上面的文字没有提到年代，只说是"兔年 7 月月盈日"，有人考证后认为，其年代可能在公元 1159、1219、1279、1339 或 1399 年（泰历也按60 年一周期纪年）。最近，有学者用计算机推算，认为其具体年、月、日是公元 1219 年 3 月 28 日，星期二。④ 如果是这样的话，当比著名的兰甘亨碑铭的年代稍微早一些。

①　Martin Stuart-Fox，"The Lao Kingdom of Lan Xang：Rise and Decline"，White Lotus Press，Thailand，1998，p. 158.

②　Charles Higham，"Early Cultures of Mainland Southeast Asia"，Art Media Resources，Ltd.，USA，2002，p. 15.

③　Hans Penth，"A Brief History of Lan Na：Civilizations of North Thailand"，second edition，Silkworm Books，Thailand，2000，p. 38.

④　Wyatt，David K. Wyatt，"Relics，Oaths and Politics in Thirteenth-Century Siam"，Journal of Southeast Asian Studies，32（1），February 2001，The National University，Singapore，p. 26.

　　该石碑上的铭文一开始是三行巴利文，接着就是泰文，铭文中说："我举起双手向三宝致敬……所有的人，（你们这些有身份的人，例如）坤（Khun）或门乃（Mun Nai）以及民众，都（应）聆听佛主关于积功德的教喻。""坤（Khun）……勐特罗萨洛（Muang Trok Salop）和姐昂（Chae Ngun）的统治者，传播积功德和（遵循）达摩的仁爱之心。他是一位仁慈的统治者，他劝说贵族、官员、门乃和民众以及许多王子和公主，用锡和黏土粘贴佛主的像，总计 11108 尊"。①

　　这里提到了"坤""门乃"等词，显然是泰人贵族的尊号。又提到"勐特罗萨洛和姐昂的统治者"，据研究，"勐"是泰语，"特罗萨洛"是一个高棉语地名，而姐昂又是一个泰语地名。"姐"是小城镇的意思，今天云南德宏一带仍有姐告、姐勒等地名。"姐"有时候又相当于景洪的"景"，清迈、清莱、清盛的"清"。《清迈纪年》中也提到 8 个带"姐"字的地名。②

　　专门研究泰国历史的美国学者维亚特对该碑铭进行了研究后认为，刻写这块碑铭的人很可能是当地一个地位很高的泰族首领，因为碑铭中没有提到地位比他更高的人。而且，从上面的古文字来看，是属于泰北古文字，维亚特断定这是一支从今天泰国北部的帕府、帕瑶、昌孔、清莱、清盛一带沿永河南下的泰族，这些泰族已于 500 年前在泰北一带建立了他们的小王国。他们来到并很可能建立了自己的泰族城镇"姐昂"，同时又征服了当地高棉人的城镇"特罗萨洛"，成了当地的主人。③

　　按维亚特的研究，这块碑铭中记载的这支泰族部落是在该碑铭的年代公元 1219 年之前 500 年就在泰北一带建立了他们的小王国，而到 1219 年前南下到素可泰沿永河北上 100 公里的帕府一带征服了当地高棉人城镇"特罗萨洛"而建立起他们自己的泰族城镇"姐昂"的。也就是说，维亚特对这块碑铭进行了研究后认为，泰族大概在公元 8 世纪左右进入了泰

① David K. Wyatt, "Relics, Oaths and Politics in Thirteenth-Century Siam", Journal of Southeast Asian Studies, 32（1）, February 2001, The National University, Singapore, p. 28.

② David K. Wyatt and Aroonrut Wichienkeeo et al, "The Chiang Mai Chronicle", Chiang Mai Silkworm Books, 1996, p. 31, fn. 2, 和索引中"Chea"这个词的线索。

③ David K. Wyatt, "Relics, Oaths and Politics in Thirteenth-Century Siam", Journal of Southeast Asian Studies, 32（1）, February 2001, The National University, Singapore, p. 39.

北地区，而在 1219 年即在有这块碑铭的年代前夕进入素可泰以北的帕府一带并建立了他们的城镇。[①]

如果维亚特的研究结论和我国一些学者对樊绰在其《蛮书》卷 4《名类》对当时云南西部地区，乃至境外一些地区的民族的记载的推断是可信的话，那么，傣泰族先民进入今天泰国北部地区的时间大概是从公元 8 世纪或更早一点的时候才开始的，但不会早得太离谱。

进入泰北的这些泰人后来被他们的邻居称为"（泰）庸人"。泰庸人又称为泰阮人或阮人（Yuan，也译为元），"庸"或"阮"是泰国中部地区的泰人和周边的缅人以及其他一些民族对居住在今天泰国北部地区的这一支傣泰民族的称谓，具体来讲，阮是今天泰国中部地区的泰人对他们的称呼，而庸则是缅甸人对他们的称呼。[②] 从他们自己的传说来看，"阮"可能是其原名称的变音，其本音应该是"庸"。因为，在泰北地区的许多传说中，都提到一个叫做"庸那迦"（巴利文拼写为 Yonaka，泰文拼写为 Yonok）的古国，并认为这个国家是傣泰民族在今天泰国北部地区建立最早的国家，而他们的名称就是从庸那迦这个词演变而来的。

从今天傣泰语诸民族或其各个分支的名称来源看，今天泰国的北方泰族被称为泰庸人，应该与某个地名或邦名有着某种联系。因为，今天的傣泰语诸民族或其各个分支的名称许多都与他们早期建立的邦国有联系。例如，分布在今天云南德宏和境外缅甸一部分地区的泰（傣）卯人，其名称就源于他们早期在当地建立的勐卯王国。西双版纳的傣泐人，其名称则是源自他们早期在当地建立的勐泐王国。缅甸景栋的泰（傣）艮、老挝的泰潘人等等，都是因为他们建立的勐艮和勐潘等城邦而得名的。所以，泰庸人之所以被称为庸，应该是与传说中的庸那迦有关。或者说，在泰庸人的早期历史上，可能真的有一个叫做庸那迦的王国或其他形式的政治组织，至少是曾经建立过一个叫做"庸"的勐。只是，今天的泰语称呼他们时把这个音发为了"阮"。

① David K. Wyatt, "Relics, Oaths and Politics in Thirteenth-Century Siam", Journal of Southeast Asian Studies, 32 (1), February 2001, The National University, Singapore, p. 39.

② Sarassawadee Ongsakul, "History of Lan Na", Translated (from Thai into English) by Chitraporn Tanratanakul, Silkworm Books, 2005, p. 21.

最初，泰庸人居住在今天的缅老泰三国交界一带地区乃至更北边的一些地区。他们历史上最有名的国王就是芒莱王。泰国史书记载，芒莱王与云南西双版纳傣泐人建立的"泐国"的王室还有亲戚关系。芒莱于1259年20岁时在清盛继承父位为王。1263年，又建立了一座城市，并以他的名字命名为清莱。当时，孟人的势力已经衰落，高棉人的势力也迅速退却，因此，芒莱王的势力得以向南边发展，并于1281年或1292年一度占领了孟人城市南奔。①

最初进入泰北地区的泰庸人没有自己的文字，也不信佛教。在与孟人接触之后，泰庸人才从孟人那里接受了他们的宗教和文化，并加以改造，从而创造出了自己的文字和形成了自己的文化。与孟人文化接触后，泰庸人开始使用两种字母来书写：一种为世俗体，即采用孟文字母来拼写泰庸人的方言；另外一种叫做"达摩"（Dhamma）字母，泰庸人用泰话发音为"檀"（Tham），主要用于佛教经文的抄写。

据泰国北部的编年史记载，公元1296年，芒莱王又建立了一座新城，即清迈（清迈的意思就是"新城"）。1327年，芒莱王的后人又在先王即位的地方清盛再建了一座城市，即是今天见到的清盛。以后，清迈逐渐发展成了泰北的政治、经济和文化中心，泰北各地泰人的小勐如难、帕等均归附了清迈。泰北由此被称为"兰那王国"或"兰那泰"。

公元1400~1525年是兰那王国的黄金时期。这一时期，兰那泰庸人的文化对周边地区产生了很大的影响。以今天老挝的朗勃拉邦为中心的南掌王国（澜沧王国）、缅甸景栋的泰坤人（又译为泰艮人），云南西双版纳的傣泐人，都采用了兰那泰的泰庸人的"达摩"（Dhamma）或"檀"（Tham，泰文对"达摩"的异写）字母，此后，泰国北部、老挝西北部、缅甸掸邦东北部一部分地区和中国云南西南部的西双版纳傣族地区便形成了一种相通的、一直延续到今天的"达摩字母文化"。

泰庸人的一支后来还进入了今天缅甸东北部的景栋一带地区，与当地民族融合后形成了今天缅甸东北地区的掸族的主体。

---

① Hans Penth，"A Brief History of Nan Na：Civilization of North Thailand"，Silkworm Books，Thailand，2000，p. 11.

在泰人的先民迁徙的过程中，另外还有一些支系进入了湄南河流域，一些人与当地的孟人和高棉人统治集团成员通婚融合，逐渐形成了一个新的族群—泰暹人或暹泰人。泰国学者黎道纲先生认为："湄南河流域的各个王系，由于文化相同，彼此通婚联合，逐渐形成一个单一民族，这个民族就是高棉人、占婆人和周边国家人们口里的 Syam 人。所谓 Syam 人……也就是今日泰国境内的暹泰民族。"[①]

暹泰人或者叫泰暹人大概在 13 世纪 40 年代控制了素可泰城，但直到兰甘亨于 1279 年左右继承其兄为王之后，素可泰才真正成了一个暹泰族的政治中心。当时，素可泰通过扩张兼并了周边许多高棉人的城邦和已经居住在当地的泰人的小勐，形成了一个规模较大的泰人国家。

在兰甘亨统治时期，素可泰成为一个富裕而强大的中心，国王兰甘亨是一位虔诚的佛教徒，大力宏扬小乘佛教，使小乘佛教取代了早期的原始宗教而成为国教。在著名的兰甘亨碑铭中，兰甘亨向世人炫耀他的王国如何如何的富足，"水里有鱼，田里有稻"，人民可以自由地往来和做生意，王国的赋税很轻，国王执法严明公正。碑铭还说，向素可泰表示归顺的有来自朗勃拉邦、南乌河以及湄公河两岸的老族人。还有记载说万象和勐骚也在归顺素可泰的泰老民族的小邦的行列。[②]

1351 年，另外一支暹泰人的统治者拉玛提婆迪以阿瑜陀耶为中心，建立了阿瑜陀耶王朝，阿瑜陀耶取代了早期的暹泰人王国素可泰以后，控制了今天泰国中部最富庶的地区。此后，暹泰人势力日益壮大，逐渐发展成了今天泰国的主体民族。

从 19 世纪下半叶开始，中部泰族的统治者拉玛四世和拉玛五世开始推行一系列旨在摆脱西方列强控制和使国家走向现代化的改革，在这一过程中，中部泰人的统治者在加强对东北部老族人的控制的同时，也把势力扩展到今天泰国南部的马来人地区和北部的泰庸人地区，并开始用中部的语言和文化去同化这些民族。南部的马来人由于语言、文化和宗教与中部泰族差异太大没有被同化，北部与中部泰族同源的泰庸人以及

---

① 〔泰〕黎道纲：《泰国古代史地丛考》（华文版），中华书局，2000，第 243～244 页。
② A. B. Griswold and Prasert na Nagara, "The Inscription of King Rama Gamhen of Sukhodaya", JSS 59, 2（1971）：208.

其他一些操傣泰语的民族虽然在某种程度上还保留着一些他们自己的语言和文化，但都逐渐接受了中部泰人的语言和文化。而中部泰人的语言从此成了泰国的国语，其文化也成了该国的主体文化。

向西迁徙到今天云南西部和缅甸北部一带的另外一些傣泰人支系，逐渐形成了泰语民族中的大泰这一支系。据大泰人的史籍记载，他们早在公元 6 世纪甚至更早就在瑞丽江流域建立了国家。但是，直到公元 13 世纪时，以勐卯为中心的大泰民族的势力才真正崛起建立了强大的勐卯王国即麓川政权。明代"三征麓川"以后，大泰地区归属中国中央王朝。后来，缅甸东吁王朝崛起，四处扩张，控制了一部分大泰人地区，这一部分地区的大泰人也就成为今天缅甸北部地区的掸族的主体。从此，大泰这个民族群体中属于中国的那些人被统称为傣族，而属于缅甸的那一部分则被缅甸人称为掸族，尽管他们自称依然叫傣族或泰族。

傣泰民族的先民陆续迁到他们今天居住的地区并与当地的操孟高棉语的民族和其他民族混合形成了今天我们见到的傣泰民族以后，迁徙和融合过程一直在延续。所以，在以后不同的历史时期，又不断地从傣泰民族群体中产生出一些新的民族或支系。例如，仅在今天的老挝和泰国境内，除了两国的主体民族老族和泰族以外，还有卡楞（Kaleung）、呵叻泰人（Khorat Tai）、老家（Lao Ga）、老康（Lao Krang）、泰雷（Tai Loei）、老提（Lao Ti）、泰潘（Phuan）、普泰（Phu Tai）、习人（Seak）、泰奔（Tai Bueng）、泰嘎蓬（Tai Gapong）、泰垦（Tai Khoen）、泰雅（Tai Ya）、泰永（Tai Yong）、泰约（Tai Yor）、泰阮（Tai Yuan）等 30 多个操傣泰语的民族或支系。[①] 而在今天中国的德宏和邻国缅甸境内被称为大泰的那一部分傣掸民族也分化为傣卯、傣腊、傣亨、傣定、傣罕底、傣朗、傣养、傣爽等 10 余个支系。[②] 他们不仅支系众多，分布地区不同，名称复杂，而且这些民族或支系的人口多寡不一，社会经济文化发展水平也悬殊。这些都是因后来各自在不同的环境中演化而导致的。

由于历史的原因，这些属于傣泰民族群体的新的民族或支系没有能

---

① Joachim Schliesinger, "Tai Groups of Thailand", Vol. I, White Lotus Press, 2001, Bangkok, pp. 87 – 88.

② 范宏贵：《同根生的民族——壮泰各族渊源与文化》，民族出版社，2007，第 211～212 页。

够建立起他们自己的独立国家，他们今天分布在不同的国家，都是所在国的少数民族，他们在语言、习俗和文化等方面都不同程度地受到所在国家主体民族和他们周边一些民族的影响。但是，另一方面，他们又仍然不同程度地保留着自己本民族或支系的特性和认同。

例如，由于生活在不同的国家，云南境外的傣泐人与云南的傣泐人在一些方面已有所不同。在泰国，从朱拉隆功王时期开始，泰国就一直致力于国家整合，在文化方面，一直强调用中部泰族即泰逼人的语言和文化对全国进行"泰化"，并在官方文件中把所有说傣泰语的民族群体乃至非泰语民族群体都称为"泰人"（Thai）。加上傣泐人与泰国的主体民族泰族在语言文化方面又有许多相似的地方，所以，泰国傣泐人的传统文化习俗已逐渐淡化。①

老挝勐新地区的傣泐人的服饰和习俗看起来也有一些"老族化"了，特别是在年轻人身上更加明显。另外，如果你从中国越过中老边界进入老挝，你就会发现，勐新地区傣泐人的房屋建筑式样与西双版纳傣泐人的房屋式样就有些不同了，当地傣泐人的房屋建筑式样主要是老挝老族式样的。② 为什么中国的傣泐人还能够保留着傣泐人的传统习俗而老挝的傣泐人反而"老族化"了呢？国外有学者研究后认为，主要是由于中国汉族的文化与傣泐人的文化差异比较大，所以，西双版纳的傣泐人为了保留他们的文化而更自觉地保持着他们的服饰和习俗。而在老挝，由于傣泐人与主体民族老族本是同源民族，文化习俗方面的差异不大，反而更容易使当地的傣泐人不知不觉地"老族化"了。③

在国家认同方面，正如西双版纳的傣泐人也称自己是中国人一样，老挝和泰国的傣泐人也称他们是老挝人或泰国人。④

施莱辛格在谈到云南境内外的傣泐人的这种国家认同时也说："居住在中国、老挝、越南、缅甸和泰国的傣泐人曾经有过他们强大的西双版

---

① Paul T. Cohen, "Lue Ethnicity in National Context: A Comparative Study of Tai Lue Communities in Thailand and Laos", in Journal of the Siam Society, Vol. 86, Parts 1 & 2, 1998, p. 56.

② "Laos: Culture and Society", edited by Grant Evens, Silkworm Books, Thailand, 1999, p. 152.

③ "Laos: Culture and Society", edited by Grant Evens, Silkworm Books, Thailand, 1999, p. 153.

④ "Laos: Culture and Society", edited by Grant Evens, Silkworm Books, Thailand, 1999, p. 152.

纳王国，但是，他们上面的这个社会经济组织已经消失了。他们意识到他们语言上的独特性——他们的方言与泰语（指中部泰语——引者）是不相通的——但是他们不再要求他们单独的政治地位。"①

但是，另一方面，居住在境外的这些傣泐人，不论是近代被殖民者从西双版纳划分出去的还是历史上不同时期移居过去的，又一直对他们的故土西双版纳和傣泐人的身份保持着一种认同。

1991 年，美国人类学家凯耶斯（Keyes）对老挝勐新的傣泐人进行调查后认为："当地人的身份认同不断被许多关于他们祖先的故事、神话和传说所延续。例如，在当地的傣泐人之间，许多这类故事把他们（的感情）同古代傣泐人的一些勐联系在一起。"②

老挝北部的傣泐人的名称有很多，老挝南塔地区的泰丹人和朗勃拉邦南巴地区的老族人称呼当地的傣泐人为"嘎龙"（Kalom）或"泐嘎龙"（Lue Kalom），乌东赛省的一些老族人又称当地的傣泐人为"老泐"（Lao Lue）。③ 此外，这些傣泐人还有一些其他的名字。但是，据学者调查，丰沙里省的勐乌怒（Muang Ou Neua）、乌泰（Ou Tay）和勐奔怒（Muang Boun Neua）的傣泐人更喜欢人们称呼他们为"西双版纳傣泐人"，勐新的傣泐人则愿意人们称呼他们为"景洪傣泐人"。④

还有一位美国学者保罗对居住在泰国北部难府的傣泐人村寨进行了调查研究后也谈到，当地有好几个傣泐人的寨子，这些傣泐人的祖先都是从西双版纳的勐腊地区迁徙过去的。在当地一个叫做弄巴（Nong Bua）的傣泐人寨子中，人们至今仍然供奉着勐腊的 32 个神祇。每三年都要举行一次盛大的祭祀活动，邻近寨子的傣泐人都被邀请参加。1984 年，弄

① Joachim Schliesinger，"Tai Groups of Thailand"，Vol. I，White Lotus Press，Thailand，2001，p. 86.
② C. F. Keyes，"Who are the Lue? Revisited Ethnic Identity in Laos，Thailand，and China"，paper presented at Seminar on State of Knowledge of Thai Culture"，Bangkok，10 - 13 September，1993. see Paul T. Cohen，"Lue Ethnicity in National Context：A Comparative Study of Tai Lue Communities in Thailand and Laos"，in Journal of the Siam Society，Vol. 86，Parts 1& 2，1998，p. 51.
③ "Laos：Culture and Society"，edited by Grant Evens，Silkworm Books，Thailand，1999，p. 151.
④ "Laos：Culture and Society"，edited by Grant Evens，Silkworm Books，Thailand，1999，p. 152.

巴寨的傣泐人还专门修建了一座勐腊的主神和祖先"召銮勐腊"（Chao Luang Mong La）的塑像，用以纪念他们的祖先召銮勐腊。[1]

在另外一个叫做敦孟（Don Mun）的傣泐人寨子里，则供奉着一尊叫做"召銮阿奴帕"（Chao Luan Anupha）的塑像。这座塑像是1991年新建的。据说，召銮阿奴帕也曾经是勐腊的一位首领，敦孟寨的傣泐人认为他们的直系祖先就是召銮阿奴帕，该寨的村长自称他就是召銮阿奴帕的后裔。[2]

1979年，泰国难府弄巴寨傣泐人的头人还被泰国政府任命为该寨所在地区的区长，在上任以后，除了大力在当地进行建桥修路以外，还积极促进傣泐文化的发展，亲自主持在当地修建了一座古老的傣泐人的佛寺，并鼓励当地傣泐妇女恢复传统的傣泐人纺织品，结果使当地成了一个新的旅游景点，该区长因此荣获泰国国王亲自颁发的"全国最佳村长奖"。[3]

傣泐人传统的纺织品曾经一度失传，1977年，弄巴寨的一位妇女重操旧业，在她的带动下，弄巴寨的传统傣泐纺织品得到了恢复和发展，纺织品的发展还得到了泰国当地官员和府一级官员以及暹罗学会的支持，从1979年底到1980年初，泰国纺织品促进署（Department for Promotion of Weaving）还专门派指导教师到弄巴寨对该寨的妇女进行培训。现在弄巴寨还建起了一个很大的傣泐传统工艺纺织品销售中心，专门向旅游者和前来批发的商贩贩售当地的傣泐人传统纺织品。

保罗前往当地调查后认为："傣泐人的纺织品不仅仅是一种用来销售的商品，它还是当代傣泐人仪式和象征生活的一个重要组成部分……傣泐人纺织品在难府这些傣泐人寨子的恢复表明，在泰国这个国家和泰国民族文化中，傣泐人正在重新构建他们的民族身份。"[4]

---

[1] Paul T. Cohen, "Lue Ethnicity in National Context: A Comparative Study of Tai Lue Communities in Thailand and Laos", in Journal of the Siam Society, Vol. 86, Parts 1 & 2, 1998, p. 54.

[2] Paul T. Cohen, "Lue Ethnicity in National Context: A Comparative Study of Tai Lue Communities in Thailand and Laos", in Journal of the Siam Society, Vol. 86, Parts 1 & 2, 1998, p. 54.

[3] Paul T. Cohen, "Lue Ethnicity in National Context: A Comparative Study of Tai Lue Communities in Thailand and Laos", in Journal of the Siam Society, Vol. 86, Parts 1 & 2, 1998, p. 55.

[4] Paul T. Cohen, "Lue Ethnicity in National Context: A Comparative Study of Tai Lue Communities in Thailand and Laos", in Journal of the Siam Society, Vol. 86, Parts 1 & 2, 1998, p. 57.

施莱辛格在谈到泰国北部披夭府清闷县的傣泐人的情况时也说，尽管由于现代文化、电器、公路、电视和电话的侵入已使他们远离了他们的传统，但是，他们还是顽强地保留着他们的一些传统习俗。比如，每年他们都要穿上传统服装参加他们的传统节庆活动。在这些节庆活动中，他们都要演奏傣泐人的传统乐器，跳傣泐人的传统舞蹈，唱傣泐人的传统民歌，吃他们的传统食品，喝他们自制的米酒并祭祀他们的祖先和神灵。①

我国学者王国祥也曾经对泰国北部几个府的傣泐人村寨进行了调查访问，据王国祥调查，泰国北部的傣泐人都是在历史上不同的时期从西双版纳迁去的，他们的村寨大多数仍然是按他们过去在西双版纳的居住地区来命名的，例如流落在清迈的景洪人建立的村寨叫"景洪寨"；西双版纳勐笼人迁来建立的村寨叫"勐笼寨"；勐腊人建立的村寨叫"勐腊寨"等等。②

王国祥也提到，泰北难府旺帕县农波村（即前面提到的美国学者保罗报告中的弄巴寨）在 1985 年（保罗说的是 1984 年）还专门修建了始祖召法弄勐腊（即保罗报道中提到的"召銮勐腊"）的塑像。该像身背长刀，手执带钩长矛，气宇轩昂，阔步前进，充分表露出开拓者的英雄气概。据王国祥报道，当地的傣泐人每年 12 月祭祀祖先，在农波村的龙林举行。每次为 3 天。与西双版纳的"灵披勐"和"灵披曼"一样，他们也是用牛做供祭品，用牛皮煮肉。③

王国祥还报道说，泰北的傣泐人与西双版纳的傣泐人的语言是相通的，他们使用的经典文字与西双版纳的也基本相同。虽然由于泰国政府规定的法定文字是泰文，他们中能够读懂这种经典文字的人已经不多，但是，他们的村寨里都保留有很多这种用经典文字抄写的手抄本。这些手抄本，例如故事集《门拉干特莱》、唱词《召树屯》等等，都是用傣泐文字书写的。而且，这些文字都是刻写在 8 厘米左右宽、30 厘米左右长

① Joachim Schliesinger, "Tai Groups of Thailand", Vol. I, White Lotus Press, Thailand, 2001, p. 86.
② 王国祥：《访泰国泰仂人村寨》，载《东南亚》1987 年第 4 期，见第 43 页。
③ 王国祥：《访泰国泰仂人村寨》，载《东南亚》1987 年第 4 期，见第 43 页。

的贝叶上，就是所谓的贝叶经。贝叶经和构皮纸抄本的形制也与西双版纳的毫无二致。①

因此，王国祥说："泰国的仂人（即渤人——引者）与我国西双版纳的傣仂不单在血缘上有关系，在语言、文化、风俗习惯、心理素质等各个方面几乎完全一致。走进泰北仂人农村，就像走进了西双版纳的傣族村寨，我们感到自己来这里是走亲戚。"②

其他那些属于各国少数民族的傣泰民族群体，其近况与云南境外的这些傣渤人的境况大同小异。只是生活在与他们具有渊源关系的老族和泰族建立的老挝和泰国的那些其他傣泰民族群体中，由于语言、习俗和文化方面与主体民族老族和泰族较为相近，所以，他们被同化的程度显得没有那么严重。而在中国、越南和缅甸等主体民族为非傣泰民族的国家，他们被同化或影响的程度显得要更深一些。

---

① 王国祥：《访泰国泰仂人村寨》，载《东南亚》1987年第4期。
② 王国祥：《访泰国泰仂人村寨》，载《东南亚》1987年第4期。

|第|八|章|

印度阿洪姆人的由来和
历史文化变迁

　　印度东北部与缅甸和中国接壤的一带是一个民族众多的地区，在当地的民族中，也有一些自称为或曾经自称为傣族或泰族的民族群体。在这些傣族或泰族群体中，其他人数都很少，而且都是近代以后从缅甸等国迁徙过去的，如罕底傣（泰）人（Tai Khamti）、艾吞傣（泰）人（Tai Aiton）和都隆傣（泰）人（Tai Turung）等等，只有一支被称为阿洪姆人（Ahom）的民族群体人数最多，历史也最为悠久，在当地的影响也最大。

　　阿洪姆人主要居住在印度阿萨姆邦一带，虽然现在他们已经"印度化"了，但是，历史学和民族学的研究表明，他们是傣族移民的后裔。因此，人们有时候又把他们叫做"傣（泰）阿洪姆人"（Tai—Ahoms）。关于阿洪姆人的历史和他们目前的状况，早已成了在国际"泰学"界研究一个热点，但是，我国学者对这个群体的研究还不多。

　　关于阿洪姆人的来源，过去曾经有许多学者进行过探索，但很长时间没有把这个问题说清楚。近年来，随着国际泰学研究的不断深入，关于阿洪姆人的资料也不断增多，阿洪姆人的早期历史才开始变得清晰起来。许多资料表明，今天居住在印度东北部阿萨姆邦一带的阿洪姆人的祖先，是从中国云南德宏一带地区迁过去的傣族，今天的阿洪姆人是云南德宏傣族移民的后裔。

　　虽然中国的汉文史籍很早就记载了分布在云南边境一带的傣族及境

外缅甸的傣族（掸族）的一些情况，但对于这个民族群体中的一部分人的迁徙情况，汉文史籍却没有明确可靠的记载。因此，研究阿洪姆人的来源及其后来的历史，主要是依靠阿洪姆人自己保留下来的一些编年史和其他有关文献。阿洪姆人移居印度以后，十分重视他们自己的历史，许多人通过一代代口传保留了大量的编年史资料和传说，被一些人专门加以整理成册，后来还有一些人返回中缅边境傣掸民族地区去收集他们的历史资料。现今保留在阿洪姆人手中的编年史资料和其他有关文献，是用他们早先使用的傣文书写的，但由于后来阿洪姆人逐渐接受了印度东北部地区阿萨姆邦的语言和文字，所以，年代较晚的一些编年史资料和其他文献是用阿萨姆文书写的，还有一些则是用傣（掸）文与阿萨姆文混合文书写的。这些不同年代、不同版本、不同文字的关于阿洪姆人传说和历史文献在当地被通称为"布兰吉"（Buranji）。据称，目前在印度东北部地区收集到的有关阿洪姆人传说和历史的各类文献已有 150 种左右。① 这些"布兰吉"分别记载了阿洪姆人的早期传说和来源、后来各个时期的历史以及他们与周边各民族的关系等等，为学者深入研究他们的历史提供了宝贵的资料。

根据这些"布兰吉"的记载，阿洪姆人的始祖是天神楞东（Leng Don）派往下界的两个儿子坤龙（Khun Lung）和坤莱（Khun Lai），二人顺黄金梯子从天上下来，来到一个叫做"勐丽勐兰"（Mong Ri Mong Ram）的地方，受到当地居民的欢迎，于是就在当地建国，成了当地的统治者。②

虽然这是一个带有神秘色彩的传说故事，但许多学者认为这个故事中提到的"勐丽勐兰"是一个真实地名，并且就是阿洪姆人的发源地。那么，"勐丽勐兰"到底在什么地方呢？有人认为就在湄公河沿岸某地。③ 还有的

---

① Chao Nomal Gogol, "New Light on the History of Assam Based on Ahom Buranjis", in Proceedings of the 4th International Conference on Thai Studies, Kunming, 1990. Vol. IV. p. 368.

② Chao Nomal Gogol, "New Light on the History of Assam Based on Ahom Buranjis", in Proceedings of the 4th International Conference on Thai Studies, Kunming, 1990. Vol. IV. p. 368.

③ J. G. Scott & J. P. Hardiman. "Gazatteer of Upper Burma and the Shan States," Part I, Vol. I, Rangoon, 1900. p. 231.

学者进一步断定是在泰国清迈府的勐拉（Mong La），① 有一位名叫帕德梅斯瓦尔·果果依的印度学者则认为，勐丽勐兰是在中国云南西双版纳一带。② 另一些印度学者却又认为勐丽勐兰在云南瑞丽江一带。③ 我国学者方国瑜先生在分析一篇涉及云南傣族的境外"大泰"文献中提到的勐丽勐兰这一地名时，也认为是在云南瑞丽一带。④

勐丽勐兰到底在什么地方？查专门研究中缅边境地区傣掸民族历史的西方学者 N. 埃里亚斯的《上缅甸及云南西部掸族历史概述》一书，得知其引述的一段关于勐卯的历史传说中也曾记载说，勐卯的创始人是从天上顺黄金梯下来的两兄弟坤龙（Khun Lung）和坤莱（Khun Lai）中的弟弟坤莱。⑤ 而缅甸掸族学者芒莱根据中缅边境地区流传的一部傣掸文史籍译成英文的《勐卯的故事》中，也提到勐卯的创建者叫坤莱（Khun Lai）。⑥ 从这两段关于勐卯的传说与印度东北部阿洪姆人传说中的始祖的相同名字和相似情节来看，阿洪姆人的来源应与勐卯有关，而勐卯就在今天的瑞丽一带。

另外，印度阿洪姆人保留的许多"布兰吉"中都记载说，他们的先人是在一位名叫"昭龙苏卡法"（Chau Lung Sukapha，又叫"苏卡法"，"昭龙"为"大王"之意——引者）的率领下迁来的。从什么地方迁来的呢？印度东北部地区高哈提大学历史与考古系的学者耶·洪·布拉哥哈因女士根据该系收藏的一份阿洪姆人的"布兰吉"研究后认为，这位昭龙苏卡法的外祖父是"卯龙"（Mao Lung）的统治者，昭龙苏卡法是由

---

① J. N. Phukan, "The Ahoms: The Early Tai of Assam and Their Historical Relations with Yunnan," inProceedings of the 4th International Conference on Thai Studies, Kunming, 1990. Vol. III, p. 260.

② Padmeswar Gogoi, "The Tai and the Tai Kingdoms," Gauhati, 1968, p. 131.

③ Chao Pouspa Gogoi, "Tai Literature of North, East India," in Proceedings of the 4thInternational Conference on Thai Studies, Kunming, 1990, Vol. IV, p. 146; Chao Nomal Gogol, "New Lighton the History of Assam Based on Ahom Buranjis", in Proceedings of the 4th InternationalConference on Thai Studies, Kunming, 1990, Vol. IV, p. 367.

④ 方国瑜：《元代云南行省傣族史料编年》，云南人民出版社，1958，第28页。

⑤ N. Elias, "Introductory Sketch of the History of the Shans in Upper Burma and WesternYunnan." Calcutta, 1876, p. 11.

⑥ Sao Saimong Mangrai,: "The Shan States and the British Annexation," Cornell University, 1967, Appendix, p. ii.

傣泰民族的起源与演变新探

其外祖母在一个叫做"艮生卯龙"（Keng Seng Mao Lung）的地方抚养大的。昭龙苏卡法长大后，统治了艮生卯龙，后于公元1215年离开了艮生卯龙。离开之初，昭龙苏卡法先到他父亲统治的王国"勐卡勐雅"（Mongkha Mongya），从那儿带走了3000口铜锅（一口锅可煮供3人吃的饭）、2头大象、300匹马，然后到了勐卯。最后，从勐卯经户拱（Hukong，在今缅北）展转到了印度东北部。①

这份阿洪姆人史籍中提到的"艮生卯龙"等一些地名到底在今天的什么地方已很难考证，但其中一些地名在我国云南德宏傣族的史籍中却有记载，如"勐卡勐雅"等。据杨永生先生在汉译德宏傣族史籍《勐果占璧及勐卯古代诸王史》一书中的注释，勐卡勐雅即在今云南保山昌宁的柯街、大塘一带。② 昭龙苏卡法在西迁之前，从他父亲统治的勐卡勐雅又到了勐卯即瑞丽一带，说明其最初活动的范围是在云南境内。

一些阿洪姆人的编年史中还提到了一个"勐"叫做"勐提拉"（Mong Thila）或"毗提拉"（Bi-Thi-La）。许多学者认为，勐提拉或毗提拉就是"密提拉"（Mithila），而"密提拉"则是印度佛经中对云南的称呼。③ 据一份阿洪姆人的史籍记载，"勐提拉"最初的国王名叫登罕（Then-Kham），后来该国由一位叫做帕苗蓬（Pa-Meo-Pung）的人统治。当那位率阿洪姆人先民西迁的苏卡法（即昭龙苏卡法）的父亲昭昌纽（Chao Chang-Nyeu）从勐丽勐兰迁徙时，途经勐卡勐雅和勐帕勐焕（Mong Pa Mong Khwan），最后抵达艮生卯龙时，统治"勐提拉"的帕苗蓬就叫他留在那儿。后来，"勐提拉"王帕苗蓬将其妹妹囊勐帕罕森（Nang Mong BlakKham Seng）许给了昭昌纽，两人结合后，生下了苏卡法。④

---

① Mrs. Ye Hom Buragohain, "King Sukapha and His Journey to Assam: The Manuscript Evidence," inProceedings of the (3rd) Internat ional Conference on Thai Studies, Canberra 1987. p. 18.
② 召帕雅坦玛铁·卡章夏：《勐果占璧及勐卯古代诸王史》，龚肃政译，杨永生整理注释，云南民族出版社，1988，第18页，见注释。
③ J. N. Phukan, "The Ahoms: The Early Tai of Assam and Their Historical Relations with Yunnan," inProceedings of the 4th International Conference on Thai Studies, Kunming 1990, Vol. III, pp. 259–260.
④ J. N. Phukan, "The Ahoms: The Early Tai of Assam and Their Historical Relations with Yunnan," inProceedings of the 4th International Conference on Thai Studies, Kunming 1990, Vol. III, p. 529.

从这段记载来看，苏卡法的舅舅帕苗蓬统治着"勐提拉"即云南境内某个傣族地方，而苏卡法的父亲昭昌纽是从勐丽勐兰迁到艮生卯龙的，他在路上经过的一些地方虽难以考证，但有一些地名还是有线索可寻的，如所经一地叫"勐帕勐焕"，可能就是勐焕，即今德宏傣族景颇族自治州首府芒市。而如果肯定勐丽勐兰就是勐卯即瑞丽一带的话，则苏卡法父亲的迁徙路线就是从云南边境地区的瑞丽一带向靠近内地的芒市一带走了。也只有是内迁，苏卡法的父亲才会遇到统治"勐提拉"即云南某个地方的帕苗蓬，并遵其命留在艮生卯龙（大概也在云南境内）并娶了"云南王"帕苗蓬的妹妹，生下了这位最终率阿洪姆人西迁的昭龙苏卡法。因此，苏卡法的舅舅帕苗蓬统治的地方和他父亲展转的地方以及苏卡法出生和成长的地方应该都在今云南境内。

另有一份阿洪姆人的编年史又记载说，苏卡法从艮生卯龙出发去印度时，经过了勐藩（Mong Phan）、勐卡勐雅、勐宛（Mong Wan）、勐腊（Mong Na）、勐底（Mong Ti），后来渡江到达云蒙（Wing Men）。值得注意的是，这份阿洪姆人的编年史中提到的一些地名在我国德宏傣族史籍中都有记载，据杨永生先生对德宏傣族文献《勐果占璧及勐卯诸王史》一书汉译本的注释，除前面已提及的勐卡勐雅就在今保山昌宁的柯街、大塘一带外，这里的勐宛即今陇川，勐腊在盈江，勐底在梁河，均在今天云南省德宏州境内。[1] 而另有国外学者考证，苏卡法渡江后所抵达的云蒙则是今中缅边境缅甸一侧的八莫一带。[2] 如果是这样的话，则这份阿洪姆人编年史中提到的其出发地艮生卯龙和其抵达云蒙之前所经的地方都应在今云南境内。

正是因为这些记载，专门研究阿洪姆人历史的印度东北部地区阿萨姆邦高哈提大学历史系的学者 J. N. 普坎才断言："阿洪姆人曾经占据着

---

[1]　召帕雅坦玛铁·卡章戛：《勐果占璧及勐卯古代诸王史》，龚肃政译，杨永生整理注释，云南民族出版社，1988，第 18 页，见注释。

[2]　J. N. Phukan, "The Ahoms: The Early Tai of Assam and Their Historical Relations with Yunnan", inProceedings of the 4th International Conference on Thai Studies, Kunming, 1990. Vol. III, p. 259.

西抵伊洛瓦底江的今云南德宏傣族景颇族自治州一带地区。"①

还有一名印度阿萨姆邦庭苏基亚学院的学者昭·诺玛尔·果果尔根据其收集到的另一部阿洪姆人史籍对阿洪姆人的早期历史进行研究后认为，率领阿洪姆人西迁的这位昭龙苏卡法的舅舅帕苗蓬统治的地方叫勐卯龙（Mong Mao-Lung），苏卡法就出生在他母亲的娘家勐卯龙。并且，由于其舅舅帕苗蓬无子，苏卡法一生下来就过继给他的舅舅，一直住在勐卯龙。本来他可以在勐卯龙继承王位，但不巧他舅舅后来又老来得一子，取名苏罕法（Sukanpha），苏卡法便失去了继位的资格，于是便带着9000人西迁而去。②

勐卯龙是什么地方？我们知道，在傣掸语乃至广义的傣泰语中，"龙"（Lung）都是"大"的意思，勐卯龙意为"大勐卯"。研究傣掸民族历史的英国学者 N. 埃里亚斯认为，勐卯龙就是今天的勐卯，在瑞丽一带。③ 另一名英国学者斯科特则认为勐卯龙的中心在历史上有过几次变动，但总之均在南卯河（瑞丽江）沿岸。④ 我国学者也认为，勐卯龙即勐卯。⑤ 此外，在缅语中，勐卯被称为"勐卯纪"（Maing Mao Ky），"纪"也是大的意思，与傣掸语"勐卯龙"意思一样。因此，可以认为，勐卯龙就是勐卯，或以勐卯为中心的那一带地区，即今云南德宏州瑞丽一带。

另一位印度东北地区米佐拉姆邦政府学院的学者罗梅希·布拉哥哈因根据另一些阿洪姆人史籍的记载研究后也认为，苏卡法在西迁之前是"勐卯的王子和勐密库林叨（Mung-MitKuplingdao）的统治者"，⑥ 也肯定

① J. N. Phukan, "The Ahoms: The Early Tai of Assam and Their Historical Relations with Yunnan", inProceedings of the 4th International Conference on Thai Studies, Kunming, 1990. Vol. III, p. 259.

② Chao Nomal Gogol "New Light on the History of Assam Based on Ahom Buranjis," in Proceedingsof the 4th International Conference on Thai Studies, Kunming, 1990, Vol. IV. p. 367.

③ N. Elias, "Introductory Sketch of the History of the Shans in Upper Burma and Western Yunnan", Calcutta, 1876, p. 20.

④ J. G. Scott & J. P. Hardiman, "Gazetteer of Upper Burma and the Shan States", Part I, Vol. I. Rangoon, 1990, p. 204.

⑤ 黄惠焜：《掸傣古国考》，载《东南亚》1985 年第 3 期。

⑥ Romesh Buragohain, "The Tais in Northeast India—A Look into the Factors and Processes of Tai-Ahom State Formation in Early Mediaeval Assam: 1228 – 1250". in Proceedings of the 4th International Conference on Thai Studies. Kunming, 1990, Vol. IV, p. 358.

了他与勐卯有关。

此外，有一些阿洪姆人的史籍中则记载说，率领阿洪姆人西迁的人不叫苏卡法，而是一位叫"三隆法"（Samlongpha）或"三隆"（Samlong）的人，时间比苏卡法西迁的时间稍晚。史籍中说他受其兄苏罕法（Sookampha）派遣西征，得胜后本欲回国，却因遭其兄嫉妒并欲加害，故率众留在了印度云云。①

巧的是，我国德宏傣族的史籍也有类似的记载。例如，有一部叫做《银云瑞雾的勐果占璧简史》的德宏傣族的文献中也提到勐卯的国王"召弄思翰法"派其胞弟"混三弄"或"召混三弄"西征的事迹。该书记载说："萨夏里 673 年（公元 1310 年），混依翰罕接受'萨玛达'（傣语，意为'伟大的领袖'）称号，正式承袭勐卯王位，并以猛虎曾跃过头顶而自号为'思翰法'，又叫'召弄思翰法'。思翰法即位后，与周围一些傣族部落结盟，势力进一步强大，遂以其胞弟混三弄为总兵'庄色'，大'波勐'刀思云、刀怕洛、刀思翰盖等为大将，前往征讨西方的勐卫萨丽。总兵元帅混三弄统帅大军长驱直入，不久就抵达勐卫萨丽的首府。"②最后，迫使勐卫萨丽人投降议和，议定每三年一贡，并宣称向勐卯称臣，永不反悔。③

另一部叫做《嘿勐沽勐》或译为《勐卯古代诸王史》的德宏傣族文献也记载："思翰法登上王位的第十二年（按照该文献中前面的记载推算，当为公元 1347 年），勐卯王集结了数万军队，战象二千头，命王弟三弄挂帅，四大'陶勐'随师参谋，前往南鸠江以西各国兴师问罪。三弄带领大军，从鸠宛出发，经过双顺、戛写，直达罕底。经过三年的长途跋涉，最后才回到孟养。大军所到之地势如破竹，一举一一被征服，

---

① R. Boileau Pemberton, "Report on the Eastern Frontier of British India", Calcutta, 1835, pp, 113 - 4; Romesh Buragohain, "The Tais in Northeast, India—A Look into the Factors and Processes of Tai-Ahom State Formation in Early Mediaeval Assam; 1228 - 1250", in Proceedings of the 4th Conference onThai Studies, Kunming, 1990, Vol. IV, p.358.

② 召帕雅坦玛铁·卡章戛：《勐果占壁及勐卯古代诸王史》，龚肃政译，杨永生整理注释，云南民族出版社，1988，第 41~48 页。

③ 召帕雅坦玛铁·卡章戛：《勐果占壁及勐卯古代诸王史》，龚肃政译，杨永生整理注释，云南民族出版社，1988，第 49 页。

国国归附，个个称臣纳贡。"①

这两部德宏傣族的文献均提到勐卯王统治时期当地傣族西征之事，这两份文献中提到的勐卯王里的勐卯王思翰法或召弄思翰法就是我国汉文史籍中记载的元代割据一方的麓川首领"思可法"，大概也就是阿洪姆人史籍中的"苏罕法"（"召弄"即Chao-lung，为"大王"之意），其弟"混三弄"或"召混三弄"或"三弄"大概也就是阿洪姆人史籍中提到的"三隆法"或"三隆"（"混"即傣语中的Khun，"召"即Chao，均为傣族中王、王子、高级贵族等的尊号）。所不同者只是，在我国德宏傣族的史籍中，"混三弄"或"召混三弄"西征后得知其兄勐卯王"召弄思翰法"欲陷害他时，便饮毒酒自尽了，② 而不是像阿洪姆人的史籍中说的是留在了印度。

而埃里亚斯在其《上缅甸及云南西部掸族历史概述》一书中引述的一个据说是流传于勐卯和缅甸勐拱地区的故事又说，三隆法是勐卯王的兄弟，他在其兄统治勐卯时率军征服了阿萨姆。约4~5年之后，他的一位名叫昭卡法（Chau-Ka-pha）的亲戚成了这片新征服的土地上的第一位"索巴"（即"昭法"，意为"王"，"索巴"〈Tsawbwa〉系缅甸掸语的发音）。③ 这里，西征者是三隆法，昭卡法（苏卡法？）则只是一位现成的王位继承者，而不是亲自率兵西征者。

从所引的这些阿洪姆人和傣掸人的史籍以及一些学者的最新研究来看，虽然阿洪姆人和傣掸人的史籍中提到的许多地名我们还无法搞清楚，虽然我们还无法肯定率领阿洪姆人西迁的首领到底是"苏卡法"还是"三隆法"（或许在德宏傣族的历史上曾经发生过两次大规模的西迁），但从这些文献中可以弄清的一些地名来看，苏卡法或三隆法或"混三弄"率众西迁时离开的故土都与勐卯及周围地区、特别是与今云南保山和德宏州靠边境的昌宁、芒市、瑞丽、陇川、盈江、梁河一带地区有关。所

① 召帕雅坦玛铁·卡章戛：《勐果占璧及勐卯古代诸王史》，龚肃政译，杨永生整理注释，云南民族出版社，1988，第83页。
② 召帕雅坦玛铁·卡章戛：《勐果占璧及勐卯古代诸王史》，龚肃政译，杨永生整理注释，云南民族出版社，1988，第47~51；第83~84页。
③ N. Elias, "Introductory Sketch of the History of the Shans in Upper Burma and Western Yunnan," Calcutta, 1876, p. 9.

以，可以认为，阿洪姆人的先民主要是从中国云南德宏一带地区迁去的。

阿洪姆人的先民是在什么时候迁到印度去的呢？许多学者根据阿洪姆人史籍的记载推算后认为，苏卡法从云南西迁的时间是公元 13 世纪初。① 而我国德宏傣族的文献《银云瑞雾的勐果占璧简史》中记载说勐卯王召弄思翰法派其胞弟混三弄或召混三弄西征的时间是萨戛历 673 年，即公元 1310 年。另外叫做《嘿勐沽勐》或者译为《勐卯古代诸王史》的德宏傣族文献则记载说西征的时间是思翰法登上王位的第 12 年。按照该文献中前面的记载推算，当为 1347 年，时间要更晚一些。②

如果以阿洪姆人史籍中记载的苏卡法率众西迁的时间为准，那么，阿洪姆人的先民最早从云南迁到印度的时间应当是 13 世纪初。很可能的情况是，在 13~14 世纪，德宏傣族历史上至少发生过两次大规模的西迁。

《招捕总录·西番》记载："至大三年（公元 1310 年）二月，云南省蒙光（路）土官（得）罕上言：'有弟三澜在西天界蓝塞守边，大德八年（公元 1304 年），三澜来言，西天低僻，不知是何达达军马夺数寨而去。今年正月，三澜复遣火头官兜儿来言，西天使来，又有达达军马杀西天王而立其孙，夺其堡寨，所乘马甚高大，蹲伏乃可鞴鞍。问此疆之外，其主者谁。西天王对：白衣所居'。"

蒙光即位于今缅甸克钦邦中部的密支那西南部的孟拱，元朝设置的蒙光路就驻在那里，管辖的区域与西天接界界线显然即今缅甸北部与印度分界的那加山。当时，这一带地区的傣掸民族仍在中国元朝的管辖之下。而且，这段记载还告诉我们，"此疆之外"，即印度东北部地区，已经是"白衣所居"。那里的"白衣"大概就是今印度阿洪姆人史籍中记载的公元 13 世纪初由苏卡法王率领着西迁过去的以勐卯傣族为主的傣族移民。

根据阿洪姆人保留下来的编年史料的记载，他们的先民展转迁徙到今天的印度东北部地区以后，在今天的阿萨姆邦的布拉马普特拉河（Bramaputra River）流域一带定居下来，并在当地建立了一个叫做"勐顿

① Chaw Nagen Hazarika, "We Revive, We Survive", Priton, India, p. 17.
② 召帕雅坦玛铁·卡章戛：《勐果占璧及勐卯古代诸王史》，龚肃政译，杨永生整理注释，云南民族出版社，1988，第 83 页。

孙罕"（Mong Dun Sun Kham，意为富饶和充满黄金的国家）的王国。① 后来，当地的土著居民波多人（Bodos）把他们建立的这个勐顿孙罕王国称为"Ha Siam"。在波多人的语言中，"Ha"的意思是土地，"Siam"（有时也称为"Shan"）则是他们对所有傣泰民族的称呼（如今我国学者多把"Siam"译为"暹"，把"Shan"译为"掸"）。由于当地一些民族语言发音时音变的缘故，"Ha Siam"被发音为"Assam"，阿萨姆一词即由此而来。②

还有一种解释说，这些迁到印度东北部地区的傣族移民被当地人叫做 Siam 或 Sam，但当地语言不习惯发 S 这个音，他们往往把 S 发音为 H。要保留 S 这个发音，就必须在其前面加上一个字母 A，于是，就把 Siam 或 Sam 发音为 Assam。这就是阿萨姆这个地名的由来。但是后来在一些民族的语言中，S 音还是被 H 音所代替，于是，Assam 被发音为 Ahom，阿洪姆人现在这个族名就是由此得来的。③

总之，阿洪姆人这个名称或阿萨姆邦这个地名均与当地人把他们叫做"Siam"或"Sam"有关。

大约在苏可法率众西迁 250 年后，在一位叫做苏洪蒙（Siu-Hom-Mong，1497～1539 年在位）的国王统治时，"勐顿孙罕"王国的疆域进一步扩大。后来，一位叫做"苏生法"（Siu-Seng-Pha，1603～1641 年在位）的国王再次开疆拓土，使"勐顿孙罕"王国区域更加扩大。到 17 世纪下半叶时，整个布拉马普特拉河流域均被称为阿洪姆人的傣族移民后裔所统治。④ 直到 1838 年这个"勐顿孙罕——阿洪姆王国"最后一位国王被英国人废黜后，这个由云南傣族迁入印度后所建立的延续了 600 多年的王国才告灭亡。

---

① Ye Hom Buragohain，"King Sukapha and His Journey to Assam：The Manuscript Evidence"，inProceedings of the (3rd) International Conference on Thai Studies，Canberra，1987，Vol. I，p. 17.

② Institute of Historical Studies，"Sources of History of India"，Calcutta，1897，Vol. I，151.

③〔泰〕集·蒲米萨：《暹泰佬孔各族名称考》，泰国 Duang Kamol 出版社，1976 年出版（泰文版）。〔泰〕黎道纲中译打印稿（云南大学西南边疆少数民族研究中心资料室藏），第 19 页。

④ Romesh Buragohain，"The Tais in Northeast India—A Look into the Factors and Processes of Tai-Ahom State Formation in Early Mediaeval Assam：1228－1250,"in Proceedings of the 4thInternaional Conference on Thai Studies，Kunming，1990，Vol. IV，p. 358.

因此，印度学者罗梅希·布拉哥哈因认为："事实上，阿萨姆邦中世纪早期的政治史是属于阿洪姆人的。阿洪姆王国的出现使印度东北部的整个历史发生了极大的改变。"① 另一位印度学者 J. N. 普坎则称："印度东北部的中世纪史就是阿洪姆人的历史。"②

这些迁入印度东北部地区的云南傣族——阿洪姆人在早期还一度保留着他们从云南带去的政治制度、社会组织、宗教信仰及文化习俗。例如，阿洪姆人保留下来的许多史籍"布兰吉"中都提到，他们早期在当地建立的国家"勐顿孙罕"的国王均称"昭"（Chao）或"昭法"（Chao-pha），"昭"或"昭法"之下有各级官员，称呼有"邦勐"（Phrang-Mong）、"叨勐"（Thao-Mong）、"叨"（Thao）、"录令"（Ru Ring）、"录百"（Ru-Pak）、"录少"（Ru Sao）、"普坎"（Phu-Kan）、"普克"（Phu-Ke）、"普津勐"（Phu-Kin-Mong）、"纽勐"（Niu-Mong）等等。③

据阿洪姆人的编年史记载，在"勐顿孙罕"国，所有 16～50 岁的强壮男子都必须向国家服劳役，这些服劳役的人被通称为"派"（Paik）。"派"每 4 人为一组，轮流服役，即每人为期 3 个月。每 5 个 4 人小组共 20 人设一名官员"录少"（意为 20 人首领），5 名"录少"及其所辖的"派"共 100 人又设一名"录百"（意为百夫长）管辖，10 名"录百"及其所辖的"派"共 1000 人设一名"录令"（意为千夫长）管辖。所有"派"及各级官员又均隶属于国王"昭法"。"派"可分得份地，但土地所有权仍属于"昭法"。战争期间，"派"还必须从军。④

① Romesh Buragohain，"The Tais in Northeast India—A Look into the Factors and Processes of Tai-Ahom State Formation in Early Mediaeval Assam：1228 - 1250," in Proceedings of the 4thInternaional Conference on Thai Studies，Kunming，1990，Vol. IV，p. 359.

② J. N. Phukan，"The Ahoms：The Early Tai of Assam and Their Historical Relations with Yunnan"，inProceedings of the 4th International Conference on Thai Studies，Kunming，1990，Vol. III，p. 258.

③ J. N. Phukan，"The Ahoms：The Early Tai of Assam and Their Historical Relations with Yunnan"，inProceedings of the 4th International Conference on Thai Studies，Kunming，1990，Vol. III，p. 261.

④ J. N. Phukan，"The Ahoms：The Early Tai of Assam and Their Historical Relations with Yunnan"，inProceedings of the 4th International Conference on Thai Studies，Kunming，1990，Vol. III，p. 261.

在有关云南德宏一带的傣族的历史资料中也有这种制度和相似称谓的记载。如明代钱古训著的《百夷传》在记载麓川（即勐卯一带）思伦发（又写作思仑发）统治时期的情况时就提到："其下称思仑发曰'昭'，犹中国称君主也。……其属则置'叨孟'以总统政事，兼领军民。'昭录'领万余人，'昭纲'领千余人，'昭伯'领百人，领一伍者为'昭哈斯'，领一什者为'昭准'，皆属于'叨勐'。又有'昭录令'，遇有征调，亦与'叨勐'统军以行。"

《百夷传》还载，当时这一带傣族"无军民之分，聚则为军，散则为民，遇有战斗，每三人或五人出军一名，择其壮者为正军。……余人荷所供。"又"大小各有份地，任其徭赋"。

因此，阿洪姆人史籍中记载的他们早期的政治制度和国王及大小官职及农奴"派"等称谓，无疑是从云南带去的。

在阿洪姆人的编年史中，早期的国王除了称"昭"或"昭法"外，有时也被称为"Khun"或"Wong"。① 过去，人们不清楚这两个称谓的含意，多将"Khun"音译为"混"或"坤"，将"Wong"音译为"旺"。如我国德宏傣族史籍《勐果占璧及勐卯古代诸王史》汉译本的译者所译的从勐卯率军西征的"混三弄"或"召混三弄"这名字中的"混"即是"Khun"的音译，其实，"Khun"即是汉语"君"的古音，"Wong"即是"王"，这两个词均来自汉语。这说明阿洪姆人同云南傣族一样，对统治者的称谓中除了本族语言"昭"或"昭法"以外，均借用了汉语称谓，同时也说明阿洪姆人迁入印度东北地区之前一定生活在中国境内并已受到了汉文化的影响。

此外，阿洪姆人保留下来的所有编年史都使用天干地支纪年法，十天干依次称为 Kap、Dap、Rai、Mong、Plek、Kat、Khut、Rung、Tao、Ka，十二地支依次为 Teo、Plao、Ngi、Mao、Si、Cheo、Si-Nga、Mut、San、Rao、Mit、Ke。② 这种纪年法及天干地支的称谓也与云南傣族使用

---

① J. N. Phukan, "The Ahoms: The Early Tai of Assam and Their Historical Relations with Yunnan,", in Proceedings of the 4th International Conference on Thai Studies, Kunming, 1990, Vol. III, p. 261.

② J. N. Phukan, "The Ahoms: The Early Tai of Assam and Their Historical Relations with Yunnan,", in Proceedings of the 4th International Conference on Thai Studies, Kunming, 1990, Vol. III, p. 262.

的相似,① 而且也都是受汉文化影响之故。

阿洪姆人进入印度之前的经济即早已以水稻种植为主,因此,进入印度东北部地区后,他们也主要选择低地居住,并利用在故乡已掌握的技术,开垦了许多稻田,还修建了完善的水利系统。同时,他们还把单牛驾犁技术传入了印度东北部地区。②

虽然我国学者中对佛教传入傣族地区的时间还存在着很大的争议,但据明代的《百夷传》记载,公元 14 世纪下半叶时,德宏一带的傣族仍然还"不祀先,不奉佛,亦无僧道"。而在公元 14 世纪的缅甸碑铭中,信奉佛教的缅族人依然还把当时分布在缅甸北部和云南西部的傣掸民族称为"敌提"(ditti)即"异教徒"。③ 似乎当时他们还没有信奉佛教。

虽然有一些阿洪姆人的史籍中说阿洪姆人早期是信佛教的,但是,据印度学者研究,最初迁入阿萨姆地区的阿洪姆人的先民并不信佛教,而是信奉他们自己的天神。他们保留有一部据说是苏卡发从勐卯带来的神书《帕奔卡卡》(Pakpeynkaka),神书中提到他们早期的最高神叫做帕特清蓬混,此外,还有一些群体神祇如楞东(Leng Don)、登罕(Thenkam)、雅新芭(Yashingpha)和老基(Laokhri)等等。一些学者认为阿洪姆人的早期宗教属于道教。他们在阿萨姆地区定居之后才为继续与勐卯的傣族和缅甸的群体傣掸民族保持着联系而信奉了佛教。④ 因此,不知他们是在西迁后才接受了佛教信仰,还是他们在云南接受了佛教以后才西迁的,如果是后者,则其西迁的时间还要晚一些。而且,18 世纪下半叶,已经皈依了印度教的阿洪姆人的一位国王还派出一个由星相学

① 召帕雅坦玛铁·卡章戛:《勐果占璧及勐卯古代诸王史》,龚肃政译,杨永生整理注释,云南民族出版社,1988,第 53 页注释。
② J. N. Phukan. "The Ahoms: The Early Tai of Assam and Their Historical Relations with Yunnan", in Proceedings of the 4th International Conference on Thai Studies, Kunming, 1990, Vol. III, p. 262.
③ G. H. Luce, "The Early Syam in Burma's History", Journal of the Siam Society, Vol. XLVI, Part 2, November 1958, pp. 151, 198.
④ B. K. Gohain, "Origin of the Tai and Chao Lung Hsulapha: A Historical Perspective", Omsons Publications, New Delhi, pp. 86 – 96.

家和其他人员组成的代表团前往缅甸北部的勐拱去向当地掸族佛教僧侣学习了解他们的历史和早期的宗教文化。①

早期迁入印度的"阿洪姆人"人数到底有多少？目前很难考证。根据他们自己的编年史记载，苏卡法王率众西迁时只是 9000 人左右。进入印度东北部地区并征服了当地一些民族后，为了有效地统治当地人，他们逐渐开始吸收一些当地上层人物进入统治机构。同时，还通过联姻的方式与当地一些民族上层人物建立友好关系，其人数恐怕也通过融合外族而增加了。今天印度阿洪姆人的人数到底有多少？目前也还没有可靠的统计。据印度学者 M. N. 普坎的研究，1872 年时，阿洪姆人的人数有15 万多；到1901 年时，其人数已经增长到17.8 万多；到 20 世纪 80 年代下半叶时，阿洪姆人的人数已经达到 100 万左右。②

但是，随着时间的推移，这些傣族移民的后裔逐渐接受了当地人信仰的印度教和当地的语言和文化，"征服者"在文化方面反而被"被征服者"征服了。

阿洪姆人到底是什么时候开始接受当地印度文化的？目前说法不一。有人认为他们接受当地文化的年代可以追溯到 13 世纪末 14 世纪初，据说当时的一位名叫苏当法（Sudangpha，1398 ~ 1407）年在位）的国王即被人们称为巴牟尼·孔瓦尔（Bamuni Konwar），并说这位国王在加冕时采用了印度教的仪式。③ 到 16 世纪上半叶即苏洪蒙王统治时，他除了称"迪兴吉亚·罗阇"（Dihingia Raja）之外，还用印度教的"斯瓦尔加纳拉衍那"（Swarganarayana——天神）这个称号代替了传统的"昭法"这个称号。此后，阿洪姆人的国王都用印度教的头衔来作为自己的称号。④ 还

---

① Institute of Historical Studies, "Sources of History of India", Colcutta, 1897, Vol. I, p. 309.

② M. N. Phookan, "Minotities: Early Migrants and Late Migrants—Their Problems and Prospects", in Proceedings of the 3rd International Conference on Thai Studies, Canberra, 1987, Vol. III, p. 246.

③ Romesh Buragohain, "The Tais in Northeast India-A Look into the Factors and Processes of Tai-Ahom State Formation in Early Mediaeval Assam: 1228 – 1250", in Proceedings of the 4thInternational Conference on Thai Studies, Kunming, 1990, Vol. IV, p. 363.

④ Romesh Buragohain, "The Tais in Northeast India-A Look into the Factors and Processes of Tai-Ahom State Formation in Early Mediaeval Assam: 1228 – 1250", in Proceedings of the 4thInternational Conference on Thai Studies, Kunming, 1990, Vol. IV, p. 363.

有人统计后认为，从苏卡法到苏宾法（Siu-Pim-Pha）13 位阿洪姆王国的国王中，除了苏当法（公元 1397~1407 年在位）以外，其余 12 位国王在阿洪姆人的史籍中都只有傣族名字，从苏宾法之后的苏洪蒙到苏廷法（1497~1648 年）这 6 位国王，才开始有了印度名字。①

与此同时，原"昭法"称谓下的各级官吏的傣族称谓也逐渐被"布拉哥哈因"（Buragohain）、"巴尔哥哈因"（Bargohain）、"巴帕特拉·哥哈因"（Barpatra Gohain）以及"拉吉科瓦斯"（Rajkhowas）、"巴鲁阿"（Barua）、"哈扎利卡"（Hazarika）、"塞基亚"（Saikia）、"博拉"（Bora）等带有印度色彩的头衔所取代，② 他们还逐渐接受了当地的阿萨姆语。大约从 16 世纪起，阿洪姆人开始用阿萨姆文字来编纂他们的编年史。③

从后来阿洪姆人用阿萨姆文字编写的史籍来看，一些史籍中开始用印度教神祇的名字来称呼或解释他们的传统神祇。如把楞东神说成是因陀罗，把雅新芭女神说成是萨拉斯瓦蒂女神（印度教的智慧女神）。据当地学者研究，这些史籍都是 16 世纪以后信奉了印度教的阿洪姆人聘请的一些婆罗门僧侣为他们编写时写进去的。④

大概也正是在这个时期，他们建立的这个在早期史籍中被称为"勐顿孙罕"的国家也逐渐被人称为了"阿洪姆王国"。

但是，在接受了当地的宗教和文化之后，阿洪姆人早期的文化也并没有完全消失。例如，到"勐顿孙罕——阿洪姆王国"后期，国王们的称谓中仍还保留着傣族的名称，如被认为是正式接受了印度教的阿洪姆人国王"普拉塔普·辛格"（Pratap Singha，1603~1641 在位）在史籍中有时仍被称为"苏生法"（Susenpha）。有时，国王头衔中甚至同时出现

---

① Lipi Ghosh, "Tai-Ahom Historical Linkages: Notions of Shared Culture and Contemporary Indian Interaction into Chinese & Southeast Asian Panorama", in Comparative Perspectives On Asian Development: A View From South Asia, edited and compiled by Reena Marwah, New Delhi, 2004, p. 187.

② Suryya Kumar Bhuyan, "Studies in the History of Assam," Assam, 1965, p. 154.

③ 朱昌利：《阿霍姆王国—泰族中世纪在布拉马普特拉河谷建立的一个国家》，载云南省东南亚研究所编《南亚土地关系和民族》，1983。

④ B. K. Gohain, "Origin of the Tai and Chao Lung Hsulapha: A Historical Perspective", Omsons Publications, New Delhi, p. 33.

傣族名称和印度名称，如"普拉塔普·辛格"之后的一位国王的称号是"苏檀腊·贾亚达瓦吉·辛格"（SutamlaJayadhawaj Singha，1648～1663 年在位），这个称号中的"苏檀腊"无疑还是傣族称谓。其后另一位国王的称号"苏力法·拉腊·罗阇"（Sulikpha Lara Raja，1679～1681 年在位）中的"苏力法"无疑也是傣族称号。"苏力法"的继承者的称号是"加达达尔·辛格"（Gadadhar Singha，1681～1696 年在位），史籍中有时又以傣族称谓"苏普法"（Suputpha）来称他。另一位于 1696～1741 年在位的国王"鲁德拉·辛格"（Rudra Singha）又叫"苏康法"（Sukhrangpha）等等。① 而且，相当多的阿洪姆人在改宗印度教之后，仍还保持着他们早期的宗教，并在自己的宗教中继续使用他们最初的语言，直到阿洪姆人在阿萨姆的统治结束时，佛教僧侣在阿洪姆人中仍享有很高的地位。②

据阿洪姆人自己的史籍记载，他们迁入印度以后相当长一段时期内，还同他们的故土勐卯保持着联系，并不时派使者去勐卯朝贡。③ 因此，印度学者 J. N. 普坎认为："阿洪姆人可称为连接印度东北部地区与云南的历史环链。"④

18 世纪中叶以后，由于统治者政策失当，被阿洪姆人统治的信奉毗湿奴教派的摩阿马里亚人掀起了反抗阿洪姆人上层统治集团的斗争，在起义斗争的冲击下，这个"勐顿孙罕"或被称为"阿洪姆王国"的傣族国家遂一蹶不振，开始走向衰落。

1817 年，缅甸国王趁阿洪姆王国衰落之机，派兵侵入了阿洪姆王国，并于 1822 年完全控制了阿萨姆地区。

不久以后，即 1824 年，英国人侵入了缅甸，并于 1826 年强迫缅甸签

---

① Bijay Bhushan Hazarika, "Political Life in Assam during the 19th Century", India, 1987, pp. 11 – 15.

② Bijay Bhushan Hazarika, "Political Life in Assam during the 19th Century", India, 1987, p. 15.

③ J. N. Phukan. "The Ahoms: The Early Tai of Assam and Their Historical Relations with Yunnan", in Proceedings of the 4th International Conference on Thai Studies, Kunming, 1990, Vol. III, p. 263.

④ J. N. Phukan. "The Ahoms: The Early Tai of Assam and Their Historical Relations with Yunnan", in Proceedings of the 4th International Conference on Thai Studies, Kunming, 1990, Vol. III, p. 258.

订了《杨达坡协定》，从缅甸手中夺取了阿萨姆地区，控制了阿洪姆王国。1893年7月31日，一队英军突然闯入阿洪姆王国的王都高哈提，宣布废黜国王罗阁·普隆德尔·辛格。至此，这个存在了600多年的"勐顿孙罕—阿洪姆王国"正式灭亡，阿洪姆人也从此沦于英国人的统治之下，由当地的统治民族变成了被统治民族。1858年，英国人以英印政府直辖的方式取代了原来东印度公司在阿萨姆的统治，阿洪姆人又随之成了英印政府的属民。

在英国人入侵和统治的过程中，阿洪姆人的命运发生了极大的变化。随着英国人在阿萨姆地区的一系列殖民统治政策的推行，阿洪姆人各个阶级和阶层的利益都不同程度地受到损害。首先是国王、贵族和官员失去了原来的权势。在阿洪姆王国时代，王国政府中95%以上的职位是由阿洪姆人担任的，但英国人统治以后，却从孟加拉省雇用了大量的孟加拉人，还在阿萨姆地区雇用了一批属于婆罗门种姓和其他种姓的印度人，而把原来的统治民族阿洪姆人排斥在外。据统计，在英国人统治阿萨姆地区一百多年以后的1941年，阿洪姆人仅在当地教育部门占有为数极少的职位，如当地48名校长中，只有2名是阿洪姆人，225名副校长中只有1名是阿洪姆人。当地350名教师中，阿洪姆人仅有18人。在其他部门，如警察局、工程局、内务部、卫生局以及农、林等部门，连一个阿洪姆人也没有。[1]

英国人统治以后，在英国工业品的冲击下，阿洪姆人的许多传统行业迅速衰败，如制造土枪土炮的行业、冶铁业、铁制品行业、金银制品行业、虫胶业、制盐业等，均在英国工业制品的冲击下衰落了，商业也为英国人所控制。而且，在英国殖民政府的鼓励下，这一时期，印度本部移来了大量的移民劳工、商人和其他一些人，如从拉贾斯坦来的专以经商为业的马瓦里人（Marwaris）充当了中间商，从孟加拉来的宗教教长把持了阿萨姆地区的宗教职位，从印度斯坦来的比哈尔人则在阿萨姆地区的车站和码头当搬运工，殖民军队的士兵则主要由尼泊尔人来充当。此外，还从孟加拉迁移来了大量的穆斯林。在英国商品的冲击下，以及

---

① Chow Nagen Hazarika, "We Revive, We Survive", Prition, India, 1996, pp. 25 – 26.

英国殖民统治政策导致的大量印度本部和其他地区的移民的竞争下，阿洪姆人不仅在政治上毫无地位，经济上也退缩到了农业一隅。即便是在农业领域，阿洪姆人也面临着日益激烈的竞争。阿洪姆人的传统农业是水稻和其他一些农作物，英国殖民者到来后，却在阿萨姆地区鼓励种茶，本来，种植茶叶等经济作物应该有利于阿洪姆人经济状况的改善，但是，由于大量的印度本部劳工移入阿萨姆种植茶叶，阿洪姆人刚刚有起色的多样化农业又被逼退到经济价值不大的水稻种植，经济地位每况愈下。[①]

由于大量移民的进入，阿洪姆人在阿萨姆地区的人数比例也迅速下降，到 1901 年时，阿洪姆人在阿萨姆地区总人口中所占的比重由原来的第一位降到了第五位。[②]

更有甚者，一些印度本部来的移民还带来了极强的种姓意识，阿洪姆人这个一度是当地统治民族的民族群体，一夜之间竟被视为"贱民"。据报道，有一位婆罗门教士在船上淘米，米无意中被一位路过的阿洪姆人碰了一下，结果，该婆罗门教士认为米被污染，竟把米全部倒进了河里。[③] 还有一则报道说，有一位阿洪姆人无意中摸了一下一户"首陀罗"种姓的人家的井，这个本身就属于印度社会中最"低贱"的"首陀罗"种姓的人竟然也认为水已不洁，于是把所有井水淘干，然后才饮用新出的水。[④]

在英国人的放任政策下，阿萨姆地区的民族关系越来越复杂，民族矛盾也越来越激化，特别是阿洪姆人同印度本部一些民族之间的矛盾更为尖锐，其结果是阿洪姆人的地位每况愈下。1934 年，两位印度本部移民卡吉斯瓦尔·萨尔马和西巴·那司·巴塔查里亚合编了一部叫做《鲁朋觉依·斯米里提》（Rupunjoy Smriti）的书，在书中把阿洪姆人称为"霉类刹"（Mlessa）、"氨提亚基"（Antyaj）、"瓦尔那·糁卡尔"（Varna Sankar）等等，这些都是一些侮辱性的称呼，甚至还称阿洪姆人为"阿死仆里弃鸦"（Asprichya，意为"不可接触者"）。此外，还有用当地文字写

---

① Chow Nagen Hazarika, "We Revive, We Survive", Prition, India, 1996, p. 29.

② Chow Nagen Hazarika, "We Revive, We Survive", Prition, India, 1996, p. 29.

③ Chow Nagen Hazarika, "We Revive, We Survive", Prition, India, 1996, p. 9.

④ Chow Nagen Hazarika, "We Revive, We Survive", Prition, India, 1996, p. 9.

的书如《萨尔瓦·吉那那·曼加里》（Sarva Jnana Manjari）、《卡巴尔·阿鲁·坎达尔》（Kabar Aru Kankal）和《科诺·克德·乃》（Kono Khed Nai）等都对阿洪姆人进行侮辱。①

由于这一切发生得太突然，并给阿洪姆人整个民族群体都带来了极为不利的影响，因此，从一开始，阿洪姆人各个阶级和阶层就不断掀起反抗英国殖民统治的斗争。早在 1828 年底，即在英国殖民统治者刚刚控制阿萨姆王国不久，一位叫做贡达尔·孔瓦尔的阿洪姆贵族便领导当地人民举行了反英起义。1830 年初，另一位叫做卢普乾德·孔瓦尔的贵族又发动了一次起义。同年，另外两名分别叫做加达达尔和披牙里·普坎的阿洪姆贵族也领导了反英起义。1857 年印度本部掀起全民反英大起义时，阿萨姆地区的阿洪姆人又积极响应，在一位叫做玛尼兰·德万的贵族的领导下起义，反抗英国殖民统治。②

除了由贵族领导的这些起义之外，广大阿洪姆农民也因对英国殖民者的苛捐杂税不满而不断掀起反抗斗争。如 1861 年 9 月，一些阿洪姆农民即前往英国驻阿萨姆的副专员赫伯特·斯孔思在挪岗（Nawgong）的官邸请愿，反映税收太重。由于斯孔思对农民的请愿不予理睬，农民便举行起义，攻打副专员的官邸，接着，其他地区的农民也纷纷响应。1893 年 12 月，阿萨姆兰吉亚地方又有数千农民举行反英示威。③

早期由贵族和农民领导的起义和反抗相继失败后，阿洪姆人知识分子中逐渐开始出现了一种新的民族主义情绪，并出现了一种新的民族主义运动。例如，在英国统治时期，由于在政府机构和许多其他场合用英语和孟加拉语取代了当地阿洪姆人和其他一些民族使用的阿洪姆语，从 19 世纪下半叶开始，一些不满英国殖民统治的阿洪姆人中的知识分子在当地领导了一场长达 35 年之久的"语言复兴运动"。④

---

① Chow Nagen Hazarika, "We Revive, We Survive", Prition, India, 1996, pp. 9 – 10.
② Bijay Bhushan Hazarika, "Political Life in Assam during the 19th Century", India, 1987, pp. 334 – 336.
③ Bijay Bhushan Hazarika, "Political Life in Assam during the 19th Century", India, 1987, pp. 384 – 391.
④ Bijay Bhushan Hazarika, "Political Life in Assam during the 19th Century", India, 1987, p. 446.

随着民族主义情绪的滋长，1886 年，一些阿洪姆人的知识分子在加尔各答创办了一份叫做《卯》（Mau）的阿萨姆文杂志。该杂志的老板叫博里那拉延·博拉，编辑叫哈里那拉延·巴鲁阿。后者是一位工程师，后来一直在加尔各答从事政治活动。创办《卯》杂志后，他们一直通过它宣传民族主义。[1] 值得注意的是，这份杂志为什么以"卯"为名？是不是想通过追溯阿洪姆人的故土勐卯或他们的祖先傣卯人的"根"来唤起阿洪姆人的民族意识？由于还缺乏能够对之进行解释的资料，这里只能是望文推断。或许，该杂志名称的含义真是这样，也未可知。

由于在其统治阿萨姆地区的后期接受了印度文化，阿洪姆人在某些方面的传统民族文化特征已逐渐消失，因此，英国殖民者甚至不再承认他们是一个单一的民族，剥夺了他们作为一个民族群体应有的许多权利，比如不承认他们作为一个单一民族应享有的代表权。于是，早在 1893 年，阿洪姆人就组织了一个"阿萨姆邦全体阿洪姆人协会"（All Assam Ahom Association），该协会领导阿洪姆人掀起了一场"争取单独选举权运动"。[2] 该协会领导人认为，虽然阿洪姆人已经接受了阿萨姆地区的语言和文化，但他们并不想让他们的"阿洪姆人身份"完全消失在阿萨姆地区的"种姓制印度教文化"之中。他们要求承认阿洪姆人是一个"少数民族群体"，要求享有"单独的选举权"。

1941 年 4 月，"阿萨姆邦全体阿洪姆人协会"领导人拉达·坎塔·汉迪克在协会的第十届大会上发言称："阿洪姆人必须在未来的印度宪法中占有一席之地。"[3] 1943 年 11 月，一位叫做苏伦德拉那斯·布拉哥哈因的阿洪姆人领导人又在阿萨姆立法会议上提交了一份提案，敦促当局把阿洪姆人列入宪法中予以承认的少数民族之列，[4] 但该决议未获通过。

① Bijay Bhushan Hazarika, "Political Life in Assam during the 19th Century", India, 1987, p. 425.

② Girin Phukan, "Search for Tai-Ahom Identity in Assam: In Retrispect", in Proceedings of the 4th International Conference on Thai Studies, Kunming, 1990, Vol. IV, pp. 377 – 381.

③ Girin Phukan, "Search for Tai-Ahom Identity in Assam: In Retrispect", in Proceedings of the 4th International Conference on Thai Studies, Kunming, 1990, Vol. IV, p. 379.

④ Girin Phukan, "Search for Tai-Ahom Identity in Assam: In Retrispect", in Proceedings of the 4th International Conference on Thai Studies, Kunming, 1990, Vol. IV, p. 379.

1944 年，一些阿洪姆人上层人士与阿萨姆邦其他"蒙古人种"各民族和部族的上层联合起来，组成了一个"阿萨姆邦各部落和种族联盟"（All Assam Tribes and Races Federation），把当地民族自决运动推向了一个新的高潮。同年 9 月，"阿萨姆邦各部落和种族联盟"在锡布萨加尔举行的一次执行委员会上发布的一项决议宣称："考虑到阿萨姆在地理上和其他方面的特殊性及其居民中具有的特殊的语言、文化和宗教的蒙古利亚人种占优势地位这一特点，既然可以把印度分为巴基斯坦和印度斯坦两个地区，阿萨姆也应独立作为一个实体而单独存在。"[1]

印度独立后，印度宪法明文将一些少数民族部落列为"表列部落"，给予这些少数民族部落以某种程度的自治权和政策上的优惠。然而，因英国殖民统治者的"分而治之"政策，在社会、政治、经济、宗教和文化诸多方面的发展受到严重阻碍的阿洪姆人，却没有被独立后的印度宪法列为"表列部落"，因而也就没有"表列部落"享有的那些权利。因此，印度独立以后，阿洪姆人争取民族权利的斗争一度转为了争取成为"列表部落"的运动，许多组织和个人纷纷以各种形式提出他们的要求，要求根据印度宪法第 342 条，将阿洪姆人列为"表列部落"。[2]

一些阿洪姆人知识分子发表文章，阐述将阿洪姆人列为"表列部落"的理由。1996 年，一位名叫召·那艮·哈扎里卡的阿洪姆人知识分子出版了一本名为《我们要复兴，我们要生存》（We Revive，We Survive）的小册子，全面陈述了阿洪姆人应被列为"表列部落"的理由，该书作者写道："阿洪姆人在各个方面都面临着人类生存的灾难。在政治方面，上阿萨姆地区的所有法律法规都是为'表列部落'制定的……而阿洪姆人却被排除在外，成了'非表列部落'，这将会剥夺他们在该地区立法机构和议会中的民主声音。在经济方面，根据阿萨姆土地和税收法规第十条的规定，上阿萨姆地区被宣布为部落地区，被宣布为'表列部落'的上阿萨姆其他诸多民族在人数上占有多数，这将使阿洪姆人在他们自己的土地上成为没有土地（所有权）的民族。在社会方面，在具有与其相似

---

[1] Girin Phukan，"Search for Tai-Ahom Identity in Assam：In Retrispect"，in Proceedings of the 4th International Conference on Thai Studies，Kunming，1990，Vol. IV，p. 379.

[2] Chow Nagen Hazarika，"We Revive，We Survive"，Prition，India，1996，p. 12.

的习俗的各个民族中，阿洪姆人成了一个少数群体，他们在上阿萨姆地区将会遭受被剥夺社会公正的痛苦。"①

针对一些持反对意见的人认为阿洪姆人过去是阿萨姆地区的统治民族，且统治了当地600多年，因而不应列为"表列部落"的观点，该书作者以质问的口气写道："在阿洪姆人到来之前就成为卡恰尔地区的统治民族并统治了布拉马普特拉河谷的卡恰尔人（Kacharis）的统治一直延续到1873年，其统治结束的时间比阿洪姆人统治结束的时间还要晚7年，他们同阿萨姆地区的贾延提亚人（Jayantias）和提瓦人（Tiwas）一样，同样属于蒙古人种，有相似的习俗，为何又被列为'部落'呢?"②

作者还举例说："几乎所有生活在印度的蒙古人种民族都被作为部落对待，而且，不仅印度，美国的蒙古人种（红印第安人）、欧洲的爱斯基摩人和其他蒙古人种民族均被作为部落民族对待，同样属于蒙古人种民族且社会经济落后的阿洪姆人也理应根据印度共和国的福利政策列为表列部落。"

"中国的傣泰民族如傣、那、卯、布依、壮、侗等族，缅甸的掸族等族，均被划为少数民族或部落民，其生存和发展受到了保护，在印度，'阿卢那恰尔'地区普拉迪希的坎底泰人（Tai-Khamtis）、梅加拉亚地区西部加罗山的曼人（Maan）、法基人（Fakes）、土龙人（Tu-rungs）、艾吞人（Aitons）、甘扬人（Khamyangs）等等，所有这些属于傣泰语民族群体都已根据印度政府1950年颁布的宪法中的关于'表列部落'的条款被列为'表列部落'，与其他傣泰同胞兄弟一样落后且同样属于傣泰语民族的阿洪姆人也理应列入'表列部落'。甚至在泰国这个傣泰语民族的国家，一些傣泰语民族如泐人等，也因其落后的状况而被列为部落民族，阿洪姆人是非常落后的，因此，他们也理应作为部落，作为一个少数民族群体享有像印度这样一个福利国家中的人应该享有的福利。"③

因此，作者认为："我们有多种理由要求将阿洪姆人列为'表列部落'范畴享受印度宪法的保护。"作者还呼吁："阿洪姆人的各个组织和

---

① Chow Nagen Hazarika, "We Revive, We Survive", Prition, India, 1996, p. 16.

② Chow Nagen Hazarika, "We Revive, We Survive", Prition, India, 1996, pp. 13 – 14.

③ Chow Nagen Hazarika, "We Revive, We Survive", Prition, India, 1996, p. 13.

个人立即行动起来，团结一致，去实现这一目标。"①

在阿洪姆人的各个组织和一些著名人士的敦促和推动下，阿萨姆地区当局也看到了阿洪姆人的问题。1996 年，阿萨姆当局出面把要求将阿洪姆人列为'表列部落'的一份提案递交给了印度中央政府。② 但至今没有下文。

在争取成为"表列部落"以便获得更多自治权的同时，阿洪姆人的一些组织和个人还开展了一系列旨在复兴阿洪姆人民族特征和民族文化的活动。例如，1975 年，阿洪姆人中出现了一个叫做"阿萨姆父拉龙神教委员会"（Assam Fu-Ra-Lung Council）的组织，该组织宣称其目的是研究和复兴阿洪姆人的宗教。这个委员会主张以一部叫做《里莱品卡卡》（Lit Lai Peyn Ka Ka）的文献作为阿洪姆人的宗教经典。他们宣称他们的大天神是"父拉龙"（"父拉"即 Fu-Ra 的音译，意为"神"，"龙"即 Lung 的音译，意为"伟大的"）。该委员会每三年举行一次大型会议，总结和交流其在各地宣传和发展的经验，并结合形势提出新的行动计划。③

在"阿萨姆父拉龙神教委员会"的宣传鼓动下，一些阿洪姆人的知识分子还根据经典《里莱品卡卡》的记载和傣——泰语民族的传统图案，设计出了一种叫做"景法"（Khring Fra）的"神旗"（"景"即 Khring 的音译，意为"旗"，"法"是 Fra 的音译，亦即 Fu-Ra—"父拉"的快读，意为"神"）。该旗的正式尺寸为 60 厘米长，45 厘米宽，上面绘有"义鳌罕"（Ngi Ngao Kham）的图案（"义鳌罕"即傣泰语民族传说中一种常见的头和身体像马并有双翼的龙）。"义鳌罕"周围还有一圈由 14 个双线条半圆组合成的近似于椭圆形的图案，双线条之间还点缀着一些小圆点。"景法"神旗的底色为傣泰语民族喜爱的金黄色，由"义鳌罕"和其周围的圆圈和点状饰物构成的图案则为红色。④

围绕这面代表民族复兴的"景法"神旗，一些人士还拟定了一套同样旨在复兴民族传统文化和宗教的升旗仪式。升旗仪式所有步骤的称谓

① Chow Nagen Hazarika, "We Revive, We Survive", Prition, India, 1996, p. 16.
② Chow Nagen Hazarika, "We Revive, We Survive", Prition, India, 1996, p. 12.
③ Chow Nagen Hazarika, "We Revive, We Survive", Prition, India, 1996, p. 65.
④ Chow Nagen Hazarika, "We Revive, We Survive", Prition, India, 1996, p. 68.

和口令均用阿洪姆人历史上曾经用过的古傣语，仪式的步骤是：

一，"老勐春渤"（Lao Mung Chum Rap）——即升旗仪式主持人致辞；

二，"夙奉幡罕"（Seu Frong Fan Kham）——即由8人或8人以上的武士手持一种叫做"亨丹"（Heng Dan）的阿洪姆人的古剑操着傣泰语民族的正步护着"景法"神旗向旗杆前进；

三，"弥朗召崩"（Me Rang Chow Bong）——请一位有名望的人前来准备展开神旗；

四，"屏景法"（Bin Khring Fra）——展开"景法"神旗；

五，"突空兰龙海"（Tuk Kong Ran Rong Hai）——奏鼓乐；

六，"巴坦袅"（Ba Tan Nyao）——唱"力马"（Lit Mut），即阿洪姆人的传统军歌或祈祷歌；

七，"老勐召崩"（Lao Mung Chow Bong）——著名人物讲话；

八，"帕习开圣斤老"（Pat Si Kai Seng Kin Lao）——杀公鸡祭祀并由所有参加升旗仪式的人宣誓；

九，"祭昧丹"（Khiek Moi Dam）——Moi 意为休息的场所，Dam 意为死者，Moi Dam 即是坟墓，Khiek Moi Dam 即意为祭祀先人；

十，"开度阿洪姆"（Kai Du Ahom）——由一位占星术士占卜预测阿洪姆人来年的情况；

十一，"突蓬"（Tu Pom）——仪式结束。[①]

升旗仪式在阿洪姆人的庄重日子举行。

阿洪姆人中的许多知识分子对这个宗教组织寄予了很大的希望，《我们要复兴，我们要生存》一书的作者召·那艮·哈扎里卡在其书中就说："我们真诚地希望该委员会能够复兴阿洪姆人的宗教。"[②]

1994年，有一位名叫罗梅希·布拉哥哈因的阿洪姆知识分子编了一部叫做《消失的踪迹》的论文集，该论文集主要是对阿洪姆人历史和文化的研究，但是，其中有一篇文章说，现在阿洪姆人认识到，他们衰落

---

① Chow Nagen Hazarika, "We Revive, We Survive", Prition, India, 1996, p. 69.

② Chow Nagen Hazarika, "We Revive, We Survive", Prition, India, 1996, p. 65.

的主要原因是因为他们接受了印度教。由于接受了印度教，他们被人置于种姓的最低等级，甚至种姓之外的人，地位比首陀罗还要低。最后，他呼吁阿洪姆人说，现在是觉醒的时候了。[①]

为了进一步唤起阿洪姆人的民族意识，阿洪姆人知识分子召·那艮·哈扎里卡还写了一首名为《噢喂，楞东》的诗歌，他在诗中写道："过去，噢喂，楞东（Lengdon，即阿洪姆人传说中的天神），//勐顿孙罕照耀着最光明的傣泰民族的土地，//就像苋菜花盛开，//傣—泰民族气冲云霄，傣—泰民族繁荣昌盛，这是我们过去的历史。//今天，噢喂，楞东，//大地散发着阿洪姆人尸骨的腐臭，//阿洪姆人的骨头被折断，//阿洪姆人的鲜血染红了南提老河（Nam Ti Lao，即布拉马普特拉河），//尽管如此，却挥发不去英雄的芬芳。//明天，噢喂，楞东，//我保证，我们会复兴，我们会生存，//你祝福过，我们是伟大的，//我们的血管里流着你恩赐的傣泰民族的黄色。//你祝福，噢喂，祖先，//我们已准备好，我们又起来了……//噢喂，召龙苏卡法，//我们前进时，他在我们身后，//我们冲锋时，他注视着我们，//我们胜利时，他与我们同在。……"[②]

这首诗明显地流露出对阿洪姆人过去荣耀的感怀，对现在状况的悲叹以及对未来的憧憬的民族主义情感，对阿洪姆人具有很强的感召力。

为了复兴他们传统的文化，近年来，阿洪姆人还在阿萨姆邦的锡布萨加尔地区建立了一个"阿洪姆傣泰民族博物馆"，让人们通过参观博物馆来认识阿洪姆人的传统文化和历史。[③]

此外，一些阿洪姆人的知识分子还加强了对阿洪姆人历史和文化的研究，并与国外合作交流，出版了一系列的论著。1997年12月，由召·那艮·哈扎里卡等阿洪姆人知识分子发起，在阿萨姆邦首府高哈提召开了一个纪念阿洪姆人的祖先召龙苏卡法进入阿萨姆建国770周年的国际研

---

① Lipi Ghosh, "Tai-Ahom Historical Linkages: Notions of Shared Culture and Contemporary Indian Interaction into Chinese & Southeast Asian Panorama", in Comparative Perspectives On Asian Development: A View From South Asia, edited and compiled by Reena Marwah, New Delhi, 2004, p. 185.

② Chow Nagen Hazarika, "We Revive, We Survive", Prition, India, 1996, pp. 101 – 102.

③ Chow Nagen Hazarika, "We Revive, We Survive", Prition, India, 1996, p. 28.

讨会，会后出的一本纪念论文集的序言中谈到，目前的阿萨姆各个民族相互之间已经没有了信任，希望通过这次对召龙苏卡法的纪念，使阿萨姆邦出现像召龙苏卡法时代那样的"团结、和睦与统一"的局面。①

近年来，还不断有一些阿洪姆人中的学者和官员前来云南德宏傣族地区、特别是瑞丽市的勐卯地区即史籍中提到的苏卡法的故乡寻根问祖。还有人试图到德宏收集苏卡法的塑像，打算在阿萨姆邦的首府高哈提的广场上模仿着德宏地区傣族地区传说中的英雄人物的造型塑造苏卡法的塑像。②

但是，在阿洪姆人的民族主义运动过程中，一些阿洪姆人在民族主义宣传中有时也流露出一丝"泛泰主义"的情绪，例如，1996年出版的《我们要复兴，我们要生存》一书的开篇衬页上就印有一张泰国国王的标准像，该书作者、阿洪姆人著名的知识分子召·那艮·哈扎里卡还在衬页上题词道："谨以此书作为庆祝召法普密蓬·阿杜德陛下成功地统治著名的泰人的土地泰国50周年的献礼。"③ 一种对泰国的亲近感跃然纸上。

同时，泰国也有一些学者积极地参与阿洪姆人以民族复兴为宗旨的研讨活动，并发表一些具有泛泰意识的言论和见解。例如，一位叫做恰提·那初帕的泰国学者和另一位叫做腊努·威查信的泰国学者在1994年召开的"第十一届阿萨姆东部傣泰民族地区协会会议"上提交的一篇题目叫做《阿萨姆的傣泰民族文化复兴》的文章中说："总而言之，阿萨姆地区与印度有很大的不同，从地理上看，其地形和气候特征为山岭、河流、森林、沼泽，雨量充沛，与印度人的印度斯坦干旱多尘的平原差别明显，阿萨姆地区肥沃而湿润……阿洪姆人使阿萨姆成了一个在文化和社会结构方面具有某种程度的自治的土地。最重要的是，阿洪姆人意识

---

① Edited by Chow Nagen Hazarika, "Saraighat: Souvenir Buranji of the Opening Ceremory of 770th Anniversary of Chao-Lung-Siu-Ka-Pha", 1997 – 98 held on 2nd and 3rd December, 1997 at Judges Field, Guwahati, India, p. 1.

② 笔者即收到一位来过云南并拜谒过阿洪姆人心目中的圣地勐卯的印度高哈提大学的阿洪姆人学者的电子邮件，要求帮助搜寻有关苏卡法或其他传说中的英雄人物的塑像的照片。

③ Chow Nagen Hazarika, "We Revive, We Survive", Prition, India, 1996.

到他们是傣—泰民族……把阿萨姆作为东南亚的一部分来加以研究可能更正确一些，至少，阿萨姆是东南亚文化和印度文化交汇的地区。"①

  总的说来，阿洪姆人的民族主义始终是以一种比较温和的形式来表达的，与之相关的民族复兴运动也基本上是以比较温和的方式在进行，特别是在印度获得独立以后，其情形更是如此，应当说，在民族矛盾日益复杂、民族冲突不断爆发的今日印度，阿洪姆人一直试图以和平而不是暴力的方式解决他们所面临的问题，这是具有积极意义的。但是，在其发展过程中表现出来的这种具有某种程度的"泛泰"意识的流露和泰国学者在宣传方面的参与，可能会使情况复杂化。

---

① Chattip Nartsupha and Ranoo Wichasin，"Tai Cultural Revival in Assam"，in "Nam Ruk: The Souvenir of the 11th Conference of the Eastern Tai Literary Association"，Assam，1994，edited by Chow Nagen Hazarika.

结 语

　　傣泰民族的起源和演变不但一直是国际泰学研究领域的热点，而且也是中国地方史和中国民族史、东南亚史，特别是东南亚的泰国、老挝和缅甸的早期历史乃至印度地方史和民族史，以及中国和东南亚及印度民族关系史研究中的热点。

　　关于这些具有同源关系的民族的起源和后来的历史发展演变的一些问题，特别是一些细节问题，目前仍然没有完全弄清楚，但是，笔者认为，从目前所能够掌握的资料和国内外学术界的研究状况来看，对于其起源和演变的粗线条的轮廓，我们已经有可能对之作出一个阶段性的概括了。

　　关于傣泰民族的起源问题，虽然由拉古伯里和杜德等人弄出来的南诏是泰人建立的国家和中南半岛的泰族是在忽必烈平大理后南迁过去的说法是错误的；我国一些学者的泰族或傣泰民族"土著说"和为了论证"土著说"而勾画出来的关于泰族或与之同源的傣、掸、老等其他民族的起源和早期历史发展演变的图景也是站不住脚的。

　　从考古材料来看，迄今为止，我们实际上还没有可靠的证据证明傣泰民族的祖先自古以来或很早以来就生活在他们后裔今天生活的这一带地区。相反，如果仔细研读与云南和中南半岛各个民族有关的历史资料，我们就不难发现，傣泰民族并不是当地的土著。

　　为了证明傣泰民族是当地的土著或很早的时候就已经生活在当地并

建立了他们自己的国家，一些学者要么从中国古籍入手，把中国古籍中提到的某个古国说成是傣泰民族先民建立的国家，要么把一些根本没有学术功底的西方人误弄出来的故事当做史实，甚至把傣族文献中记载的邻国的故事也误认为是傣泰民族的历史。

例如，一些学者把中国古籍中记载的"越裳""滇越""掸国"等古国都说成是傣泰民族早期在他们今天所居住的地方建立起来的国家，而且，这些国家是一脉相承，代表着傣泰民族早期在当地发展演变的几个阶段。

为了进一步证明傣泰民族是当地的土著和很早的时候就在当地建立了国家，还有学者从对傣掸民族历史一无所知的一位英国军官那里搜寻出了一段所谓"蓬国"的历史，把他写进了傣族的历史当中。

近年来，更有一些学者把傣族文献中记载的邻国的故事作为傣族的史实，并加以发挥。

大量证据表明，被经常用来作为傣泰民族起源和早期历史发展证据的中国古籍中提到的那几个古国，都与傣泰民族无关，早先被一些学者写入傣族历史的"蓬国"则是一位对傣掸民族历史一无所知的英国军官弄出来的一个实际上并不存在的所谓的"古国"，而新近被写进了傣族历史的"达光王国"则是一个把缅甸传说中的"太公王国"张冠李戴地弄成傣族古国并写入傣族历史的一个讹误。所以，一些学者早先为我们绘制的那幅关于傣泰民族起源和早期历史发展演变的图景完全是一些虚幻的故事，并不是真实的历史。

那么，傣泰民族的发祥地到底在哪里？今天我们见到的这些傣泰民族是在什么时候形成的？怎样形成的？他们形成以后又是如何发展演变至今的？

笔者的看法是，大量证据表明，傣泰民族的故土并不是像以前一些西方学者或传教士说的在中国的北方乃至更远的其他地方，他们也不是如同我国一些学者说的他们是今天居住地的土著，他们与今天我国的壮族和其他相关民族同源，其发祥地就在今天中国云南、广西和越南交界一带地区。

虽然在较早的历史时期可能会有一些傣泰民族的先民离开故土向他

们的后裔今天居住的地区迁徙，但是，大量证据表明，这些民族的主体
是在比较晚近的时候才陆续从他们的故土迁出展转来到他们今天居住的
地方的。而且，那些属于傣泰民族先民的群体在不同的历史时期展转迁
徙到当地以后，除了本群体的人不断融合以外，还同所在地的其他民族
群体不断融合，最终才在不同的历史时期形成了我们今天看到的现代傣
泰诸民族及其支系，以及恐怕已经不能再叫作傣泰民族的印度阿洪姆人。

当然，这里描述的还只是一个梗概，关于这些民族起源和历史发展
演变，还有许多问题需要进一步进行更深入的研究。所以，本书这里所
进行的研究和概括既是对傣泰民族起源和演变进行新的探索的一个阶段
性总结，又是对这些问题进行进一步研究的一个新的起点。

图书在版编目（CIP）数据

傣泰民族的起源与演变新探/何平著.—北京：社会科学文献
出版社，2015.3

（西南边疆历史与现状综合研究项目.研究系列）

ISBN 978 - 7 - 5097 - 6789 - 4

Ⅰ.①傣…　Ⅱ.①何…　Ⅲ.①傣族 - 民族历史 - 研究 - 中国

Ⅳ.①K285.3

中国版本图书馆 CIP 数据核字（2014）第 267332 号

西南边疆历史与现状综合研究项目·研究系列

傣泰民族的起源与演变新探

著　　者／何　平

出 版 人／谢寿光

项目统筹／宋月华　范　迎

责任编辑／周志宽

出　　版／社会科学文献出版社·人文分社(010)59367215
　　　　　地址：北京市北三环中路甲 29 号院华龙大厦　邮编：100029
　　　　　网址：www.ssap.com.cn

发　　行／市场营销中心（010）59367081　59367090
　　　　　读者服务中心（010）59367028

印　　装／三河市尚艺印装有限公司

规　　格／开　本：787mm × 1092mm　1/16
　　　　　印　张：13　字　数：197 千字

版　　次／2015 年 3 月第 1 版　2015 年 3 月第 1 次印刷

书　　号／ISBN 978 - 7 - 5097 - 6789 - 4

定　　价／69.00 元